Psychologie des Lebenssinns

Tatjana Schnell

Psychologie des Lebenssinns

Mit 20 Abbildungen und 4 Tabellen

Tatjana Schnell
Institut für Psychologie
Universität Innsbruck
Innsbruck
Österreich

ISBN 978-3-662-48921-5   ISBN 978-3-662-48922-2   (ebook)
DOI 10.1007/978-3-662-48922-2

Die Deutsche Nationalbibliothek verzeichnet diese Publikation in der Deutschen Nationalbibliografie;
detaillierte bibliografische Daten sind im Internet über http://dnb.d-nb.de abrufbar.

Springer
© Springer-Verlag Berlin Heidelberg 2016
Das Werk einschließlich aller seiner Teile ist urheberrechtlich geschützt. Jede Verwertung, die nicht
ausdrücklich vom Urheberrechtsgesetz zugelassen ist, bedarf der vorherigen Zustimmung des Verlags.
Das gilt insbesondere für Vervielfältigungen, Bearbeitungen, Übersetzungen, Mikroverfilmungen und
die Einspeicherung und Verarbeitung in elektronischen Systemen.
Die Wiedergabe von Gebrauchsnamen, Handelsnamen, Warenbezeichnungen usw. in diesem Werk
berechtigt auch ohne besondere Kennzeichnung nicht zu der Annahme, dass solche Namen im Sinne
der Warenzeichen- und Markenschutz-Gesetzgebung als frei zu betrachten wären und daher von
jedermann benutzt werden dürften.
Der Verlag, die Autoren und die Herausgeber gehen davon aus, dass die Angaben und Informationen
in diesem Werk zum Zeitpunkt der Veröffentlichung vollständig und korrekt sind. Weder der Verlag,
noch die Autoren oder die Herausgeber übernehmen, ausdrücklich oder implizit, Gewähr für den
Inhalt des Werkes, etwaige Fehler oder äußerungen.

Umschlaggestaltung: deblik Berlin
Fotonachweis Umschlag: © viperagp / fotolia.com

Gedruckt auf säurefreiem und chlorfrei gebleichtem Papier

Springer ist Teil von Springer Nature
Die eingetragene Gesellschaft ist Springer-Verlag GmbH Berlin Heidelberg

Für Ivo und Jona

Vorwort

> Man hat gewisse Fragen den Menschen aus dem Herzen genommen. Man hat für hochfliegende Gedanken eine Art Geflügelfarm geschaffen, die man Philosophie, Theologie oder Literatur nennt, und dort vermehren sie sich in ihrer Weise immer unübersichtlicher, und das ist ganz recht so, denn kein Mensch braucht sich bei dieser Ausbreitung mehr vorzuwerfen, daß er sich nicht persönlich um sie kümmern kann. (Musil, 2013, S. 343)

Zugegeben, ich habe für „hochfliegende Gedanken" immer etwas übrig gehabt. Und nicht verstanden, warum die Psychologie meint, sich nicht darum kümmern zu können oder zu müssen. (Zu Beginn meiner Forschung zum Thema Sinn war die übliche Reaktion meiner Kolleginnen und Kollegen: Das kann man doch nicht empirisch untersuchen!) Dabei hängen solch hochfliegende Gedanken ganz eng mit unserem Denken, Handeln und Erleben zusammen. Unser Alltag wird bestimmt durch mehr oder weniger bewusste Vermutungen zu „gewissen Fragen" wie: „Woher komme ich?", „Wozu bin ich hier?" und „Wohin gehe ich?". Sie kulminieren in der Frage nach dem Sinn des Lebens, und konkreter: dem Sinn des eigenen Lebens.

Das vorliegende Buch gibt einen Überblick über die Ergebnisse eines Forschungsprogramms zum Thema Lebenssinn, das sich im Laufe der letzten fünfzehn Jahren entwickelt hat. Seinen Ursprung hatte es in einer Theorie, mit der ich in den neunziger Jahren des letzten Jahrhunderts vertraut wurde. Im Vordergrund stand dabei die Annahme, dass es Formen des Engagements, der Hingabe und der Selbstverpflichtung gibt, die jenseits religiöser Strukturen als Sinnstifter wirksam sind (Bailey, 1997). Ich begann, im Sinne der *Grounded Theory*, qualitativ und offen nach solchen Sinnstiftern zu suchen. Daran schloss sich die hypothesengeleitete, quantitative Erforschung verschiedenster Dimensionen der Sinnkonstruktion an. Es entstand eine empirisch fundierte Theorie des Lebenssinns, die sowohl Erkenntnisse über Sinnentstehung und interindividuelle Differenzen lieferte, als auch viele Anwendungsmöglichkeiten bietet. Eingebettet in die aktuelle internationale Forschungslandschaft eröffnet der hier vorgestellte Ansatz Zugänge zu „sinnvollen" Konzepten von Gesundheit und Wohlbefinden, Arbeits- und Berufsgestaltung, gesellschaftlicher Partizipation etc.

In vielen Aspekten bestätigen die vorliegenden Befunde die Aussagen des österreichischen Neurologen und Psychiaters Viktor Frankl. Bewegend und innovativ hat er als erster die Sinnfrage in die Psychologie getragen (Frankl, 1987, 1996). Sein Werk, erweitert um seine persönlichen Erfahrungen, hat Menschen auf der ganzen Welt berührt und beeinflusst – und tut es immer noch. Durch die Verfügbarkeit validierter Methodik und die Anknüpfung an den bestehenden psychologischen Wissensstand erfährt sein Anliegen in der empirischen Sinnforschung eine Bestätigung und Weiterentwicklung, die es schon längst verdient hat.

Medizin, Psychologie und Sozialwissenschaften sind an einem Punkt angelangt, wo der Ruf nach einer Ergänzung des biopsychosozialen Modells immer lauter wird. Wir wissen viel darüber, *wie* der Mensch denkt, fühlt und handelt; wie er krank wird und wie wieder gesund. Wenig wissen wir über das Warum. Dieses Warum wird für viele in unserer Gesellschaft aber immer wichtiger. „Warum lebe ich so und nicht anders?" „Warum bin ich erkrankt?" „Warum sollte ich diese Arbeit verrichten?" „Warum soll ich gesund leben?" Das Buch, das Sie in Ihren Händen halten (oder auf einem Bildschirm vor sich sehen), soll eine Einladung sein, sich dieser existenziellen Sicht auf den Menschen zu nähern.

Es handelt sich nicht um ein Lehrbuch, sondern um ein Buch zum Verstehen und Anwenden. Es geht nicht darum, alle verfügbaren wissenschaftlichen Erkenntnisse dar- und gegenüberzustellen. Vielmehr habe ich versucht, grundlegende Aspekte und praxisrelevante Ergebnisse der empirischen Sinnforschung in möglichst allgemeinverständlichen Worten wiederzugeben. Ergänzt wird dies durch Anregungen zur Selbstexploration und Selbsterkenntnis, die einen persönlichen Zugang zu den wissenschaftlichen Befunden eröffnen sollen. Je nach Bereitschaft und verfügbarer Zeit können Sie diese Unterkapitel bearbeiten, überblättern oder auch als Übungen für Patienten und Klienten verwenden.

Für die Entstehung dieses Buchs gebührt vielen Personen Dank für vieles: meinen Mitarbeiterinnen und Mitarbeitern in der empirischen Sinnforschung (http://www.sinnforschung.org/team) für ihre aktive und engagierte Mitwirkung; den Kolleginnen und Kollegen, die durch ihre Anregungen und wertvollen Beiträge diese Forschung bereichert haben (in alphabetischer Reihenfolge): Peter Becker, Thomas Höge, Matthias Hoof, William J. F. Keenan, Thomas Köhler, Henning Krampe, Peter La Cour, Dmitry Leontiev, Edith Pollet, Eckart und Elisa Ruschmann und Wolfgang G. Weber; allen Freundinnen und Freunden, die mir mein häufiges Einsiedlerinnendasein nicht übel genommen haben; meiner Familie – für alles; Gisa Windhüfel für ihr gründliches und bereicherndes Lektorat; Monika Radecki und Sigrid Janke vom Springer Verlag, die dieses Werk verlässlich, unterstützend und kompetent begleitet haben. Ob es gelungen ist, haben Sie zu entscheiden, liebe Leserinnen und Leser.

Und noch eine Bemerkung zum Schluss: Im Folgenden werden, im Sinne einer sprachlichen Gleichbehandlung von Frauen und Männern, geschlechtneutrale Formen, Doppelnennungen sowie generische Maskulina und Feminina verwendet, wenn es sich um Begriffe zur Bezeichnung von Personen gleich welchen Geschlechts handelt.

Tatjana Schnell
Berlin, im August 2015

Die Autorin

Prof. Dr. Tatjana Schnell ist eine international anerkannte Sinnforscherin. Sie lehrt am Institut für Psychologie der Universität Innsbruck (Österreich). Gemeinsam mit Kolleginnen und Kollegen in verschiedenen Teilen der Welt forscht und publiziert sie zu Konsequenzen von Sinn und Sinnlosigkeit für Individuen, Institutionen und Gesellschaft. Auf der Universitätswebsite http://www.sinnforschung.org geben sie und ihr Team allgemeinverständliche Einblicke in die internationale Sinnforschung.

Inhaltsverzeichnis

1	**Sinn suchen?**	1
1.1	Warum die Wohlfühlgesellschaft keine Sinngesellschaft ist	2
1.2	(Sich den) Sinnfragen stellen	3
1.3	Erkenne dich selbst	4
2	**Sinn definieren**	5
2.1	Herkunft des Sinnbegriffs	6
2.2	Philosophische Begriffsbestimmung	6
2.3	Lebenssinn: Ein multidimensionales Konstrukt	6
2.3.1	Sinnerfüllung und Sinnkrise: zwei relativ unabhängige Dimensionen	7
2.3.2	Sinnerfüllung: Definition	7
2.3.3	Sinnkrise: Definition	8
2.3.4	Lebensbedeutungen: Definition	8
2.4	Exkurs: Warum Sinnerfüllung heute so anstrengend sein kann	9
2.5	Erkenne dich selbst	10
3	**Zur Erfassung von Lebenssinn**	11
3.1	„Tiefenforschung": Qualitative Studien	13
3.1.1	Strukturiert-exploratives Interview mit Leitertechnik	13
3.1.2	Erkenntnisse aus der Interviewstudie	14
3.1.3	Erkenne dich selbst	16
3.2	„Breitenforschung": Quantitative Messung	17
3.2.1	Der Fragebogen zu Lebensbedeutungen und Lebenssinn (LeBe)	19
3.2.2	Erkenne dich selbst	19
3.3	An der Schnittstelle: Die LeBe-Kartenmethode	22
4	**Wie entsteht Sinn?**	25
4.1	Das hierarchische Sinnmodell	27
4.2	Vertikale und horizontale Kohärenz	29
4.3	„No man is an island": Die Rolle der Umwelt	30
4.4	Und wie fühlt sich das an?	32
4.5	Erkenne dich selbst	33
5	**Sinnvariationen**	35
5.1	Interindividuelle Differenzen bei Sinnerfüllung und Lebensbedeutungen	36
5.2	Sinn ist dynamisch: Veränderungen in der Lebensspanne	38
5.3	Sinn und Lebensbedeutungen bei Mann und Frau	40
5.4	Familie als Sinnstifter	44
5.5	Sinn, Ausbildung und Intelligenz	45
5.6	Sinn ist variabel: Veränderungen über Aktivitäten und Tage hinweg	47
5.7	Exkurs: Studieren ist oft sinnlos und macht keinen Spaß?	50
5.8	Erkenne dich selbst	51

6	**Lebensbedeutungen – Quellen des Lebenssinns**	53
6.1	Die stärksten Sinnstifter	54
6.2	Breite, Balance und Tiefe von Lebensbedeutungen	56
6.2.1	Breite	56
6.2.2	Balance	57
6.2.3	Tiefe	57
6.3	Viele Wege zum Sinn	59
6.4	Exkurs: Sinn und Weltanschauung	69
6.4.1	Religion und Sinn	69
6.4.2	Sinn ohne Religion	72
6.5	Erkenne dich selbst	74
7	**Sinnkrise – wenn der Boden brüchig wird**	77
7.1	Leiden an einem Mangel an Sinn	78
7.2	Sinnkrisen bewältigen	79
7.3	Exkurs: Pilgern – auf dem Weg zum Sinn	81
7.4	Erkenne dich selbst	83
8	**Existenzielle Indifferenz**	85
8.1	Alles egal	86
8.2	Wie erfasst man existenzielle Indifferenz?	87
8.3	Zusammenhänge und Erklärungsansätze	87
8.3.1	Zusammenhänge mit demografischen Variablen	88
8.3.2	(Keine) Lebensbedeutungen bei existenzieller Indifferenz	89
8.3.3	Aufschlussreiche Korrelate existenzieller Indifferenz	91
8.3.4	Kulturelle Unterschiede	92
8.4	Auswege aus der Indifferenz?	95
8.5	Erkenne dich selbst	98
9	**Sinn und Glück**	101
9.1	Hedonisches und eudämonisches Wohlbefinden	102
9.1.1	Happy	102
9.1.2	Mehr als angenehm	106
9.2	Sinn ohne Glück	109
9.3	Erkenne dich selbst	111
10	**Sinn, Gesundheit und Krankheit**	113
10.1	Macht Sinn gesund?	114
10.1.1	Lebenssinn als Motivator	115
10.1.2	Lebenssinn als Regler	118
10.2	Vom Geist zum Körper	121
10.2.1	Sinn und verschiedene Biomarker	122
10.2.2	Soziale Genomik: Sinn und Genexpression	123
10.2.3	Mehr Sinn, weniger Entzündungsprozesse	124
10.3	„Ich will nicht mehr!" Sinnkrisen verhindern Gesundheit	125
10.3.1	Vermittelnde Verzweiflung	126
10.3.2	Existenzielle Verzweiflung am Lebensende	128

10.4	Exkurs: Posttraumatisches Wachstum	130
10.5	Erkenne dich selbst	132

11	**Interventionen zur Stützung der Sinnhaftigkeit**	**135**
11.1	Sinn aus der Metaperspektive – Lebensrückblickverfahren	136
11.1.1	Funktionen der Lebensgeschichte	136
11.1.2	Dignity Therapy – Würdezentrierte Therapie	137
11.1.3	Short-Term Life Review – kurzfristiger Lebensrückblick	139
11.2	Sinnorientierte Psychotherapien	140
11.2.1	Meaning-Making Intervention (MMi) – eine Intervention zur Sinnstiftung	141
11.2.2	Outlook – eine Intervention zur Vorbereitung des Lebensendes	142
11.2.3	Managing Cancer and Living Meaningfully (CALM) – Krebsbewältigung und sinnvolles Leben	144
11.2.4	Meaning-Centred Group Psychotherapy – sinnzentrierte Gruppenpsychotherapie	146
11.2.5	Logotherapie	147
11.3	Erkenne dich selbst	149

12	**Arbeit und Sinn**	**151**
12.1	Die Suche nach Sinn im Beruf	152
12.2	**Was ist sinnvolle Arbeit?**	155
12.2.1	Berufliche Sinnerfüllung: Definition	155
12.2.2	Prädiktoren beruflicher Sinnerfüllung	156
12.2.3	Bedeutsamkeit der Tätigkeit	158
12.2.4	Sozio-moralische Atmosphäre	159
12.2.5	Selbsttranszendente Unternehmensorientierung	160
12.2.6	Job-Passung	162
12.3	**Korrelate des Sinnerlebens am Arbeitsplatz**	164
12.4	**Nicht jeden Tag die Welt retten! Gefahren sinnerfüllter Arbeit**	165
12.5	**Beruf als Lebenssinn?**	167
12.6	**Exkurs: Freiwilligenarbeit – sinnvolles Engagement**	170
12.7	**Erkenne dich selbst**	171

13	**Ausblick**	**173**
13.1	**Gefangen im System?**	175
13.2	**Sinn ist subjektiv – Eudämonie verlangt Gerechtigkeit**	178

Serviceteil	181
Literatur	182
Stichwortverzeichnis	193

Sinn suchen?

1.1	Warum die Wohlfühlgesellschaft keine Sinngesellschaft ist – 2
1.2	(Sich den) Sinnfragen stellen – 3
1.3	Erkenne dich selbst 4

© Springer-Verlag Berlin Heidelberg 2016
T. Schnell *Psychologie des Lebenssinns*,
DOI 10.1007/978-3-662-48922-2_1

Lebenssinn ≠ Sinn des Lebens

Sie werden in diesem Buch nicht den Sinn des Lebens finden. Ob es ihn gibt und wie er beschaffen sein könnte, ist wissenschaftlich – zumindest aus psychologischer Perspektive – nicht feststellbar. Was Sie jedoch finden werden, sind Erkenntnisse dazu, wie Menschen ihrem eigenen Leben Sinn geben. Es geht also um persönlichen Lebenssinn oder „Sinn im Leben", nicht jedoch um den „Sinn des Lebens". Viele Menschen erfahren ihr Leben als sinnvoll, ohne dabei auf einen universellen Lebenssinn zurückzugreifen. Andere glauben, den Sinn des Lebens zu kennen, und gewinnen dadurch Erfüllung. Manche „leben einfach" – und finden die Sinnfrage ziemlich überflüssig. In kritischen Momenten kommt die Frage nach dem Sinn jedoch bei fast allen auf. Sie geht einher mit Zweifeln an grundlegenden Überzeugungen. Das eigene Fundament wird infrage gestellt: „Bin ich auf dem richtigen Weg?" „Trägt mich meine Weltanschauung auch in Zeiten des Leids?" „Warum tue ich das alles eigentlich?"

Sinnfragen sind anstrengend

Solche Fragen sind anstrengend, die Beschäftigung damit häufig schmerzhaft. Im Allgemeinen versuchen wir, sie zu vermeiden – denn wer ist schon bereit dazu, den Boden des Schiffes, mit dem man unterwegs ist, mitten auf dem Meer auseinanderzunehmen? Morsche Planken zu entsorgen, passende neue zu finden und sie mit den übrigen schlüssig zu verbinden, während alle Anforderungen weiter bestehen: Leistung im Beruf erbringen, Kinder erziehen, sich um Angehörige kümmern, Beziehungen pflegen, selbst gesund bleiben …

Der Anstoß dafür, sich mit der Sinnhaftigkeit des eigenen Lebens auseinanderzusetzen, ist oft ein erschütterndes Ereignis. Eine Erkrankung, eine Trennung, ein Unfall, ein Todesfall, eine Erfahrung persönlichen Versagens – sie alle unterbrechen die Kontinuität unseres Erlebens. Sie verändern unseren Blickwinkel und schärfen unsere Sicht. Sie evozieren die Frage nach dem Warum.

1.1 Warum die Wohlfühlgesellschaft keine Sinngesellschaft ist

Sinn und Verantwortung

In einer Welt, die durch große Ungleichheit gekennzeichnet ist und von schwer einsehbaren Dynamiken getrieben wird, lebt es sich unter Umständen besser, wenn man die Warum-Frage nicht stellt. Besser soll hier heißen: leichter, angenehmer, reibungsloser. Die Frage nach dem Warum birgt die Gefahr, dass bisherige Illusionen demontiert werden. Wem „Weil man es so tut!" oder „Weil es so ist!" nicht mehr ausreicht als Antwort, der begegnet seiner eigenen Verantwortlichkeit. Diese Erkenntnis impliziert entweder einen Aufruf zur Veränderung oder die bewusste Entscheidung für das, was ist. Beides verlangt geistige Auseinandersetzung. Und manchmal stellt uns die Konfrontation vor die Herausforderung, Konsequenzen zu ziehen. Solche Fragen und die eventuell damit einhergehenden Veränderungen sind also nicht leicht, angenehm und reibungslos. Trotzdem sind sie wichtig und wertvoll.

Aber warum? Wäre es nicht viel besser, das Leben einfach zu leben und zu genießen? Wenn ich mit anderen über mein Forschungsfeld rede, höre ich oft: „Der Sinn des Lebens ist es, einfach zu leben!" Abgesehen davon, dass manche von uns prinzipiell gern hinterfragen und reflektieren, hat ein solcher Wunsch natürlich seine Berechtigung. Ein sinnvolles Leben hängt weder von der kognitiven Fähigkeit noch von einer persönlichen Affinität zum Kopfzerbrechen ab. Schauen wir uns unsere Gesellschaft jedoch näher an, so wird deutlich, warum ein „Einfach-so-Leben" heute nur schwer mit einem gelingenden Leben gleichgesetzt werden kann.

Wir leben in einer Multioptionsgesellschaft. An jeder Weggabelung tun sich verschiedenste Möglichkeiten auf. Wir sind zwangsläufig vor die Qual der Wahl gestellt. Dabei ist kein Lebensweg *selbst-verständlich*. Fragen stellen sich: Welche Schulform? Welche Ausbildung, und wo? Welche Lebensform, welche Liebesform? Mann oder Frau, langfristig oder spontan, Ehe oder nicht? Kein Kind, Kind oder Kinder, und/oder Beruf? Die Liste ist beinahe endlos. Was heißt unter diesen Bedingungen ein „Einfach-so-Leben"? Wer Reflexion vermeidet, wird oft den Weg des geringsten Widerstands gehen, wird Optionen wählen, die sich anbieten. Die Wahrscheinlichkeit ist gering, dass der so eingeschlagene Weg der Person tatsächlich entspricht – ihren Fähigkeiten, Interessen und Werten.

Multioptionsgesellschaft

Hinzu kommt, dass unsere gegenwärtige Kultur auf einem Menschenbild beruht, das uns vermittelt: Glück ist machbar: durch Konsum, Diät, Wellness oder trendige Lifestyles – die Glücksversprechen sind mannigfaltig. Und wer trotz all dieser Möglichkeiten immer noch nicht glücklich ist – ist selbst schuld. Die vermeintliche Verfügbarkeit des Glücks verursacht Glücksstress. Wer die mehr oder weniger subtile Beeinflussung durch Werbung und Massenmedien nicht hinterfragt, tappt in die Wohlfühlfalle: Kurzfristige Befriedigung führt zu langfristiger Abhängigkeit und Frustration.

Glücksstress

Nicht zuletzt verschenkt der Mensch, der fraglos lebt, sein Gestaltungspotenzial. Je weniger Einspruch wir erheben, desto einseitiger verlaufen Entwicklungen. Je weniger Bürger nach dem Warum fragen, desto menschenferner werden die Logiken politischer und wirtschaftlicher Entscheidungen. Sinnfragen sind die Grundlage von Empörung und Engagement (Hessel, 2011a, 2011b). Sie verlangen einen Perspektivenwechsel, hinterfragen vermeintliche Unmöglichkeiten, Notwendigkeiten und Sachzwänge. Sinnfragen zu stellen, bedeutet, sich selbst diesen Fragen zu stellen – mit allen potenziell verstörenden und somit produktiven Konsequenzen.

Fragen, empören, engagieren

1.2 (Sich den) Sinnfragen stellen

„Einfach so leben" garantiert kein Wohlbefinden. Es mag Konflikte verhindern, wird aber selten zu einem Leben führen, das als gelungen oder erfüllend erfahren wird. Was Philosophen schon lange einfordern, hat die empirische Sinnforschung der letzten Jahre bestätigt: Die Auseinandersetzung mit sich selbst und der Sinnhaftigkeit des eigenen Handelns ist förderlich und manchmal notwendig für ein gelingendes Leben.

Viele Menschen werden durch Krisen zur „Eigentlichkeit" gedrängt. Viktor Frankl bezeichnete Leid gar als Chance: Es kann Wachstum und Reifungsprozesse anstoßen, die ansonsten nicht stattgefunden hätten. Aber nichts spricht dagegen, sich Sinnfragen aus eigener Initiative heraus zu stellen. Oder – in einer besseren Formulierung Viktor Frankls – sich den Fragen zu öffnen, die das Leben uns stellt (Frankl, 1987). Das vorliegende Buch bietet einen Einstieg in die reflektierte Auseinandersetzung mit dem Thema Lebenssinn auf Basis wissenschaftlicher Befunde. Es fördert einerseits die persönliche Reflexion, andererseits soll es dabei unterstützen, Sinnfragen bei Patientinnen und Patienten, Klientinnen und Klienten konstruktiv aufzugreifen und zu bearbeiten. Am Ende eines jeden Kapitels haben Sie die Möglichkeit zur Selbstbefragung. Schon die griechische Antike ging davon aus, dass diejenigen, die große Frage stellten, gut daran täten, sich selbst zu verstehen und zu erkennen: *Gnothi seauton!* (*Erkenne dich selbst!* – so lautete eine Inschrift am Eingang des Orakels von Delphi.)

1.3 Erkenne dich selbst

- **Sinnfragen**

Haben Sie sich bisher schon mit Ihrem Lebenssinn beschäftigt?
— Wenn ja: Wann und warum?
— Wenn nicht: Warum nicht?

Wie stehen Sie zu den folgenden Aussagen?

> Leben ist nur ein wandelnder Schatten, ein armer Schauspieler, der seine Stunde lang auf dem Schauplatze sich spreizt und ein großes Wesen macht – und dann nicht mehr bemerkt wird. Es ist ein Märchen, das ein Dummkopf erzählt, voll Schall und Bombast, aber ohne Sinn. (William Shakespeare)

> Das Leben hat einen Sinn und behält ihn unter allen Umständen. (Victor Frankl)

> Leben, das Sinn hätte, fragte nicht danach. (Theodor W. Adorno)

- **Zum Nach-Denken**

In seiner Heidegger-Biografie kritisiert Rüdiger Safranski ein Verständnis von Sinn als einem „Etwas, das es in der Welt oder in einem imaginären Jenseits gibt wie etwas Vorhandenes, an dem es sich festhalten und orientieren kann: Gott, ein universelles Gesetz, die steinernen Tafeln der Moral. … Heute feiert solches Unwesen tatsächlich fröhliche Urständ: Da wird ‚Sinn gemacht', es gibt Sinnbeschaffungsprogramme, von der Knappheit von Sinnressourcen ist die Rede und davon, daß man sie effektiv bewirtschaften muß. Eine besonders törichte Vorhandenheitsmetaphysik" (Safranski, 2013, S. 175).

Sinn definieren

2.1 Herkunft des Sinnbegriffs – 6

2.2 Philosophische Begriffsbestimmung – 6

2.3 Lebenssinn: Ein multidimensionales Konstrukt – 6
2.3.1 Sinnerfüllung und Sinnkrise: zwei relativ unabhängige Dimensionen – 7
2.3.2 Sinnerfüllung: Definition – 7
2.3.3 Sinnkrise: Definition – 8
2.3.4 Lebensbedeutungen: Definition – 8

2.4 Exkurs: Warum Sinnerfüllung heute so anstrengend sein kann – 9

2.5 Erkenne dich selbst   10

© Springer-Verlag Berlin Heidelberg 2016
T. Schnell *Psychologie des Lebenssinns*,
DOI 10.1007/978-3-662-48922-2_2

Empirische Sinnforschung beschäftigt sich mit Sinn *im* Leben. Es geht also um die Frage, ob, wie und wann Menschen in ihrem Leben Sinn finden, und worin. Dass viele Menschen von einem Sinn *des* Lebens ausgehen, wird durch diesen Ansatz nicht infrage gestellt. Empirisch untersucht wird ein eventueller Sinn des Lebens aber ausschließlich aus der Perspektive des Individuums. Wie kann man diesen persönlichen Lebenssinn fassen? Und was bedeutet „Sinn" überhaupt?

2.1 Herkunft des Sinnbegriffs

Sinn ist der Weg

Die Etymologie des Begriffs „Sinn" ist aufschlussreich. Ursprünglich bedeutete dieses Wort Gang, Reise, Weg. Die germanische Wortgruppe beruht auf der indogermanischen Wurzel *sent*, deren ursprüngliche Bedeutung wiederum „eine Richtung nehmen, eine Fährte suchen" war (Duden Etymologie, 1989). Etymologisch ist es also das Einschlagen eines Weges, die Entscheidung für eine Richtung, die über Sinn oder Sinnlosigkeit bestimmt. Impliziert ist eine dynamische Qualität von Sinn. Sinn ist nicht festschreibbar. Sinn ist der Weg, nicht das Ziel.

2.2 Philosophische Begriffsbestimmung

Sinn ist subjektiv

Das philosophische Wörterbuch (Schischkoff, 1991) weist auf die Subjektivität der Sinnwahrnehmung hin. Sinn gehöre nicht zum Wesen einer Sache, so Schischkoff. Sinn entstehe aus der Bedeutung, die eine bestimmte Person in einer bestimmten Situation einer Sache, Handlung oder einem Ereignis beilege. Daraus folgt, „dass eine Sache für den einen Menschen sinnvoll, für den anderen Menschen sinnlos sein kann, oder für mich heute sinnvoll und ein Jahr später sinnlos" (Schischkoff, 1991, S. 667). Die Definition bestätigt den dynamischen Charakter des Begriffs „Sinn" und ergänzt ihn um seinen *relationalen* Charakter.

2.3 Lebenssinn: Ein multidimensionales Konstrukt

Überträgt man die etymologischen und philosophischen Aspekte der Begriffsbestimmung auf das Konzept des Lebenssinns, so lässt sich dieser bestimmen durch
a. die subjektive Bewertung des eigenen Lebens als mehr oder weniger sinnvoll,
b. die spezifischen, dem Leben beigelegten Bedeutungen und
c. den dynamischen, variablen Charakter von Sinnerfüllung und Bedeutungen (Schnell, 2009, 2014a).

Es wird deutlich, dass Lebenssinn nicht als eindimensionales Konstrukt verstanden werden kann. Einerseits geht es um die Wahrnehmung des Lebens als sinnvoll, sinnleer oder Sinn ermangelnd – also die

Sinnqualität; andererseits geht es um die Ursprünge dieser Erfahrung, also darum, welche Bedeutung – oder Bedeutungen – dem Leben beigelegt werden. Die verschiedenen Dimensionen sollen im Folgenden ausführlicher betrachtet werden.

2.3.1 Sinnerfüllung und Sinnkrise: zwei relativ unabhängige Dimensionen

In den ersten empirischen Studien zum Lebenssinn wurden ausschließlich Skalen verwendet, die auf der Annahme beruhten, dass Sinnerfüllung und Sinnkrise zwei Seiten eines Kontinuums seien (z. B. Purpose in Life Test, PIL; Crumbaugh & Maholick, 1964). Dies implizierte, dass eine abwesende Sinnerfüllung unweigerlich mit einer Sinnkrise einhergehen würde. Diese Annahme passte zur Theorie Viktor Frankls, der von einem universellen Willen zum Sinn ausging (Frankl, 1996). Dementsprechend folgerte Frankl, dass ein Nicht-Erfüllen des Sinnbedürfnisses mit Frustration einhergehen würde, im schlimmsten Fall mit einer „noogenen", durch den Sinnmangel ausgelösten Neurose.

Die Eindimensionalität von Sinnerfüllung/Sinnkrise wurde lange nicht geprüft. Erst die unabhängige Erfassung beider Konstrukte mithilfe des Fragebogens zu Lebensbedeutungen und Lebenssinn (LeBe; Schnell & Becker, 2007; ▶ Abschn. 3.2.1) ermöglichte eine empirische Überprüfung. Das Ergebnis sprach klar für eine zweidimensionale Lösung: Zwar ließ sich bei hoher Sinnerfüllung recht gut vorhersagen, dass keine Sinnkrise vorlag, und bei hoher Sinnkrise, dass keine Sinnerfüllung vorhanden war. Eine niedrige Sinnerfüllung erlaubte jedoch keinen Rückschluss darauf, ob eine Sinnkrise bestand. In vielen Fällen trat beides nämlich gemeinsam auf: niedrige Sinnerfüllung *und* niedrige Sinnkrise (mehr dazu ▶ Kap. 8 „Existenzielle Indifferenz"). Statistisch drückte sich diese Tatsache in einer (nur) moderaten negativen Korrelation aus. Die beiden Konstrukte der Sinnerfüllung und der Sinnkrise werden im Folgenden näher betrachtet und definiert.

Sinnerfüllung und Sinnkrise kein Kontinuum

2.3.2 Sinnerfüllung: Definition

Sinnerfüllung ist die grundlegende Erfahrung von Sinnhaftigkeit. Sie basiert auf einer (meist unbewussten) Bewertung des eigenen Lebens als kohärent, bedeutsam, orientiert und zugehörig (Schnell, 2009).

Kohärenz steht für die Wahrnehmung von Stimmigkeit, Schlüssigkeit und Passung in verschiedensten Lebensbereichen. Sie beruht auf der Erfahrung, dass sich einzelne Bereiche, in denen man agiert, nicht widersprechen, sondern (idealerweise) ergänzen und aufeinander aufbauen („horizontale und vertikale Kohärenz"; Schnell, 2009; Sheldon & Kasser, 1994; s. auch ▶ Abschn. 4.2). Ein kohärentes Selbst-System gilt als notwendige Bedingung für die Erfahrung von Lebenssinn (Emmons, 1996; Reker & Wong, 1988).

Kohärenz

Bedeutsamkeit

Bedeutsamkeit verweist auf die wahrgenommene Wirksamkeit eigenen Handelns. Bleiben Effekte von Entscheidungen oder Handlungen aus, kommt es zum Erleben von Irrelevanz, Bedeutungslosigkeit und somit Sinnlosigkeit (Bandura, 1997; Grant, 2008).

Orientierung

Orientierung meint eine inhaltliche Ausrichtung des eigenen Lebenswegs, die auch in unübersichtlichen Situationen bestehen bleibt. Eine solche Ausrichtung unterstützt das Treffen von Entscheidungen sowie das Finden und konsequente Verfolgen geeigneter Ziele. Gleichzeitig erleichtert sie die Ablehnung von Möglichkeiten, die der Person nicht entsprechen. Eine Orientierung gilt als unabdinglich für das aktive Verfolgen eines Lebenssinns (Emmons, 2005; Schnell, 2009; Wong, 1998).

Zugehörigkeit

Zugehörigkeit steht für die Selbstwahrnehmung als Teil eines größeren Ganzen. Dabei kann es sich um unterschiedlichste Größen handeln, z. B. Familie, Freunde, Kollegen, ähnlich denkende Menschen, Religion, Nation oder Menschheit. Die Integration in einen größeren, übergeordneten Kontext geht mit Gefühlen der Verantwortung und des Gebrauchtwerdens einher und wirkt somit Isolation, Entfremdung und Sinnlosigkeit entgegen (Baumeister & Leary, 1995; Schnell, 2009, 2012b).

Die vier Kriterien *Kohärenz, Bedeutsamkeit, Orientierung* und *Zugehörigkeit* können als zentrale Elemente der Sinnerfüllung verstanden werden. Sie hängen eng miteinander zusammen und korrelieren hoch mit dem subjektiven Sinnverständnis (s. LeBe, Schnell & Becker, 2007; Schnell, 2009). Sie konkretisieren die Sinnerfahrung, ohne dabei bereits Bezug auf bestimmte Sinnquellen (Lebensbedeutungen) zu nehmen. Das Vorhandensein von Sinnerfüllung ist meist nicht bewusst, kann aber bewusst gemacht werden.

2.3.3 Sinnkrise: Definition

Sinnkrisen sind leidvoll

Eine Sinnkrise ist definiert als Sinnleere bei gleichzeitiger Sehnsucht nach Sinn (Schnell, 2004/2009; Schnell & Becker, 2007). Sie drückt sich aus in Sinn- und Orientierungslosigkeit, Leere und Fragwürdigkeit der Selbst- und/oder Weltdefinition. Im Gegensatz zur Sinnerfüllung werden Sinnkrisen bewusst erlebt, und zwar als äußerst leidvoller Zustand.

2.3.4 Lebensbedeutungen: Definition

Sinn im Vollzug

Sinnerleben entsteht im aktiven Weltbezug. Kohärenz, Bedeutsamkeit, Zugehörigkeit und Orientierung können nur im Handeln erfahren werden. Handeln kann sehr unterschiedliche Ausrichtungen verfolgen, und Menschen unterscheiden sich darin, welche Ausrichtung sie als bedeutsam wahrnehmen. Das Konstrukt der *Lebensbedeutungen* steht für Orientierungen, die dem Leben Bedeutung geben, indem sie aktiv verfolgt werden. Sie geben so dem Lebenssinn Form, sind „Sinn im Vollzug" (Leontiev, 1982; Schnell, 2004/2009). (Aufgrund der Schwierigkeit, den Begriff der Lebensbedeutungen ins Englische zu übersetzen, wird in englischsprachigen Texten alternativ der Terminus *sources of meaning* verwendet.)

2.4 Exkurs: Warum Sinnerfüllung heute so anstrengend sein kann

Hätte ich vor 50 Jahren einen Tiroler Bauern nach dem Sinn seines Lebens gefragt, so hätte er mich wohl erstaunt angeschaut; Lebenssinn war im Allgemeinen nicht *frag-würdig*. Man lebte als Teil einer christlich-katholischen Gemeinschaft. Die Zugehörigkeit zu dieser und die daraus folgende Orientierung waren keine Frage der Wahl oder der Überzeugung; sie waren selbstverständlich. Ebenso selbstverständlich war das tägliche Handeln. Der Zyklus der Jahreszeiten gab vor, was wann zu tun war. Die Bedeutsamkeit dieser Tätigkeiten wurde manifest in der gelungenen Ernte. Familienleben, Beruf, Politik und Kirche folgten einem einheitlichen Weltentwurf. Wer in dieses System integriert war, lebte kohärent und stimmig.

Heute sind westliche Gesellschaften in weiten Teilen durch Superdiversität (Vertovec, 2007) und funktionale Differenzierung (Luhmann, 1977) geprägt. Gesellschaftliches Handeln folgt keinem übergeordneten Konzept; stattdessen hat sich eine Vielzahl von autonomen Teilsystemen herausgebildet, die nach je eigenen Codes und Regeln mit dem Gesamtsystem interagieren. Das Individuum muss sich in jedem dieser Subsysteme neu verorten, mit den dort vorhandenen Optionen auseinandersetzen und eine Wahl treffen. Kohärenz ist also nicht von vornherein vorhanden, sondern stellt eine Leistung des Individuums dar. Dies verdeutlicht ◘ Abb. 2.1, und zwar anhand einer Auswahl von gesellschaftlichen Subsystemen und entsprechenden Optionen. Auch *Orientierung* und *Zugehörigkeit* sind eine Sache der persönlichen Wahl. Weltanschauliche Ausrichtung und Wertorientierung sind dem Individuum anheimgestellt. Die Auswahl ist groß, fast alles ist möglich, Sanktionen sind unwahrscheinlich. Zugehörigkeit ist selten *gegeben;* sie folgt auf eine Entscheidung hin und verlangt in den meisten Fällen Eigeninitiative. Gleichzeitig ist die Bedeutsamkeit des eigenen Handelns immer weniger spürbar. Die Effekte unserer Entscheidungen verschwinden in der Intransparenz komplexer globaler Prozesse. Auch auf nationaler Ebene verbreitet sich ein Gefühl der Ohnmacht unter den Bürgern. Politische Regelungen werden bürgerfern getroffen, immer mehr Entscheidungen werden zentralisiert und somit der Gestaltungsmöglichkeit von Individuen entzogen. Unter diesen Bedingungen, so sollte deutlich werden, ist Sinnerfüllung nicht selbstverständlich, sondern kann quasi als Leistung verstanden werden.

Funktionale Differenzierung

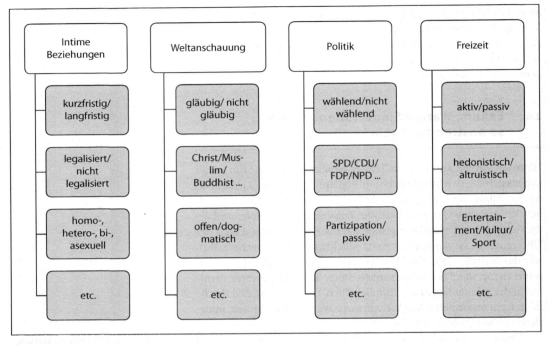

☐ Abb. 2.1 Beispiel für Verortungsmöglichkeiten innerhalb verschiedener gesellschaftlicher Subsysteme

2.5 Erkenne dich selbst

- **Sinnfragen**
- Unterscheiden Sie zwischen dem Sinn des Lebens und persönlichem Lebenssinn?
- Erscheint Ihnen Ihr Leben stimmig, oder weist es Widersprüche auf? Wenn ja, welche, und warum?
- Können Sie sagen, in welche Richtung Ihr Leben verlaufen soll? Haben Sie ein übergeordnetes Lebensziel oder eine Lebensaufgabe?
- Haben Sie das Gefühl, dass Ihr Handeln (oder Nicht-Handeln) bemerkt wird und Konsequenzen hat?
- Erleben Sie sich als Teil von etwas, das über Sie hinausgeht? Wenn ja, was ist dieses „größere Ganze"?
- Welche Ihrer Umgebungsbedingungen empfinden Sie als sinnförderlich? Welche als sinnhinderlich?

Zur Erfassung von Lebenssinn

3.1 „Tiefenforschung": Qualitative Studien – 13
3.1.1 Strukturiert-exploratives Interview mit Leitertechnik – 13
3.1.2 Erkenntnisse aus der Interviewstudie – 14
3.1.3 Erkenne dich selbst – 16

3.2 „Breitenforschung": Quantitative Messung – 17
3.2.1 Der Fragebogen zu Lebensbedeutungen und Lebenssinn (LeBe) – 19
3.2.2 Erkenne dich selbst – 19

3.3 An der Schnittstelle: Die LeBe-Kartenmethode – 22

© Springer-Verlag Berlin Heidelberg 2016
T. Schnell *Psychologie des Lebenssinns*,
DOI 10.1007/978-3-662-48922-2_3

Aufgrund seines abstrakten und komplexen Charakters ist die Messung von Lebenssinn ein schwieriges Unterfangen. Das gleiche gilt allerdings für viele psychologische Merkmale. Denken Sie z. B. an mehr oder weniger bewusste Einstellungen, an Motivation oder Emotionsregulation. Das psychometrische Inventar der Psychologie umfasst eine Vielzahl von Methoden, die uns Zugang zu subjektiven Vorstellungs- und Lebenswelten geben. Sie reichen von explorativen, auf den Einzelfall bezogenen Verfahren bis zur quantitativen Operationalisierung latenter Konstrukte. Beide – qualitative wie auch quantitative Verfahren – sind notwendig für die Erfassung von Lebenssinn.

Eindimensionalität und Konfundierung

Dabei bleibt es eine Herausforderung, adäquate Instrumente auszuwählen bzw. zu entwickeln. Über Jahrzehnte genutzte Skalen (Antonovsky, SOC, 1993; Battista & Almond, LRI, 1973; Crumbaugh & Maholick, PIL, 1964) waren in ihrer Gültigkeit durch die Annahme der Eindimensionalität von Sinnerfüllung und Sinnkrise eingeschränkt. Ein zusätzliches Problem stellte die Itemwahl dar. So wurde Sinnerfüllung anhand von Items gemessen, die positiven Affekt und Lebenszufriedenheit erfassten, und Sinnlosigkeit anhand von Items, die Depression und Langeweile maßen. Es fehlte offenbar ein klares Verständnis dafür, was Sinnerfüllung von benachbarten Konstrukten und möglichen Korrelaten unterscheidet. Auch die Forschungsbefunde litten unter dieser „Konfundierung" von Variablen: Eine der wichtigsten Fragen war (und ist) der Zusammenhang zwischen Lebenssinn, seelischer Gesundheit und Wohlbefinden. Wenn die Skala, die Lebenssinn misst, dies anhand von Items tut, die Depression erfassen, so kommt es zwangsläufig zu hohen Korrelationen mit Depressionsskalen. Ebenso erhalten wir konfundierte Ergebnisse, wenn eine Sinnskala, die Items zu Lebenszufriedenheit und positivem Affekt enthält, mit Maßen subjektiven Wohlbefindens in Beziehung gesetzt wird. Man kann also davon ausgehen, dass die Mehrzahl der Forschungsergebnisse des vergangenen Jahrhunderts, die sich mit dem Themenkomplex Sinn, seelische Gesundheit/Krankheit und Wohlgefühl auseinandersetzen, künstlich erhöhte Zusammenhänge berichten (Schnell, 2009, 2014a).

Sinnquellen sind vorbewusst

Ebenso schwierig gestaltet sich die Erfassung der Quellen, aus denen Menschen Sinn schöpfen. Hier war das übliche Vorgehen in der internationalen Sinnforschung bisher so, dass Untersuchungsteilnehmer gefragt wurden: „Was macht Ihr Leben sinnvoll?" Oder sie wurden gebeten, die drei wichtigsten Dinge zu notieren, die ihrem Leben Sinn geben. Problematisch daran ist die Tatsache, dass das, was unserem Leben Sinn und Bedeutung verleiht, in den seltensten Fällen bewusst ist. Es ist eingebettet in unser Handeln und steuert implizit Entscheidungen (Schnell, 2011a). Es kann also verstanden werden als implizites oder vorbewusstes Wissen. Fragt man direkt nach Sinnquellen, so findet man bei Menschen aus westlichen Ländern regelmäßig ganz oben auf der Liste die Begriffe Familie und Glück/Wohlgefühl (z. B. Debats, 1999; Lambert et al., 2010). Inwieweit es sich hier um kulturelle Stereotype handelt, ob das Genannte tatsächliche oder erwünschte Sinnquellen sind und welche Aspekte dieser Themen als sinnstiftend erlebt werden, kann mit dieser Erhebungsmethode nicht erfasst werden.

3.1 „Tiefenforschung": Qualitative Studien

Um die eben beschriebenen Tücken zu umgehen, haben wir – in meiner damaligen Arbeitsgruppe an der Universität Trier – einen Grounded-Theory-Ansatz (Glaser & Strauss, 1998) gewählt, um die verschiedenen Dimensionen des Konstrukts Lebenssinn zuverlässig und valide zu erfassen. Der Ansatz stellt eine systematische Vorgehensweise dar, um theoretische Konzepte auf einer breiten empirischen Basis mithilfe inhaltsanalytischer Methoden zu entwickeln. Mit anderen Worten: Eine umfangreiche, unvoreingenommene Exploration geht der Testentwicklung voraus. Dadurch wird verhindert, dass ein Fragebogen das misst, was die Forscherin/der Forscher für möglich und sinnvoll hält – und der Rest untergeht.

3.1.1 Strukturiert-exploratives Interview mit Leitertechnik

Was unserem Leben Sinn verleiht, drückt sich auf verschiedenste Arten aus. Es prägt unsere *Überzeugungen*, es beeinflusst unser *Handeln* und kommt in besonderen *Erfahrungen* zutage. Deshalb wurden alle drei Perspektiven in einer grundlegenden qualitativen Studie analysiert. Mittel der Wahl war ein strukturiert-exploratives Interview. Ziel war die Erfassung der Vielfalt möglicher Sinninhalte, erfragt über den „Umweg" persönlich relevanter Überzeugungen, bedeutsamer Handlungen und außergewöhnlicher Erfahrungen.

Interviewstudie

Darüber hinaus wollten wir wissen, was an den genannten Inhalten denn tatsächlich bedeutsam war, denn ein Inhalt – z. B. Familie – kann ganz unterschiedliche Bedeutungen haben. Zu diesen Bedeutungen gelangten wir mithilfe der „Leitertechnik", einer Abwandlung der von Dmitry Leontiev entwickelten *Ultimate Meanings Technique* (2007). „Leitern" heißt, dass alle Antworten, die unsere Interviewpartner gaben, nochmals hinterfragt wurden: *Und warum? Wofür steht das für Sie? Was bedeutet das genau? Wofür steht das wiederum?* Diese Nachfragen wurden so oft wiederholt, bis eine grundlegende Bedeutung erreicht war, die nicht mehr hinterfragt werden konnte – bis wir also bei einer „Letzt-bedeutung" (*ultimate meaning, ultimate concern*, Lebensbedeutung) angekommen waren. Im Rahmen dieser Studie erfüllte das „Leitern" zwei Funktionen: Erstens erhöhte es Objektivität und Reliabilität der Interpretation und der Zusammenfassung der Interviewdaten, da die Befragten bereits selbst einen Großteil der Interpretation ihrer Antworten lieferten. Und zweitens stellten die so identifizierten Lebensbedeutungen die Basis für unseren psychometrischen Fragebogen dar.

„Leitern"

3.1.2 Erkenntnisse aus der Interviewstudie

Wir führten Interviews mit insgesamt 74 Personen durch. Angestrebt – und durch Verwendung verschiedenster Sampling-Techniken auch erreicht – wurde eine hohe Heterogenität der Stichprobe hinsichtlich Alter, Geschlecht, Bildung, Beruf und religiösem Hintergrund. Alle Interviewer hatten eine dreitägige Interviewschulung absolviert und waren mit Inhalt und Technik wohlvertraut. Unsere Erfahrungen waren durchgehend positiv, und Gleiches meldeten uns auch die Befragten zurück: So ist es offenbar möglich, anhand einfach formulierter, konkreter Fragen ein so abstraktes Thema wie den persönlichen Lebenssinn einzufangen (eine detaillierte Beschreibung des Interviewprozesses, der Auswertung und der Evaluation finden Sie in Schnell, 2004/2009).

Das „Leitern" wird als besonders hilfreich empfunden, da die Technik des Weiterfragens und -denkens dabei konsequent eingesetzt wird. Diese Konsequenz ist bei anderen Interviewverfahren nicht üblich. (In ▶ Abschn. 3.1.3 können Sie sich selbst im „Leitern" üben.) Im Folgenden finden Sie einige Beispiele für Antworten auf zwei der Interviewfragen und die von dort aus „geleiterten" Bedeutungen.

Ein 37 jähriger Mann antwortete auf die Frage, **wie und was sein Kind (oder Enkel oder ein anderes nahestehendes Kind) einmal werden sollte:**

→ „Ein verträglicher Mensch, der soziale Aufgaben übernehmen kann, der sich selbst und andere Menschen lieben kann. Ein solcher Mensch soll mein Kind einmal werden."
- **Bedeutung?** Liebe, soziales Engagement, etwas weitergeben (Generativität)

Gefragt, ob es etwas gebe, das ihm sehr wichtig sei, wofür er sich **regelmäßig engagiere** oder einsetze, sagte er:

→ „Was wichtig ist und wofür ich mich schon einsetze in einer gewissen Weise ist die Verständigung von Weltanschauungen. Ich würde nicht sagen interkulturell, das finde ich zu schwammig, aber auch zu vorbelastet. Da denkt man dann an Schüleraustausch oder multikulturelle Gesellschaft, ständige Straßenpartys und Feten mit irgendwelchen Interkulti-Leuten zusammen, die dann Reggae-Musik hören … man hat so gewisse Assoziationen."
- **Bedeutung?** „Unter Verständigung von Weltanschauungen verstehe ich, mich mit anderen Menschen über religiöse und weltanschauliche Fragen auseinanderzusetzen und meine eigene Position und deren Position zu hinterfragen und auch zu analysieren und zu überprüfen."
- **Bedeutung?** Entwicklung, Selbsterkenntnis, Wissen

3.1 · „Tiefenforschung": Qualitative Studien

Eine 49 jährige Frau antwortete auf die Frage, **wie und was ihr Kind (oder Enkel oder ein anderes nahestehendes Kind) einmal werden sollte**:

→ „Es sollte Jurist werden."
- **Bedeutung?** „Das kommt vielleicht auch aus meiner Kindheit. Meine Mutter war immer recht unbeholfen, was so ihre Rechte anbetraf, und da habe ich mich immer so als Vorkämpfer für sie gefühlt."
- **Bedeutung?** „Dann habe ich einen recht stark ausgeprägten Gerechtigkeitssinn, und den habe ich auch meinem Sohn so übergestülpt und kämpfe heute auch so für meine Bekanntschaften. Ich orientiere mich immer sofort: was haben die für Rechte. Das ist so ein ‚Hobby' von mir."
- **Bedeutung?** Moral, soziales Engagement

Gefragt, ob es etwas gebe, was für sie so wichtig sei, dass sie sich **regelmäßig dafür engagiere** oder einsetze, sagte sie:

→ „Ja, ich bin im Kinderschutzbund, habe da dieses Kinder- und Jugendtelefon die letzten Jahre gemacht, dieses Sorgentelefon und mache jetzt Öffentlichkeitsarbeit da. Und bin im AGF [Arbeitsgemeinschaft der Familienverbände] ehrenamtlich tätig. Da engagiere ich mich für und mache das auch gerne."
- **Bedeutung?** „Dass ich was zurückgeben kann an die Gesellschaft. Ich habe oft das Gefühl, dass ich gerade in jungen Jahren sehr viel bekommen habe von Freunden, von Menschen um mich rum, die mir geholfen haben und ich möchte einfach was zurückgeben. Früher war mir das nicht so wichtig mit dem Zurückgeben, da habe ich das mehr so im engen Umfeld gemacht, aber heute ist mir das sehr wichtig, dass ich auch mal an Menschen was zurückgebe, die mit mir familiär gar nicht verbunden sind."
- **Bedeutung?** Soziales Engagement, etwas weitergeben (Generativität)

Ein 46 jähriger Mann antwortete auf die Frage, **wie und was sein Kind (oder Enkel oder ein anderes nahestehendes Kind) einmal werden sollte**:

→ „Ein lernender Mensch bleiben."
- **Bedeutung?** „Weil das Flexibilität garantiert. Das ist eine ganz wichtige Eigenschaft, dass man flexibel ist und bleibt. Weil sich einfach die Welt schnell verändert, nicht nur die große Welt, sondern auch die kleine um einen rum."
- **Bedeutung?** Persönliche Entwicklung

Auf die Frage nach einem **regelmäßigen Engagement** sagte er:

→ „Ich setze mich kontinuierlich ein für die Erkenntnisse, die aus der Kunst kommen, die für andere Menschen, die sonst mit Kunst nichts am Hut haben, dass die auch für andere nutzbar sind."

— **Bedeutung**? „Zum Beispiel in Gesprächen mit anderen Leuten oder im Unterricht mit Schülern, versuche ich den Leuten zu erklären, wie wichtig es für die Menschen ist, die gestaltete und die natürliche Umwelt wahrzunehmen und daraus Schlüsse für das eigene Leben zu ziehen: Wie gestalte ich meine Umwelt? Von der Architektur über Gegenstände etc. Da, wo ich mich ein bisschen auskenne, wo man Lehren für das Leben draus ziehen kann, da versuche ich, das ein bisschen weiterzugeben. So oft es geht, bei jeder Gelegenheit.

— **Bedeutung**? Kreativität, Entwicklung, etwas weitergeben (Generativität)

3.1.3 Erkenne dich selbst

■ **Selbstexploration: Sinn-Bäume**

Nach Dmitry Leontiev ist es relativ gleichgültig, bei welchen Fragen man ansetzt, um zu „leitern" – man gewinnt immer Zugang zum eigenen existenziellen Fundament. Weiter unten finden Sie einige Beispielfragen. Es sind Fragen, die bereits nahe an der existenziellen Thematik sind; Sie werden daher wahrscheinlich nicht zu viele Sprossen hinabsteigen müssen, um an Ihr Fundament zu gelangen.

Stellen Sie sich jeweils eine Frage und notieren Sie die Antwort(en). Hilfreich dafür ist eine grafische Darstellung, in Form eines „Sinn-Baumes". Nehmen Sie möglichst große Blätter zur Hand (DIN A4 oder größer), legen Sie sie hochkant vor sich hin und notieren Sie auf jedem Blatt oben eine Antwort (haben Sie mehrere Antworten auf eine Frage, so verwenden Sie mehrere Blätter).

Von dieser Antwort aus gilt es, die Wurzeln aufzudecken. Jede Antwort sollte so lange mit „Warum?", „Was bedeutet das für mich?" etc. hinterfragt werden, bis keine grundlegendere Antwort mehr gefunden wird. Die erste Warum-Frage wird meist zu mehreren Bedeutungen führen. Jede dieser Bedeutungen wird weitere Bedeutungen haben. Es kommt also zu vielfachen Verzweigungen der Wurzeln. Dadurch wird verdeutlicht, dass unsere Überzeugungen, Handlungen und Erfahrungen mehrfach bestimmt sind, unterschiedliche Bedeutungen für uns haben und auf verschiedenen Motiven beruhen. Vielleicht kommt es auf den unteren Ebenen auch wieder teilweise zu Überschneidungen. Probieren Sie es aus:

A. Was ist für Sie ein guter Mensch? (Warum?)
B. Was ist Ihr Lebensmotto? (Warum?)

C. Wie sieht ein idealer Tag für Sie aus? (Warum? Was bedeuten die einzelnen Dinge für Sie?)
D. Wann und wobei können Sie ganz bei sich sein, sich eins mit sich fühlen? (Warum? Was bedeutet die Tätigkeit/Situation für Sie?)

Am besten funktioniert diese Übung übrigens zu zweit: Wenn ein anderer Mensch nachfragt, wird er oder sie dies eventuell noch konsequenter tun als Sie selbst!

Der Prozess des „Leiterns" hilft dabei, „innerlich aufzuräumen", wie es einige unserer Interviewpartner formuliert haben. Die Auseinandersetzung mit der untersten Ebene kann dabei zu weiteren Erkenntnisse führen. Hier finden Sie Konzepte, die Sie in Ihrem Leben antreiben und steuern, die für Sie sehr wichtig sind. Anschließende Überlegungen könnten sein: Gebe ich diesen Bedeutungen genügend Raum in meinem Leben? Setze ich sie so um, wie ich es richtig finde? Wenn nicht, was hindert mich daran?

Sollten Sie Interesse an der Selbstexploration mithilfe der Leitertechnik gefunden haben, so finden Sie unter http://www.sinnforschung.org/mein-lebenssinn/leitfaden [Stand: 12.11.2015] noch viele weitere spannende Fragen.

3.2 „Breitenforschung": Quantitative Messung

Während qualitative Methoden uns gehaltvolle Einsichten in persönliche Lebenswelten gestatten, haben quantitative Messungen viele andere Vorteile. Sobald ein subjektives Konstrukt in Zahlen gefasst werden kann, besteht die Möglichkeit, verschiedene Menschen oder Menschengruppen zu vergleichen oder die erhobenen Werte mit anderen interessanten Eigenschaften in Verbindung zu setzen. Wir können überprüfen, ob unsere im Gespräch oder in Einzelfallanalysen gewonnenen Ergebnisse nur für die befragten Personen gelten oder ob wir sie auf bestimmte Gruppen übertragen dürfen.

Ich habe erlebt, dass qualitativ orientierte Forscher die Fragebogenmethodik radikal ablehnen; ebenso, dass quantitativ arbeitende Kollegen überhaupt nichts von qualitativen Untersuchungen halten. Dabei beantworten beide Herangehensweisen unterschiedliche Fragen, und beide sind notwendig, um ein vollständiges Bild zu erhalten. Die Entwicklung des Fragebogens zu Lebensbedeutungen und Lebenssinn (LeBe) stützte sich auf umfangreiche Einzelfallanalysen, wie das oben beschriebene Interview (inklusive konsensuell geleiteter, zyklischer Inhaltsanalyse), Triangulation durch Fotostudien und kommunikative Validierung anhand von Diskussionen der Studienergebnisse mit den Befragten (Details s. Schnell, 2004/2009). Diese qualitative Basis resultierte in einem Fragebogen, der sich inzwischen in zahlreichen nationalen und internationalen Studien bewährt hat.

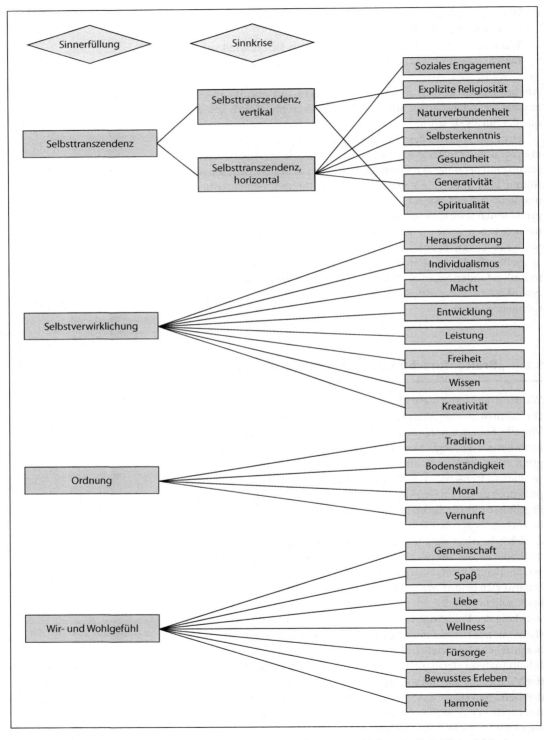

• **Abb. 3.1** Skalen und Dimensionen des Fragebogens zu Lebensbedeutungen und Lebenssinn (LeBe) (Schnell & Becker, 2007). Mit freundlicher Genehmigung des Hogrefe-Verlags

3.2.1 Der Fragebogen zu Lebensbedeutungen und Lebenssinn (LeBe)

Der Fragebogen zu Lebensbedeutungen und Lebenssinn (LeBe) ist ein objektiv auswertbares Verfahren zur umfassenden und differenzierten Erfassung von Lebenssinn. Er misst die Ausprägungen persönlicher Sinnerfüllung und Sinnkrise sowie das Ausmaß der Verwirklichung von 26 Lebensbedeutungen. Letztere lassen sich fünf übergeordneten Dimensionen zuordnen: vertikale Selbsttranszendenz, horizontale Selbsttranszendenz, Selbstverwirklichung, Ordnung sowie Wir- und Wohlgefühl (◘ Abb. 3.1). Auf jeder Skala bzw. Dimension kann ein – in Bezug auf die Referenzgruppe – durchschnittlicher, unter- oder überdurchschnittlicher Wert erreicht werden. Das jeweilige Profil lässt darauf schließen, ob eine Sinnkrise besteht, ob eine Person ihr Leben als sinnerfüllt wahrnimmt und welche Lebensbedeutungen in welchem Ausmaß dazu beitragen.

Der LeBe ist für den Einsatz in Forschung und Praxis konzipiert. Er besteht aus 151 Items, deren Beantwortung etwa 20 Minuten dauert. Verwendet man nur die beiden Skalen zur Messung von Sinnerfüllung und Sinnkrise, so ist eine Bearbeitung in zwei bis drei Minuten möglich (10 Items). Das Verfahren liegt in einer Computer- und einer Papier-Bleistift-Version vor.

Da uns die Quellen unseres Lebenssinns meist nicht bewusst sind, muss ein Fragebogen dem Rechnung tragen. Der LeBe erfragt daher Lebensbedeutungen nicht explizit. Stattdessen wird der Grad der Selbstzuschreibung von Aktivitäten und Überzeugungen erfragt, die die verschiedenen Lebensbedeutungen repräsentieren. Das Ausmaß der Sinnerfüllung wird anhand der Kriterien erhoben, die als Indikatoren für Sinnerfüllung gelten (► Abschn. 2.3.2).

Der LeBe wird derzeit in 18 Sprachen verwendet. Sein Einsatz hat zu vielen Erkenntnissen geführt, die in den folgenden Kapiteln vorgestellt werden. In ► Abschn. 3.2.2 („Erkenne Dich selbst!") können Sie Ihre Sinnerfüllung und Sinnkrise erfassen und mit Ihrer Referenzstichprobe vergleichen.

3.2.2 Erkenne dich selbst

- **Selbstexploration: Mein Sinnerleben**

Bewerten Sie die in ◘ Abb. 3.2 gemachten Aussagen dahingehend, wie sehr Sie ihnen zustimmen. Berechnen Sie dann die Summen. Es stehen Ihnen Referenzwerte zur Verfügung, anhand derer Sie erkennen können, ob Ihre Werte unter, im oder über dem Durchschnitt liegen.

- **Selbstexploration: Ist-Soll-Profil der Lebensbedeutungen**

In ◘ Abb. 3.3 sehen Sie die 26 Lebensbedeutungen in Form von Kurzstatements. Für jede der Lebensbedeutungen können Sie angeben, wie wichtig sie für Sie ist und wie stark Sie sie derzeit tatsächlich ausleben.

		Stimme überhaupt nicht zu					Stimme vollkommen zu
		0	1	2	3	4	5
1	Ich erlebe mich als Teil von einem größeren Ganzen.	☐	☐	☐	☐	☐	☐
2	Ich habe ein erfülltes Leben.	☐	☐	☐	☐	☐	☐
3	Ich leide darunter, dass ich keinen Sinn in meinem Leben sehen kann.	☐	☐	☐	☐	☐	☐
4	Mir ist klar, in welche Richtung mein Lebensweg gehen soll.	☐	☐	☐	☐	☐	☐
5	Ich vermisse einen Sinn in meinem Leben.	☐	☐	☐	☐	☐	☐
6	Durch mein Handeln kann ich etwas in dieser Welt bewirken.	☐	☐	☐	☐	☐	☐
7	Mein Leben erscheint mir leer.	☐	☐	☐	☐	☐	☐
8	Die verschiedenen Dinge, die ich in meinem Leben tue, ergänzen sich in sinnvoller Weise.	☐	☐	☐	☐	☐	☐

[1] Es handelt sich um Revisionen der Skalen „Sinnerfüllung" und „Sinnkrise" des LeBe. Die Reliabilitäten liegen bei α = 0,72 (Sinnerfüllung) und α = 0,87 (Sinnkrise).

Anmerkung: © by Hogrefe Verlag GmbH & Co. KG, Göttingen • Nachdruck und jegliche Art der Vervielfältigung verboten. Bezugsquelle des *Fragebogens zu Lebensbedeutungen und Lebenssinn (LeBe)*: Testzentrale Göttingen, Herbert-Quandt-Str. 4, 37081 Göttingen, Tel. (0551) 999-50-999, http://www.testzentrale.de [Stand: 12.12.2015].

–Auswertung und Interpretation (im Vergleich zu einer Stichprobe von N = 7920 deutschsprachigen Personen):

Sinnerfüllung: Summe (1, 2, 4, 6, 8) = _____

		unterdurchschnittlich	durchschnittlich	überdurchschnittlich
Männer	16–25 Jahre	0–9	10–20	21–25
	26–50 Jahre	0–9	10–20	21–25
	51–90 Jahre	0–11	12–22	23–25
Frauen	16–25 Jahre	0–11	12–20	21–25
	26–50 Jahre	0–11	12–22	23–25
	51–90 Jahre	0–13	14–22	23–25

Sinnkrise: Summe (3, 5, 7) = _____

		normal	erhöht	kritisch
Männer	16–25 Jahre	0–3	4–8	9–15
	26–50 Jahre	0–2	3–8	9–15
	51–90 Jahre	0–1	2–8	9–15
Frauen	16–25 Jahre	0–3	4–8	9–15
	26–50 Jahre	0–2	3–8	9–15
	51–90 Jahre	0–1	2–8	9–15

◘ **Abb. 3.2** Zwei Skalen zur Messung des Ausmaßes von Sinnerfüllung und Sinnkrise. Mit freundlicher Genehmigung des Hogrefe-Verlags

3.2 · „Breitenforschung": Quantitative Messung

		stimme überhaupt nicht zu					stimme vollkommen zu
		0	1	2	3	4	5
Selbsttranszendenz, vert.	1. In meinem Leben sind Religion und Glaube ein wichtiger Bestandteil.	•	•	•	•	•	•
	2. Der Glaube an eine andere Wirklichkeit (Schicksal, Wiedergeburt) prägt mein Leben.	•	•	•	•	•	•
Selbsttranszendenz, horizontal	3. Ich bemühe mich aktiv um Gerechtigkeit und faire Bedingungen für alle.	•	•	•	•	•	•
	4. Ich habe eine enge Beziehung zur Natur und setze mich dafür ein, sie zu schützen.	•	•	•	•	•	•
	5. Mir ist es wichtig, dass mein Körper fit und gesund ist, und ich tue viel dafür (z. B. gute Ernährung, Sport).	•	•	•	•	•	•
	6. Ich konfrontiere mich regelmäßig mit meinen Stärken und Schwächen, weil es mir wichtig ist, viel über mich selbst zu wissen.	•	•	•	•	•	•
	7. Ich richte mein Leben danach aus, meine Erfahrungen und mein Wissen an andere weitergeben zu können.	•	•	•	•	•	•
Selbstverwirklichung	8. Ich bin auf der Suche nach Neuem, Abwechslung und Risiko. Spontaneität und Neugierde stehen für mich im Mittelpunkt.	•	•	•	•	•	•
	9. Ich folge meinen eigenen Ideen und grenze mich von den Vorstellungen anderer ab.	•	•	•	•	•	•
	10. In meinem Leben will ich meine Stärken einsetzen und mich damit durchsetzen. Ich übe gern Einfluss auf andere aus.	•	•	•	•	•	•
	11. Es ist für mich wichtig, mich an meinen eigenen Zielen zu orientieren. Dafür bin ich bereit zu lernen und mich zu verändern.	•	•	•	•	•	•
	12. Ich strebe nach Erfolg und herausragenden Ergebnissen; dabei setzte ich mir selbst strenge Maßstäbe.	•	•	•	•	•	•
	13. Ich finde es wichtig, frei und ungebunden zu sein, und nehme mein Leben selbst in die Hand.	•	•	•	•	•	•
	14. Ich hinterfrage viel, informiere mich und lege Wert darauf, alles zu verstehen, was mir begegnet.	•	•	•	•	•	•
	15. Mir ist Fantasie wichtig, und ich gestalte mein Leben und meine Umgebung möglichst kreativ und originell.	•	•	•	•	•	•

◻ **Abb. 3.3** Ist-Soll-Profil der Lebensbedeutungen. Mit freundlicher Genehmigung von © Tatjana Schnell 2015. All Rights Reserved

Ordnung	16. Traditionen sind für mich bedeutsam, und ich orientiere mich an dem, was sich bewährt hat.	•	•	•	•	•	•
	17. Es ist mir wichtig, mit beiden Beinen im Leben zu stehen. Ich konzentriere mich im Allgemeinen auf das Nützliche und Notwendige.	•	•	•	•	•	•
	18. Ich finde klare Normen und Werte wichtig und orientiere mich daran.	•	•	•	•	•	•
	19. Ich finde es wichtig, Entscheidungen aus Überlegung heraus zu treffen; meine Gefühle lasse ich dabei aus dem Spiel.	•	•	•	•	•	•
Wir- und Wohlgefühl	20. Freundschaften und Beziehungen sind für mich zentral. Ich genieße das Zusammensein mit anderen.	•	•	•	•	•	•
	21. In meinem Leben spielen Humor und Vergnügen eine große Rolle. Fröhlichkeit und Heiterkeit machen mein Leben lebenswert.	•	•	•	•	•	•
	22. Romantik, Intimität und Leidenschaft sind für mich sehr bedeutsam und prägen mein Denken und Handeln.	•	•	•	•	•	•
	23. Es ist mir wichtig, Zeit für Entspannung, Faulenzen und Genuss zu finden. Ich gehe vor allem Aktivitäten nach, bei denen ich mich wohlfühle.	•	•	•	•	•	•
	24. Es bedeutet mir sehr viel, für andere da zu sein und mich um sie zu kümmern. Ich helfe, wenn man mich braucht.	•	•	•	•	•	•
	25. Ich achte darauf, meine Umgebung aufmerksam wahrzunehmen und mir wichtige Aktivitäten bewusst und regelmäßig auszuüben.	•	•	•	•	•	•
	26. Ich strebe nach Ausgewogenheit in meinem Leben; es ist mir wichtig, im Gleichgewicht mit mir selbst und anderen zu sein.	•	•	•	•	•	•

Anmerkung: Mit freundlicher Genehmigung von © Tatjana Schnell 2015. All Rights Reserved.

Abb. 3.3 (Fortsetzung)

Verwenden Sie zwei verschiedenfarbige Stifte, um die tatsächlichen und die erwünschten Werte anzukreuzen, und verbinden Sie die jeweiligen Kreuze einer Farbe. Auf diese Weise erhalten Sie ein Ist-Soll-Profil, das Übereinstimmungen und Diskrepanzen zwischen Ihrer idealen und Ihrer tatsächlichen Orientierung aufzeigt.

3.3 An der Schnittstelle: Die LeBe-Kartenmethode

Es ist nicht leicht, die Sinnthematik im therapeutischen und Beratungskontext zu bearbeiten. Häufig fehlt das Bewusstsein eigener Lebensbedeutungen, und es ist schwer, die richtigen Begriffe zu finden. Fragebögen sind hilfreich, um einen differenzierten Überblick über persönliche

3.3 · An der Schnittstelle: Die LeBe-Kartenmethode

Sinnquellen zu erlangen. Ihr Einsatz erfolgt meist zu Beginn einer Beratung oder Behandlung, eventuell nochmals zur Veränderungsmessung. Die Bearbeitung erfolgt jedoch allein und die Auswertung algorithmisch. Wer eine dialogische Exploration von Lebensbedeutungen bevorzugt und viel Zeit dafür zur Verfügung hat, ist mit dem strukturiert-explorativen Interview gut beraten. In vielen Settings kann es aber notwendig sein, ein Verfahren anzuwenden, das weniger aufwendig ist. Hier bietet sich die LeBe-Kartenmethode an. Dieses noch recht neue, vom dänischen Gesundheitspsychologen Peter La Cour entwickelte Instrument stellt eine innovative Möglichkeit dar, die Exploration persönlicher Sinnquellen auf strukturierte Weise in ein therapeutisches oder beratendes Gespräch einzubinden (La Cour & Schnell, eingereicht).

La Cour war maßgeblich an der Erstellung der dänischen Version des LeBe beteiligt. Dabei flossen Begriffe und Konstrukte des LeBe auch in seine therapeutische Arbeit mit Schmerzpatienten ein – welche sehr positiv darauf reagierten, wie La Cour berichtete. Er entschied sich dafür, die Exploration persönlicher Sinnquellen im dialogischen Kontext zu systematisieren. Inspiriert von sogenannten Q-Verfahren entwickelte er die LeBe-Kartenmethode. Bei der Q-Methode, ursprünglich von William Stephenson (1953) entwickelt, werden personenbezogene Aussagen auf Karten vorgegeben. Diese müssen sodann im Hinblick auf ihr Zutreffen sortiert werden. Die Q-Methode stellt eine Schnittstelle zwischen qualitativer und quantitativer Methodik dar. Sie eignet sich besonders zur Erfassung komplexer Einstellungen aus subjektiver Perspektive (Müller & Kals, 2004).

Für die LeBe-Kartenmethode wurde von allen 26 Lebensbedeutungen das jeweils informationsstärkste Item ausgewählt. Die resultierenden 26 Aussagen werden auf Karten in der Größe von Spielkarten gedruckt. Klienten bzw. Patienten werden gebeten, alle 26 Karten durchzugehen und die drei bis fünf auszuwählen, die ihren eigenen Orientierungen am nächsten kommen. Zu jeder dieser Karten folgt eine semi-strukturierte Konversation, die sich auf die *Interpretation, Bedeutsamkeit, Wichtigkeit, Bedrohung* und *Veränderung* der jeweiligen Lebensbedeutung bezieht. Abschließend notiert der Therapeut/die Beraterin die gewählten Lebensbedeutungen und fasst die Hauptgedanken des Gesprächs schriftlich zusammen; dabei liegt der Schwerpunkt auf Möglichkeiten des Handelns und der Veränderung. Die Klientin/der Patient erhält sodann das Dokument zur Mitnahme.

Das Verfahren wurde bisher in verschiedenen Settings in Dänemark und Österreich durchgeführt. Gesprächspartner waren Schmerzpatienten, Krankenhauspersonal, Studierende und auch Grundschulkinder. (Für Letztere wurden die Aussagen kindgerecht umformuliert.) Die Reaktionen waren vielversprechend. Rückmeldungen lauteten beispielsweise (La Cour & Schnell, eingereicht; Übers. v. Tatjana Schnell): „Die Karten machen es leichter. Sie eröffnen etwas ... Wir können dann darüber sprechen. Ohne die Karten würde ich mich verlegen fühlen." Oder: „Als ich fertig war, dachte ich: Wow, was ist hier passiert? Ich habe viel darüber nachgedacht. Es war positiv. Es war die Unmittelbarkeit

Dialogische Sinnexploration mit Karten

und Einfachheit des Prozesses. Der Prozess war das wichtige. Vieles wurde viel klarer, weil man Entscheidungen treffen, manche Sachen abwählen musste. Ich erinnere mich deutlich an eine Aussage, die ich *nicht* gewählt habe. Heute würde ich eine andere Wahl treffen."

Die Beteiligten machten durchweg die Erfahrung, dass das Instrument einen Schlüssel zu einer komplexen, oft unaussprechlichen Dimension menschlicher Existenz darstellt. Auch im Einsatz mit Kindern bewährten sich die Karten und zeigten überraschend große interindividuelle Unterschiede auf. Eine randomisiert-kontrollierte Studie steht zum Zeitpunkt der Drucklegung dieses Buchs noch aus. Aktuelle Informationen sowie Zugang zu den Karten in deutscher, englischer und dänischer Sprache finden Sie auf http://www.uibk.ac.at/psychologie/mitarbeiter/schnell/tests.html [Stand: 12.11.2015].

Wie entsteht Sinn?

4.1 Das hierarchische Sinnmodell – 27

4.2 Vertikale und horizontale Kohärenz – 29

4.3 „No man is an island": Die Rolle der Umwelt – 30

4.4 Und wie fühlt sich das an? – 32

4.5 Erkenne dich selbst – 33

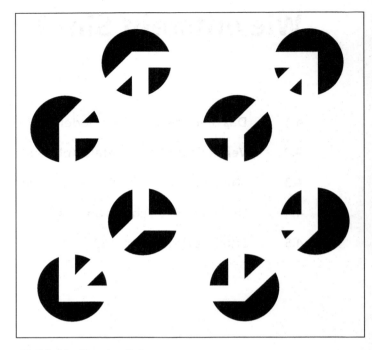

◘ **Abb. 4.1** Was sehen Sie?

Erinnern Sie sich an die philosophische Definition von Sinn? Sinn wird von einer bestimmten Person in einer bestimmten Situation einer Sache, Handlung oder einem Ereignis beigelegt (Schischkoff, 1991). Wenn wir nach der Entstehung von Sinn fragen, geht es also um Bewertungs- und Attributionsprozesse: Eine bestimmte Person bewertet in einer bestimmten Situation eine bestimmte Sache als sinnvoll oder nicht sinnvoll.

Schon die Gestaltpsychologie hat überzeugend dargelegt, dass Menschen ihre Welt in sinnvollen Mustern – bzw. in *Gestalten* – organisieren (Fitzek, 2014). Betrachten Sie ◘ Abb. 4.1: Was sehen Sie? Fast alle werden einen Würfel sehen. Dennoch ist kein Würfel dargestellt. Tatsächlich findet sich eine Ansammlung unterschiedlicher schwarzer Flächen. Es gehört zu unserem Wahrnehmungsrepertoire, dass wir Reize möglichst so interpretieren, dass sie uns als sinnvoll erscheinen. Und sinnvoll erscheint etwas, wenn es mehr als das unmittelbar Gegebene ist, wenn es einen *Bedeutungsüberschuss* hat.

Was heißt das? Die in ◘ Abb. 4.1 gezeigten schwarzen Flächen scheinen per se sinnlos zu sein. Eine sinnvolle Gestalt entsteht, wenn die Flächen in unserer Wahrnehmung zu einem größeren Ganzen werden – zum Würfel. Im Gegensatz zu den einzelnen schwarzen Flächen hat der Würfel Bedeutung, weil wir ihn in unser Handlungsuniversum einordnen können, seine Nutzbarkeit kennen.

Versuchen wir, die Definition auf einer anderen Ebene durchzuspielen. Sie lesen derzeit diesen Text. Ist das sinnvoll? Es kommt darauf an:

Sinn durch Bedeutungsüberschuss

auf das *Wer* und das *Wann*. Stellen wir uns vor, Sie sind ein zwölfjähriges Kind, das durch Zufall auf dieses Buch gestoßen ist. Wahrscheinlich würden Sie das Lesen nicht als sinnvoll erleben, weil Sie vieles nicht verstehen können. Wären Sie eine Geschichtsstudentin unter Zeitdruck, kurz vor einer wichtigen Prüfung, dann könnten Sie den Text verstehen – aber in Ihrer jetzigen Situation wäre es wohl nicht sinnvoll, ihn zu lesen. Sagen wir, Sie sind ein Therapeut oder eine Ärztin, der/die sich etwas Lesezeit nehmen konnte. Einiges, was Sie hier lesen, wird Sie an Gespräche mit Patienten erinnern; an vieles werden Sie anhand persönlicher und beruflicher Erfahrungen anknüpfen können. Durch das Lesen werden Ihre Gedanken auf neue Pfade gelenkt; Ihre Erkenntnisse werden hoffentlich zu Ihrem übergeordneten Ziel – Patienten zu begleiten und im Heilungsprozess zu unterstützen – beitragen. Da macht das Lesen Sinn (würde man auf Neudeutsch sagen).

Sinn entsteht also durch Wahrnehmung eines Bedeutungsüberschusses. Eine Sache mag schön sein, eine Handlung langweilig oder interessant; sinnvoll wird sie erst dann, wenn sie eine weitergehende Bedeutung hat. Das hierarchische Sinnmodell (Schnell, 2004/2009, 2009), das im Folgenden vorgestellt wird, illustriert dies.

4.1 Das hierarchische Sinnmodell

Sinnkonstruktion findet unablässig statt, auf der Ebene der Reizwahrnehmung bis zur hochkomplexen Ebene des Lebenssinns. Die hierarchische Darstellung in ◘ Abb. 4.2 macht deutlich, dass sich ein Bedeutungsüberschuss auf die jeweils übergeordnete Ebene bezieht. Betrachten wir zuerst die Ebene der Wahrnehmung. Reize treffen auf die Sinnesorgane und werden in die „Einheitssprache des Gehirns" übersetzt (Roth, 1998, S. 93), als neurochemische Signale in bestimmte Gehirnareale weitergeleitet. Diesen Signalen ist noch kein Sinn inhärent. Er wird konstruiert, indem Informationen gefiltert, zusammengefügt und mit bestehenden Schemata abgeglichen werden. All diese Prozesse dienen dazu, zu einem Verständnis der Signale zu gelangen – zu einer sinnvollen Wahrnehmung. Eine solche liegt dann vor, wenn sie eine Reaktion auf die Umwelt nahelegt, also von der Handlungsebene aus interpretierbar ist (Prinz, 2000).

Handlungen werden dann als sinnvoll erfahren, wenn sie übergeordneten Zielen dienen. Ziel*loses* Handeln ist „bloße" Aktivität – die natürlich auch ihren Platz hat. Nicht alles, was wir tun, muss zielorientiert und sinnvoll sein. Wenn wir uns bewegen aus Spaß an der Bewegung, wenn wir vor uns hin singen oder ziellos durch die Gegend laufen, dann mag das sinnlos sein, aber nicht im Sinne einer negativen Bewertung. Bei einer sinnvollen Handlung wird der Sinn generiert aus dem Bedeutungsüberschuss, den die Handlung im Hinblick auf übergeordnete Ziele hat. So wird aus sinnloser Bewegung sinnvolle Bewegung, wenn sie Zielen wie Gesundheit oder Fitness dient. Der Gesang unter der Dusche wird sinnvoll, wenn der Sänger für einen

Sinnvolle Wahrnehmung legt Handlung nahe

Sinnvolle Handlung dient Zielerreichung

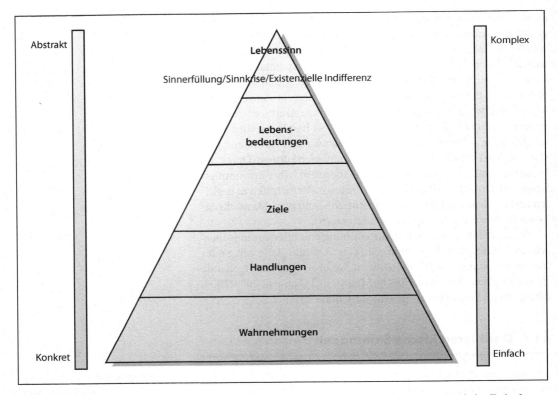

☐ **Abb. 4.2** Das hierarchische Sinnmodell (Schnell, 2009, 2014a). Mit freundlicher Genehmigung von Routledge/Taylor & Francis

Sinnvolle Ziele sind intrinsisch

Gesangswettbewerb übt oder sich vorgenommen hat, durch das Singen die Endorphinausschüttung anzukurbeln, vermehrt Immunglobulin A und Oxytocin zu produzieren und so sein Wohlbefinden zu steigern (vgl. Janning, 2012).

Ziele werden oft *per se* als etwas Sinnvolles angesehen, denn sie aktivieren eine Zukunftsorientierung, motivieren und helfen, den Alltag zu strukturieren (vgl. Emmons, 2003). Doch diese Sicht muss relativiert werden: Zielverfolgung kann auch destruktiv oder sinnlos sein. Zielverfolgung hat negative Konsequenzen, wenn wir zu lange an Zielen festhalten, die nicht erreichbar sind (Brandtstädter & Rothermund, 2002). Und Zielverfolgung wird als sinnlos empfunden, wenn es sich nicht um intrinsische, sondern um extrinsische Ziele handelt (Sheldon et al. 2004). Extrinsische Ziele sind solche, die man verfolgt in der Hoffnung, Vorteile zu erlangen oder Bestrafung zu vermeiden – und nicht, weil man sie als richtig und gut betrachtet. Wenn ich also ein Ziel allein deshalb verfolge, weil meine Eltern es sich gewünscht haben, weil es gesellschaftlich hoch angesehen ist oder weil ich ansonsten keine finanzielle Unterstützung mehr erhalte, dann wird dies früher oder später in einem Gefühl der Sinnlosigkeit münden – und damit die Motivation sinken. Ziele werden dann als sinnvoll erlebt, wenn sie mit den übergeordneten Lebensbedeutungen übereinstimmen; wenn sie also die Werte und Überzeugungen einer Person widerspiegeln und eine Bewegung in eine Richtung ermöglichen, die durch die Lebensbedeutungen geprägt ist.

Das Vorhandensein von Lebensbedeutungen steht für aktives, involviertes Leben, für ein Engagement für Dinge, die man als sinnvoll ansieht und daher Zeit und Energie dafür aufwendet. Lebensbedeutungen werden dann als sinnvoll wahrgenommen, wenn man das eigene Leben generell als sinnvoll ansieht. Ohne Anbindung an diese übergeordnete Ebene der Sinnerfüllung können auch Lebensbedeutungen ihren Sinn verlieren, zu leerem Engagement werden. Das zeigt sich besonders in Krisensituationen, wenn ein traumatisches Ereignis das bisher tragende Fundament infrage stellt (▶ Kap. 1, ▶ Kap. 7).

> Lebensbedeutungen benötigen Annahme der Sinnhaftigkeit

Die Anordnung des Lebenssinns an der Spitze der Pyramide macht also deutlich, dass es so etwas wie einen Vertrauensvorschuss braucht, um sinnerfüllt zu leben, sich Ziele zu setzen, sinnvoll zu handeln und die Welt um sich herum als sinnvoll wahrzunehmen. Wenn mir mein Leben sinnlos erscheint, dann lohnt sich nichts. Wozu sich engagieren, Ziele verfolgen, versuchen, das Richtige zu tun? Wenn ich aber glaube, dass mein Leben sehr wohl einen Sinn haben kann – ob existenzialistisch errungen oder göttlich legitimiert – dann bin ich motiviert, meinen Lebensbedeutungen entsprechend zu leben und zu handeln!

4.2 Vertikale und horizontale Kohärenz

Das hierarchische Sinnmodell illustriert die Notwendigkeit innerer Kohärenz: Es verdeutlicht, dass niedrigere Ebenen in übergeordnete integrierbar sein müssen, um als sinnvoll wahrgenommen zu werden. Kennon Sheldon und Tim Kasser haben die Begriffe *vertikale* und *horizontale Kohärenz* geprägt, um ein kohärentes Sinnsystem zu beschreiben (Sheldon & Kasser, 1994). Sie beziehen sich vor allem auf Ziele, doch die Anforderungen lassen sich auf alle Ebenen anwenden. Vertikale Kohärenz bezeichnet die oben beschriebene Integrierbarkeit in übergeordnete Ebenen: Niedrigere Ebenen sollten konsistent mit übergeordneten Ebenen sein bzw. durch diese reguliert werden. Horizontale Kohärenz meint, dass die gleichzeitig auf einer Ebenen vorhandenen Prozesse sich gegenseitig ergänzen sollten – und nicht widersprechen.

Betrachten wir einen fiktiven Fall zur Illustration vertikaler und horizontaler Kohärenz: Paul sagt, er finde sein Leben **sinnvoll**. Er identifiziert „Gemeinschaft", „Leistung" und „Persönliche Entwicklung" als zentrale **Lebensbedeutungen**. Auf der Ebene der **Ziele** finden sich „Beziehungen pflegen", „eine ausgewogene Work-Life-Balance" und „verschiedene Sprachen sprechen". Zu seinen **Handlungen** gehört, regelmäßig Zeit mit Freunden zu verbringen, die Wochenenden frei von Arbeit zu halten, bei der Arbeit konzentriert und effizient zu sein, einen Abend in der Woche dem Lernen einer fremden Sprache zu widmen, offen für Menschen aus anderen Ländern zu sein und sie in seinen Freundeskreis zu integrieren. Pauls **Wahrnehmung** ist dadurch gekennzeichnet, dass er Fremdes und Neues nicht als unangenehm oder beängstigend, sondern als positive Herausforderung ansieht, dass er Konflikte als kommunikativ lösbar betrachtet und Menschen primär als vertrauenswürdig einschätzt. (Es wäre weiterhin möglich, basalere Wahrnehmungsprozesse zu analysieren. Diese sind bei gesunden Personen jedoch relativ ähnlich.)

Vertikale Kohärenz

Die *vertikale Kohärenz* drückt sich darin aus, dass sich Pauls Sinnerfüllung in der aktiven Verfolgung von Lebensbedeutungen widerspiegelt. Diese sind nicht nur „hehre Werte"; sie werden in seiner Zielwahl konkretisiert: Das Streben nach Beziehungspflege und Work-Life-Balance steht für „Gemeinschaft". Das Ziel, verschiedene Sprachen zu sprechen, repräsentiert die Bedeutung, die „Leistung" und „persönliche Entwicklung" für ihn haben. Ebenfalls vertikal kohärent sind Pauls Handlungen, denn sie sind derart gestaltet, dass sie der Erreichung seiner Ziele dienen. Auch seine Wahrnehmungen stimmen gut mit den übergeordneten Ebenen überein. So fördert die Wahrnehmung von Neuem als Herausforderung beispielsweise Handlungen wie das Lernen von Fremdsprachen oder die Einladung von Menschen aus anderen Ländern in den eigenen Freundeskreis. Pauls vertrauensvolle Sicht auf den Menschen stimmt ebenfalls damit überein, und seine Betrachtung von Konflikten als zwischenmenschlich lösbare Probleme ist kohärent mit seiner Gemeinschaftsorientierung.

Horizontale Kohärenz

Ist Pauls Sinnsystem auch *horizontal kohärent*? Pauls Wahrnehmungen beruhen auf gut miteinander vereinbaren Grundannahmen bzw. Erwartungen. Seine Handlungen widersprechen sich nicht, sondern ergänzen sich im Hinblick auf die Erreichung seiner Ziele. Auch die Ziele sind so gewählt, dass sie parallel verfolgt werden können, ohne dass es zu Konflikten kommt. Auf der Ebene der Lebensbedeutungen ist die horizontale Kohärenz nicht unmittelbar evident. „Leistung" und „Gemeinschaft" haben das Potenzial, in Konflikt miteinander zu treten, müssen es aber nicht. Die Ziele, für die Paul sich entschieden hat, ermöglichen eine Vereinbarkeit der Lebensbedeutungen – und somit horizontale Kohärenz auch auf dieser Ebene. (In ▶ Abschn. 4.5 haben Sie die Möglichkeit, Ihr eigenes Sinnsystem auf Kohärenz zu überprüfen.)

4.3 „No man is an island": Die Rolle der Umwelt

Sinnprozesse können nicht allein in das Individuum verlagert werden. Ein Individuum ist ein „selbstständiges und vernunftbegabtes Wesen, [das] über sich selbst verfügen kann, zugleich aber als Träger allgemein-menschlicher Werte in übergreifenden Zusammenhängen steht" (Schischkoff, 1991, S. 332 f.). Sinnprozesse finden in Auseinandersetzung mit diesen übergreifenden Zusammenhängen statt. Das oben beschriebene hierarchische Sinnmodell muss also um die Umwelt – oder Umwelten – ergänzt werden, die auf jede Ebene einwirken, ob unterstützend, einschränkend oder moderierend.

4.3 · "No man is an island": Die Rolle der Umwelt

Um Sinnprozesse produktiv zu unterstützen, sollten Umwelten einerseits ausreichend transparent und verstehbar sein, andererseits genügend Ressourcen zur Verfügung stellen, also zur Bewältigbarkeit beitragen (Antonovsky & Franke, 1997). Fremde Umgebungen und mehrdeutige Reize können die sinnhafte *Wahrnehmung* erschweren. Soziale und finanzielle Einschränkungen grenzen *Handlungs*möglichkeiten ein. Über damit einhergehende Lernerfahrungen und Erwartungen beeinflussen diese Begrenzungen auch die *Ziel*wahl und die Orientierung an *Lebensbedeutungen. Sinnerfüllung* ist schwer zu erlangen, wenn die Umwelt bedeutsames, kohärentes und wertorientiertes Handeln sowie Zugehörigkeitserleben erschwert.

Genauso wenig wie einem Ding ein Sinn innewohnt (sondern von einer Person in einer bestimmten Situation zugeschrieben wird), kann eine Umwelt als per se sinnstützend oder sinnhinderlich verstanden werden. Auch hier geht es um die Relation zwischen einem bestimmten Individuum und seiner Umwelt. So könnten wir davon ausgehen, dass unsere heutige liberale, pluralistische Multioptionsgesellschaft eine ideale Grundlage für individuelle Sinnstiftung darstellt, da jeder Person verschiedenste Möglichkeiten offen stehen. Aber sind Kohärenz, Orientierung und Zugehörigkeit nicht viel leichter zu erlangen in einer Gesellschaft, die weniger Optionen anbietet, auf einen gemeinsamen Wertekanon hin orientiert ist und Zugehörigkeit verlangt und erwartet – wie beispielsweise in autoritären Regimen? Eine kognitiv komplexe Person mit hoher Ambiguitätstoleranz (also der Fähigkeit, mit Ungewissheit, Mehrdeutigkeit und Widersprüchen umzugehen) wird die Multioptionsgesellschaft eher als sinnförderlich erleben – autoritäre Vorgaben jedoch als einschränkend und unterdrückend. Andere, deren kognitive Struktur weniger komplex und deren Bedürfnis nach Unabhängigkeit und Entscheidungsfreiheit weniger ausgeprägt ist, sehnen sich hingegen nach einer Umwelt, die durch kohärentere Strukturen und eindeutigere Orientierung und Zugehörigkeit gekennzeichnet ist.

Als extremes Beispiel dafür können Europäer verstanden werden, die sich der Terrormiliz „Islamischer Staat" anschließen. Verschiedene Analysen kommen zu dem Schluss, dass diese Entscheidungen weniger auf religiösen Überzeugungen beruhen, als einem Bedürfnis nach Identität, Zugehörigkeit und Sinnerleben folgen. Die Auswanderer fühlen sich westlichen Gesellschaften entfremdet; sie erleben sie als kalt, unmenschlich, egoistisch und unmoralisch. Die *Umma* hingegen – die Weltgemeinschaft der Muslime, hier repräsentiert durch den sogenannten Islamischen Staat – gilt als Synonym für Ordnung und Zugehörigkeit und befriedigt das Bedürfnis nach einer gemeinsamen Sinnorientierung (Cesari, 2011).

Diese Überlegungen spiegeln die Relativität des Sinnbegriffs wider. Anstatt von sinnvollen und sinnlosen Umweltbedingungen zu sprechen, stellen wir fest, dass Menschen sehr unterschiedliche Bedingungen als sinnstiftend erleben. Dies sind unter Umständen Bedingungen, die Menschenrechte verletzen und demokratische und rechtsstaatliche Prinzipien ignorieren. Aus einer aufgeklärten humanistischen

Verstehbarkeit und Machbarkeit

Beispiel Terrormiliz „Islamischer Staat"

Perspektive kann es schwerfallen, hier von Sinnhaftigkeit zu sprechen. Dennoch ist dies notwendig, wenn wir die existenzielle Dimension individueller Lebenswelten und das daraus resultierende Handeln verstehen wollen. Dabei bieten sich viele Erkenntnismöglichkeiten, wenn in Konflikten nicht auf die widersprüchlichen (politischen, religiösen) Inhalte fokussiert wird, sondern realisiert wird, dass die verschiedenen Parteien ein sehr ähnliches Bedürfnis nach Kohärenz, Orientierung, Bedeutsamkeit und Zugehörigkeit zu befriedigen suchen.

4.4 Und wie fühlt sich das an?

Sinn ist kein Gefühl

Wir wissen nun einiges darüber, wie Sinn entsteht – aber wie fühlt er sich eigentlich an? Nun ja, Sinn fühlt sich im Allgemeinen gar nicht an. Denn es handelt sich nicht um ein Gefühl. Betrachten wir die Definitionsmerkmale eines *Gefühls* (Bourne & Ekstrand, 2005):
- *Biologische Aktivierung*: Ein Gefühl geht mit physiologischer Erregung einher.
- *Motivation*: Ein Gefühl motiviert dazu, es anzustreben (angenehme Gefühle) oder zu vermeiden (unangenehme Gefühle).
- *Kognition*: Das Gefühl wird geprägt durch die kognitive Interpretation des Kontextes, in dem es auftritt.
- *Empfindung*: Gefühle werden subjektiv erlebt.
- *Ausdruck*: Gefühle geben Anlass zu Ausdrucksreaktionen in Mimik und Gestik.

Sinn ist ein großer Motivator, wie in ▶ Abschn. 10.1.1 näher ausgeführt wird. Auch Kognitionen spielen eine wichtige Rolle, vor allem in Form von unbewussten Bewertungsprozessen, die die Kohärenz bzw. Inkohärenz mit dem jeweils übergeordneten Kontext überprüfen (◨ Abb. 4.2 „Das hierarchische Sinnmodell").

Aber Sinn ist im Allgemeinen weder biologisch aktiviert noch begleitet von physiologischen Erregungsprozessen, von mimischen oder gestischen Ausdrucksreaktionen. Auch der Aspekt des subjektiven Erlebens ist nicht vorhanden, da Sinn normalerweise gar nicht wahrgenommen wird. Eine sinnvolle (Lebens-)Situation ist durch Stimmigkeit und Passung gekennzeichnet – also Merkmale, die meist unterhalb der Wahrnehmungsschwelle bleiben. Unser äußerst ökonomischer Wahrnehmungsapparat macht uns jedoch vor allem auf Dinge aufmerksam, die ein Eingreifen verlangen. Solange alles so läuft, dass es für uns passend und stimmig ist, gibt es keinen Grund, darauf hinzuweisen.

Gefühle können Sinn bestätigen

Wir können also sagen: Sinn ist kein Gefühl. Vielmehr handelt es sich bei Sinn um das Ergebnis subjektiver Bewertungsprozesse, die unterhalb der Wahrnehmungsschwelle bleiben, solange das Ergebnis positiv ist. Gefühle haben dabei vor allem eine Bestätigungsfunktion, z. B. als Freude beim Erreichen eines wichtigen Ziels (Klinger, 1998) oder als ein affirmatives Gefühl von Nähe und Zugehörigkeit. Sehr

4.5 · Erkenne dich selbst

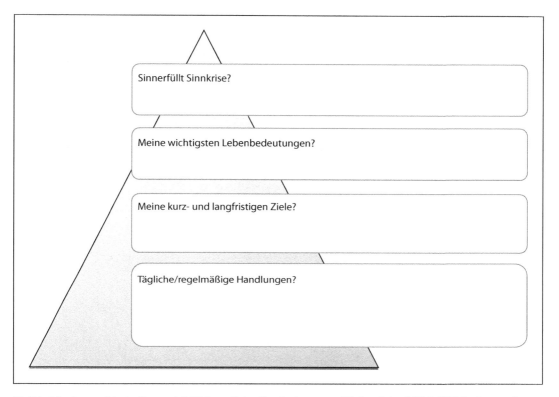

Abb. 4.3 Personalisiertes Sinnmodell. Mit freundlicher Genehmigung von © Tatjana Schnell 2015. All Rights Reserved

ähnlich ist es übrigens mit Gesundheit: Auch sie ist uns normalerweise nicht bewusst. Sie ist auch kein Gefühl. Aber es gibt kritische Merkmale, anhand derer wir uns unserer Gesundheit versichern können – ebenso wie unserer Sinnerfüllung.

Ganz anders sieht es jedoch aus, wenn die unterschwelligen subjektiven Bewertungsprozesse negativ ausfallen. In einem solchen Fall wird unsere Aufmerksamkeit unvermeidlich darauf gelenkt: Sinn wird bewusst und erfahrbar – allerdings nur in Form seines Fehlens!

Sinn wird erst bewusst, wenn er fehlt

4.5 Erkenne dich selbst

- **Selbstexploration: Mein persönliches Sinnmodell**

Füllen Sie Ihr persönliches Sinnmodell *von unten nach oben* aus (◘ Abb. 4.3): Tragen Sie in die Pyramide Notizen zu täglich von Ihnen ausgeübten Handlungen, zu Zielen, die Sie verfolgen, zu Ihren Lebensbedeutungen (z. B. solche mit den höchsten Soll-Werten aus ► Abb. 3.3) und zu Ihrem Sinnerleben ein. Betrachten Sie die Pyramide dann im Hinblick auf die vertikale und horizontale Kohärenz.

Vertikale Kohärenz Dienen Ihre Handlungen der Erreichung Ihrer Ziele? Stimmen Ihre Ziele mit Ihren Lebensbedeutungen überein? Sind Ihre Lebensbedeutungen durch die Annahme motiviert, dass Ihr Leben sinnvoll ist?

Horizontale Kohärenz Passen Ihre Handlungen zueinander? Ergänzen sie sich? Oder widersprechen sie sich? Passen Ihre Ziele zueinander? Ergänzen sie sich? Oder widersprechen sie sich? Passen Ihre Lebensbedeutungen zueinander? Ergänzen sie sich? Oder widersprechen sie sich?

Sinnvariationen

5.1 Interindividuelle Differenzen bei Sinnerfüllung und Lebensbedeutungen – 36

5.2 Sinn ist dynamisch: Veränderungen in der Lebensspanne – 38

5.3 Sinn und Lebensbedeutungen bei Mann und Frau – 40

5.4 Familie als Sinnstifter – 44

5.5 Sinn, Ausbildung und Intelligenz – 45

5.6 Sinn ist variabel: Veränderungen über Aktivitäten und Tage hinweg – 47

5.7 Exkurs: Studieren ist oft sinnlos und macht keinen Spaß? – 50

5.8 Erkenne dich selbst 51

© Springer-Verlag Berlin Heidelberg 2016
T. Schnell *Psychologie des Lebenssinns*,
DOI 10.1007/978-3-662-48922-2_5

Sinnerfüllung und Lebensbedeutungen werden durch verschiedene Merkmale geprägt und beeinflusst. Dazu zählen Persönlichkeitsdispositionen und demografische Eigenschaften wie Alter, Geschlecht, Familienstand und Ausbildung. Auch Stimmungen und Situationen wirken sich auf die subjektive Sinnwahrnehmung aus. In diesem Kapitel erfahren Sie, in welcher Beziehung Sinn und Lebensbedeutungen mit den Big-Five-Persönlichkeitseigenschaften stehen, wie sich Sinn und Lebensbedeutungen mit dem Alter verändern und wie das Sinnerleben über Aktivitäten hinweg schwankt. Geschlechtsunterschiede werden diskutiert, die Bedeutung von Familie vs. Singledasein und der Einfluss von Intelligenz.

5.1 Interindividuelle Differenzen bei Sinnerfüllung und Lebensbedeutungen

Sinnerfüllung relativ unabhängig von Persönlichkeit

Für Paul ist das gesellige Zusammensein mit vielen Menschen ein Genuss; Paula versucht, Gruppenaktivitäten oder Partys zu vermeiden. Bert ist häufig sorgenvoll, ängstlich und nervös, während Berta prinzipiell ruhig und gelassen bleibt. Menschen unterscheiden sich hinsichtlich ihrer Persönlichkeitseigenschaften. Haben diese interindividuellen Differenzen einen Einfluss darauf, ob jemand einen Sinn in seinem Leben sieht? Unsere Untersuchungen haben gezeigt, dass dies zu einem relativ geringen Ausmaß der Fall ist: Ungefähr 16 % der Sinnerfüllung sind durch Persönlichkeitseigenschaften erklärbar (Schnell & Becker, 2006). Dazu tragen Gewissenhaftigkeit, Extraversion, Verträglichkeit und Offenheit für Erfahrungen bei. Das heißt, dass es für selbstkontrollierte, optimistische, gesellige, freundliche, wissbegierige und experimentierfreudige Menschen etwas leichter ist, ein sinnvolles Leben zu führen.

Lebensbedeutungen je nach Persönlichkeit

Viel größer ist der Zusammenhang jedoch zwischen Persönlichkeitseigenschaften und Lebensbedeutungen. Wir richten unser Leben unseren Persönlichkeitsmerkmalen entsprechend aus. So finden Menschen, die offen für Erfahrungen sind, eher Sinn in Selbstverwirklichung als in Tradition, Moral oder Vernunft. Im Gegensatz zu einem extravertierten Menschen wird ein introvertierter Mensch seine Zeit und Energie nicht in Macht, Gemeinschaft oder Spaß investieren. Welche Persönlichkeitseigenschaften der „Big Five" (Neurotizismus, Extraversion, Offenheit, Verträglichkeit und Gewissenhaftigkeit) mit welchen Lebensbedeutungen in Verbindung stehen, listet ◘ Tab. 5.1 auf.

Wir werden mit der Anlage zu bestimmten Persönlichkeitseigenschaften geboren; diese festigen oder verändern sich durch unsere Erfahrungen im Laufe des Lebens. Zu jedem Zeitpunkt stellt also ein bestimmtes Muster von Persönlichkeitsmerkmalen den Hintergrund für unsere Auseinandersetzung mit der Welt dar. Dies drückt sich in einer unbewussten Neigung aus, ein bestimmtes Verhalten zu zeigen oder zu wählen und andere Haltungen eher abzulehnen. Die in ◘ Tab. 5.1 dargestellten Zusammenhänge belegen dies. Sie zeigen, dass manche Lebensbedeutungen stärker (z. B. Macht: 40 %), andere weniger

5.1 · Interindividuelle Differenzen bei Sinnerfüllung und Lebensbedeutungen

Tabelle 5.1 Vorhersage von Lebensbedeutungen durch Persönlichkeitseigenschaften

Lebensbedeutungen	% durch „Big Five" zu erklären	Neurotizismus	Extraversion	Offenheit für Erfahrung	Verträglichkeit	Gewissenhaftigkeit
Explizite Religiosität	5				+	
Spiritualität	9	++	+		+	
Generativität	7			+		++
Naturverbundenheit	15		– –	++	++	+
Soziales Engagement	19			+++	++	
Gesundheit	19	–		+	+	+++
Selbsterkenntnis	33	+	–	+++		+
Individualismus	23		+	+++	– –	
Herausforderung	28		+++	+	–	– –
Entwicklung	33	–		+++		++
Macht	40		+++		– – –	+
Freiheit	11			++	– –	
Kreativität	33			+++		
Wissen	34		–	+++	–	++
Leistung	25	++	+		– – –	+++
Vernunft	30			–		+++
Tradition	35	++		– – –	+	++
Moral	16	++		– –		+++
Bodenständigkeit	28		++	– – –		+
Gemeinschaft	35	++	+++		+++	
Spaß	25		+++	–		–
Liebe	17	+++	++	+	+	
Harmonie	24	+		++	+++	++
Wellness	15		++	+		– –
Bewusstes Erleben	12	+	++	+	+	+

Anmerkung: +) kleiner positiver Effekt; ++) mittlerer positiver Effekt; +++) großer positiver Effekt; –) kleiner negativer Effekt; – –) mittlerer negativer Effekt; – – –) großer negativer Effekt

stark (z. B. explizite Religiosität: 5 %) von Persönlichkeitseigenschaften geprägt werden. Die Tabelle kann konsultiert werden, wenn es darum geht, Sinnquellen zu identifizieren, die einer Person aufgrund ihrer Neigungen wahrscheinlich entsprechen. (Dazu ist es hilfreich, ein Big-Five-Persönlichkeitsprofil der Person zur Hand zu haben.) Andererseits kann es jedoch auch angebracht sein, sich mit Orientierungen auseinanderzusetzen, die man aufgrund der eigenen Verhaltensdisposition bisher gemieden hat, um positive Veränderungen anzustoßen.

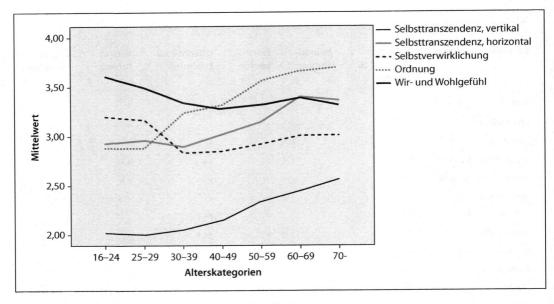

Abb. 5.1 Ausprägungen der fünf Sinndimensionen über die Lebensspanne

5.2 Sinn ist dynamisch: Veränderungen in der Lebensspanne

Persönlichkeitsmerkmale gelten dann als stabil, wenn sie sich über mehrere Monate hinweg nicht verändern. In diesem Sinne sind Sinnerfüllung und Lebensbedeutungen stabil. Trotzdem liegt es nahe anzunehmen, dass in verschiedenen Lebensphasen andere *Themen* relevant werden. So hat es beispielsweise Erik H. Erikson in seinem psychosozialen Entwicklungsmodell skizziert: Während es in der Kindheit darum geht, Vertrauen, Autonomie, Initiative und Werksinn zu entwickeln, geht es in der Pubertät um die Ausbildung einer Identität, im jungen Erwachsenenalter um das Erlernen von Intimität, im mittleren Erwachsenenalter um Generativität und im späten Erwachsenenalter um die Akzeptanz und Integration des eigenen Lebenslaufs (Erikson, 1988). Dementsprechend sollten sich auch die Lebensbedeutungen mit den Lebensphasen verändern.

Unsere Daten einer Stichprobe von 793 Personen im Alter von 16 bis 85 Jahren (M = 40, SD = 17) bestätigen diese Annahme (◘ Abb. 5.1). So zeigt sich ein Anstieg der vertikalen wie auch der horizontalen Selbsttranszendenz ab dem mittleren Erwachsenenalter, also der Phase, in der – nach Erikson – eine Abwendung von einer Selbstzentrierung stattfindet. Im gleichen Zeitraum findet sich ein Absinken der Bedeutung der Selbstverwirklichung. Wir- und Wohlgefühl ist während der Adoleszenz und in jungem Erwachsenenalter sehr wichtig, bleibt aber trotz leichten Absinkens auch bis ins hohe Alter noch relevant.

> Selbsttranszendenz steigt, Selbstverwirklichung sinkt mit Alter

Eine besonders starke Veränderung zeigt sich bei der Dimension Ordnung: Tradition, Vernunft, Bodenständigkeit und Moral erfahren ab einem Alter von 30 Jahren einen deutlichen Bedeutungszuwachs – und erneut ab einem Alter von 50 Jahren. Der erste dieser beiden Trends lässt sich mit dem Eintreten der Elternschaft in Beziehung setzen. Das Durchschnittsalter der Mütter bei der Geburt des ersten Kindes liegt in deutschsprachigen Ländern bei ca. 30 Jahren. Zum Alter der Väter bei der Geburt des ersten Kindes gibt es erstaunlich wenige Zahlen. Nach Schweizer Statistiken sind Väter bei der Mehrheit der Lebendgeburten zwischen 30 und 39 Jahre alt (Schweizer Bundesamt für Statistik, 2015). Die Geburt eines Kindes geht mit Verantwortung einher. Mit Ankunft des hilflosen, kleinen Wesens bekommen Sicherheit, Bewahrung und Bodenständigkeit eine neue Bedeutung. Traditionen bieten wichtige Anknüpfungspunkte, um den Alltag mit Kleinkindern sinnvoll zu strukturieren, z. B. durch Rituale. Zudem ist die Phase der jungen Elternschaft eine Zeit, in der man sich bewusst macht, welche Konventionen, Sitten und Werte das eigene Handeln leiten und welche davon an die eigenen Kinder weitergegeben werden sollen.

Relevanz von Ordnung steigt mit 30 und 50 Jahren

Die zweite Erhöhung der Relevanz von Ordnung, die ab einem Alter von ca. 50 Jahren beobachtet werden kann, mag mit der beruflichen Situation zusammenhängen. In dieser Phase geht es bei der Mehrheit der Berufstätigen nicht mehr um Karriere, Entwicklung und Aufstieg. Auf Erfahrung beruhende, abwägende Vernunft ist häufiger anzutreffen als „jugendliche" Risikofreude. Was erreicht wurde, wird konsolidiert; was sich bewährt hat, wird seltener infrage gestellt.

Betrachtet man das Ausmaß der Sinnerfüllung, so zeigt sich ein leicht positiver Anstieg mit dem Alter (Schnell & Becker, 2007; Steger et al., 2006). Die Varianz ist dabei groß; das heißt, dass es in allen Altersstufen Menschen mit niedriger, mittlerer und hoher Sinnerfüllung gibt. Vergleicht man den Prozentsatz der Menschen, die sich Sinnerfüllung zuschreiben, über die Altersstufen hinweg (◘ Abb. 5.2), so sieht man die niedrigsten Werte bei den 16- bis 29-Jährigen (58–59 %). Ab einem Alter von 30 Jahren – also ungefähr zeitgleich mit dem Eintritt der Elternschaft – steigt die Häufigkeit der Sinnerfüllung deutlich an (63 %), erfährt im Alter von 40 bis 49 Jahren nochmals einen leichten Einbruch (61 %), erreicht aber ab einem Alter von 50 Jahren stabil hohe Werte (69–70 %).

Sinnerfüllung steigt mit dem Alter

Etwas anders verläuft der Alterstrend, wenn es um die Häufigkeit von Sinnkrisen geht (s. ebenfalls ◘ Abb. 5.2). Etwa 5 % der 16- bis 29-Jährigen leiden unter einer Sinnkrise (Punktprävalenz). Etwas mehr sind es bei den 30- bis 49-Jährigen (6,5 %). Danach sinkt die Häufigkeit von Sinnkrisen drastisch ab, auf 2,4 % bei den 50- bis 59-Jährigen und 1,2 % bei Menschen ab 60. Unser existenzielles Fundament scheint sich offenbar ab einem Alter von etwa 50 Jahren soweit gefestigt zu haben, dass es nur schwer zu erschüttern ist. Doch für einige hält das Leben noch eine letzte, schwere Herausforderung bereit. Im hohen Alter können Einschränkungen, Beschwerden und Einsamkeit die Lebensqualität stark belasten. Der erneute leichte Anstieg von Sinnkrisen bei den Befragten ab 70 Jahren verweist darauf, dass es unter solchen Bedingungen nochmals wahrscheinlicher wird, dass Menschen verzweifeln. Und

Sinnkrisen selten im späteren Erwachsenenalter

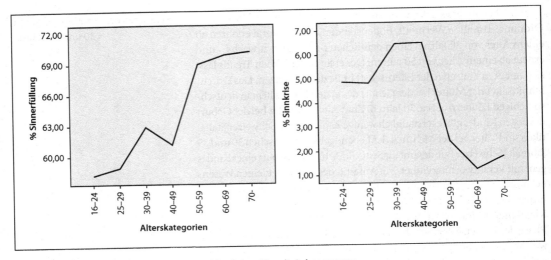

Abb. 5.2 Häufigkeit von Sinnerfüllung und Sinnkrisen über die Lebensspanne

vermutlich waren viele derjenigen, die unter einer Sinnkrise am Lebensende leiden, aus Gründen fehlender Motivation oder eingeschränkter kognitiver Fähigkeiten in unserer Stichprobe gar nicht vertreten.

Rudolf Vogel hat 36 Menschen mit einem durchschnittlichen Alter von 85 Jahren in Pflegeheimen aufgesucht und befragt (Vogel, 2010). Sie beantworteten den LeBe und verschiedene offene Interviewfragen. Über die Hälfte von ihnen gab an, unter einer Sinnkrise zu leiden. Aussagen wie „Mir ist jeder Tag recht, an dem ich sterben könnte" und „Ich möchte lieber heute als morgen sterben" waren häufig. Vogel führt die Sinnkrisen auf eine vorherrschende Perspektivlosigkeit bei den Betroffenen zurück. Sie litten darunter, „nicht mehr gebraucht zu werden" und „nichts mehr zu verantworten zu haben". Sie fürchteten sich davor, die eigene Kontrolle zu verlieren und dadurch unter die Kontrolle anderer zu geraten. Es war nicht der Tod selbst, der Angst und Leid verursachte, sondern die Wahrnehmung der Lebensbedingungen bis dahin.

Sinnkrisen vor dem Lebensende

5.3 Sinn und Lebensbedeutungen bei Mann und Frau

Was das Ausmaß der berichteten Sinnerfüllung angeht, unterscheiden sich Männer und Frauen in den meisten Stichproben entweder wenig (Schnell & Becker, 2007; Pollet & Schnell, in Begutachtung) oder gar nicht (Damasio, Koller & Schnell, 2013; Steger et al., 2006). Die Unterschiede, die gefunden wurden, weisen in Richtung einer etwas höheren Sinnerfüllung bei Frauen. Sinnkrisen sind bei Männern und Frauen gleich häufig (Damasio, Koller & Schnell, 2013; Schnell & Becker, 2007).

Recht drastische Geschlechtsunterschiede zeigen sich jedoch, wenn es um Lebensbedeutungen geht (◘ Abb. 5.3). So empfinden Männer und

Eigenständigkeit vs. Gemeinschaft

5.3 · Sinn und Lebensbedeutungen bei Mann und Frau

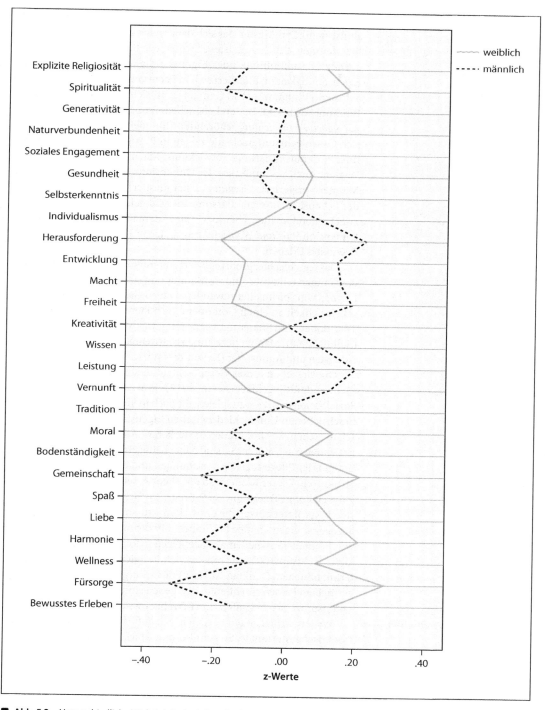

Abb. 5.3 Unterschiedliche Wichtigkeit der Lebensbedeutungen bei Männern und Frauen

Frauen im Durchschnitt offenbar unterschiedliche Orientierungen als sinnstiftend. Das Muster, das sich dabei zeigt, spiegelt die uralte „Dualität der menschlichen Existenz" wider, wie Bakan (1966) sie nannte: *agency vs. communion*, oder Eigenständigkeit und Gemeinschaft. Eigenständigkeit manifestiert sich in Form von Selbstbehauptung und Selbstentfaltung, während Gemeinschaft sich über Kooperation und Bindung ausdrückt. In den Lebensbedeutungen ist *agency* durch die zur *Selbstverwirklichung* gehörenden Sinnquellen repräsentiert, wobei sich Geschlechtsunterschiede zeigen in Bezug auf die Lebensbedeutungen Herausforderung, Entwicklung, Macht, Freiheit, Leistung und Wissen. Auch Vernunft (aus der Dimension Ordnung) wird eher von Männern präferiert. *Communion* manifestiert sich vor allem in Form der Lebensbedeutungen Fürsorge und Gemeinschaft – hier eindeutig zwei Frauendomänen, ebenso wie die anderen Lebensbedeutungen der Dimension *Wir- und Wohlgefühl*: Spaß, Liebe, Harmonie, Wellness und Bewusstes Erleben.

Religion

Das Geschlechterprofil repliziert außerdem den etablierten Befund, dass Frauen religiöser sind als Männer und sich stärker verschiedenen Formen von Spiritualität zuwenden. Frauen glauben mit höherer Wahrscheinlichkeit an einen Gott oder eine höhere Macht. In christlichen Traditionen sind Frauen aktiver an religiösen Veranstaltungen beteiligt (Sullins, 2006). Männer bezeichnen sich dementsprechend häufiger als Atheisten und Agnostiker (Keysar & Navarro-Rivera, 2014).

Sozialisationseffekte und Rollenstereotype

Die Ursachen dieses Geschlechtsunterschieds sind noch immer nicht endgültig geklärt (Klein, 2012). Eine wichtige Rolle scheinen Sozialisationsprozesse zu spielen, die auch in Verbindung mit dem oben beschriebenen Unterschied zwischen Eigenständigkeit und Gemeinschaft stehen. So sind Frauen in stärkerem Ausmaß zuständig für die Erziehung von Kindern. Sie sind daher häufiger zu Hause, mehr beschäftigt mit der Pflege sozialer Beziehungen und dem Erhalt bestehender Strukturen. Dieser Kontext, so die Theorie, sei förderlich für eine religiöse Haltung (Trzebiatowska & Bruce, 2012). Auch Geschlechtsrollenstereotype unterstützen die Entwicklung fürsorglicher, gemeinschaftsbezogener Eigenschaften bei Frauen. Mit der fortschreitenden Teilhabe von Frauen am Arbeitsmarkt stellt sich jedoch die Frage, warum die Geschlechtsunterschiede hinsichtlich Religion und Spiritualität weiterhin bestehen. Denkbar ist, dass Frauen aufgrund ihrer immer noch geringeren Präsenz im öffentlichen Leben einfach später von Säkularisationsprozessen betroffen sind (Trzebiatowska & Bruce, 2012).

Testosteron, Risikobereitschaft, Abkehr von Religion

Weitere Erklärungen beziehen sich auf psychologische oder physiologische Merkmale. So geht Rodney Stark (2002) davon aus, dass Männer aufgrund ihres höheren Testosteron-Levels eher dazu tendieren, Risiken einzugehen – ein Aspekt von *agency*/Eigenständigkeit. Miller und Stark (2002) konnten zeigen, dass Frauen vor allem dann religiöser sind bzw. mehr übernatürliche Überzeugungen als Männer hegen, wenn Abweichungen davon mit Sanktionen einhergehen. Das würde heißen, dass Männer es aufgrund ihrer höheren Risikobereitschaft eher wagen, traditionelle Überzeugungen infrage zu stellen.

5.3 · Sinn und Lebensbedeutungen bei Mann und Frau

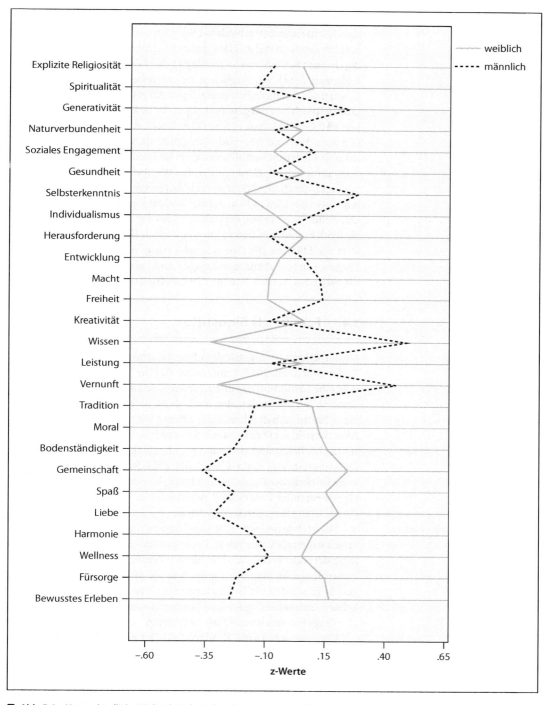

Abb. 5.4 Unterschiedliche Wichtigkeit der Lebensbedeutungen bei überzeugten Atheistinnen und Atheisten (N = 102)

Atheistinnen sind risikobereiter

Die Testosteron-Hypothese wird zwar nicht als alleinige Ursache des Geschlechtsunterschieds bei Religion und Spiritualität aufgefasst, hat aber dennoch viel Anklang gefunden. Unterstützung erhält sie auch durch einen Befund unserer Studie zu Lebenssinn bei Atheisten (Schnell & Keenan, 2011). Wir verglichen die Lebensbedeutungen von 61 weiblichen und 41 männlichen überzeugten Atheisten. Auf den ersten Blick fand sich auch hier das geschlechtsspezifische Muster von Eigenständigkeit und Gemeinschaft wieder (◘ Abb. 5.4). Atheistinnen legten deutlich mehr Wert auf Wir- und Wohlgefühl als Atheisten. Selbstverwirklichung wiederum war höher ausgeprägt bei den Atheisten – mit einer Ausnahme jedoch: *Herausforderung*. Weibliche Atheisten berichteten gar einen durchschnittlich etwas höheren Wert als männliche Atheisten, wobei der Unterschied statistisch nicht abgesichert werden konnte. Das heißt: Jene Frauen, die sich von übernatürlichen Überzeugungen abwenden, sind mindestens ebenso stark an Herausforderung interessiert wie Männer. Die Operationalisierung von Herausforderung im Fragebogen zu Lebensbedeutungen und Lebenssinn (LeBe) umfasst die aktive Suche nach Neuem, Abwechslung und – Risiko.

5.4 Familie als Sinnstifter

Mehr Sinn bei Heirat

Sinnerfüllung ist eng mit dem Familienstand assoziiert (Damasio, Koller & Schnell, 2013; Schnell, 2009). Eine besondere Rolle scheint dabei die Institution der Ehe zu spielen: So sind Verheiratete deutlich sinnerfüllter als Singles, aber auch als Menschen, die unverheiratet in einer Partnerschaft leben. (Der Effekt bleibt auch bei Kontrolle des Alters bestehen.) Dies kann entweder bedeuten, dass sinnerfüllte Menschen eher bereit sind, den Bund der Ehe einzugehen, oder dass die Ehe die Sinnerfahrung stärkt. Obwohl die Zahl der Menschen ansteigt, die in nicht-ehelicher Gemeinschaft leben, besteht doch für viele offenbar ein bedeutender Unterschied zwischen einer Partnerschaft *per se* und deren Besiegelung durch eine Heirat.

Partnerschaft kontra Sinnkrisen

Daraus folgt jedoch nicht, dass Unverheiratete häufiger unter Sinnkrisen leiden als Verheiratete. Bei bestehender Partnerschaft – egal, ob legalisiert oder nicht – sind Sinnkrisen deutlich seltener als bei Alleinstehenden. Man kann vermuten, dass die Möglichkeit zu lieben und geliebt zu werden die Gefahr einer Sinnkrise abwendet. Die Verlässlichkeit einer offiziell geschlossenen Beziehung scheint das Sinnerleben allerdings nochmals zusätzlich zu erhöhen.

Und wie sieht es mit Kindern aus? Der gesellschaftliche Diskurs über Kinder und Elternschaft bezieht sich häufig auf problematische Aspekte: Einerseits wird die geringe Geburtenrate beanstandet – wegen des Problems, dass zu wenig Arbeitskräfte „heranwachsen". Andererseits stehen die (erwarteten) Belastungen im Vordergrund, die mit Kindern einhergehen. Eine Studie des Bundesinstituts für Bevölkerungsforschung konstatiert, dass im Hinblick auf die Elternschaft eine Kultur des Bedenkens, Zweifelns und Sorgens dominiert (Schneider,

Diabaté & Ruckdeschel, 2015). Potenzielle Eltern gehen davon aus, dass ihre eigenen Bedürfnisse mit der Geburt eines Kindes an Bedeutung verlieren; dass eine Berufstätigkeit der Mutter erschwert und die Teilhabe der Eltern am gesellschaftlichen Leben verhindert wird. Finanzielle Unsicherheit und Angst vor Erziehungsfehlern verhindern oder verzögern die Umsetzung eines immerhin weitverbreiteten Kinderwunsches in die Praxis.

Tatsächlich sind die Bedenken nicht völlig unbegründet. Eine Metaanalyse belegt, dass die Lebenszufriedenheit wie auch die Partnerschaftszufriedenheit nach der Geburt eines Kindes und in den darauffolgenden Jahren kontinuierlich sinken – und nicht wieder ansteigen (Luhmann et al., 2012). Doch die Einschränkung dieses „hedonischen" Aspekts des Wohlbefindens (▶ Kap. 9) wird durch eine Erhöhung des „eudämonischen" Wohlbefindens kompensiert: So ist die Sinnerfüllung von Eltern deutlich höher als die von kinderlosen Erwachsenen, wie Baumeister und Kolleginnen zeigen konnten (2013). Eine noch nicht veröffentlichte Analyse unserer eigenen Daten weist in die gleiche Richtung. Unabhängig von Geschlecht und Alter berichten Eltern eine höhere Sinnerfüllung als Kinderlose. Dabei zeigt sich eine interessante Wechselwirkung mit der Lebensform: Sind Kinder vorhanden, so unterscheiden sich die in einer Partnerschaft lebenden Menschen in ihrer Sinnerfüllung nicht mehr von Verheirateten. Die Tatsache der Elternschaft, so könnte man interpretieren, verändert den Status der Beziehung ähnlich wie eine Eheschließung. Es geht nicht mehr „nur" um eine private Liebesbeziehung; die Beziehung hat einen generativen Charakter erhalten.

Kinder sind Sinnstifter

5.5 Sinn, Ausbildung und Intelligenz

In Deutschland ist es unerheblich für das Sinnerleben, ob jemand einen Hauptschulabschluss aufweist oder das Gymnasium abgeschlossen hat. Auch die Wahrscheinlichkeit einer Sinnkrise hängt nicht vom Ausbildungsstand ab (Schnell & Becker, 2007). Dieser Befund ist nicht überraschend, stehen doch verschiedene Wege der Sinnerfahrung offen – je nach persönlicher Begabung und Interesse.

Auf ein eher überraschendes Ergebnis sind wir jedoch gestoßen, als wir in einer durch das österreichische Bundesministerium für Wissenschaft und Forschung in Auftrag gegebenen Studie das Sinnerleben bei Hochbegabten untersuchten (Pollet & Schnell, in Begutachtung). Wir befragten einerseits deutsche und österreichische Mitglieder des Hochbegabtenvereins Mensa, denen gemeinsam ist, dass sie einen IQ von mindestens 130 aufweisen, andererseits sogenannte Promovenden *sub auspiciis Praesidentis rei publicae*. Dabei handelt es sich um eine österreichische Auszeichnung für hervorragende Schul- und Studienleistungen, für die folgende Kriterien gelten: Alle Oberstufenklassen, die Matura (= Abitur), alle universitären Fachprüfungen, Abschlussarbeiten und die Dissertation müssen mit ausgezeichnetem Erfolg bzw.

Sinn ist ausbildungsunabhängig

„sehr gut" abgeschlossen worden sein. Die Studiendauer darf maximal im Durchschnitt liegen; die Lebensführung innerhalb und außerhalb der Universität muss auszeichnungswürdig sein.

Insgesamt 198 Mensa-Mitglieder, 141 *„sub auspiciis"*-Promovenden und 136 zufällig ausgewählte Kontrollpersonen beantworteten eine Reihe von Fragebögen; mit einigen von ihnen führten wir zusätzlich vertiefende Interviews durch. Die Literatur ließ uns vermuten, dass Sinnerleben und Wohlbefinden bei beiden hochbegabten Gruppen im „grünen" Bereich liegen sollten: Das aufwendige, längsschnittlich angelegte Marburger Hochbegabtenprojekt war auf keine signifikanten Unterschiede zwischen hochbegabten und nicht-hochbegabten Teilnehmern gestoßen. Der Leiter des Projekts, Detlef Rost, kam zu dem Schluss, dass Hochbegabte – im Gegensatz zur landläufigen Meinung – im Schulsystem gut integriert seien, schulisch erfolgreich, sozial unauffällig, psychisch stabil und selbstbewusst (Rost, 2009).

Hohe Intelligenz, niedriger Sinn

Als wir unsere drei Gruppen miteinander verglichen, um die Hypothese zu testen, dass die Hochintelligenten (Mensa-Mitglieder) und die Hochleister (*„sub auspiciis"*-Promovenden) ebenso glücklich und sinnerfüllt wie die Kontrollgruppe sind, sahen wir einen riesigen Unterschied. Dieser tat sich jedoch nicht zwischen unseren beiden überdurchschnittlichen Gruppen und den Personen der Normalbevölkerung auf, sondern zwischen Hochintelligenten und Hochleistern. Während die Hochleister ähnliche Werte wie die Kontrollgruppe aufwiesen, lag das Wohlbefinden der Hochintelligenten viel niedriger – und zwar sowohl für das Glücksempfinden als auch, in besonders starkem Ausmaß, für Sinnerfüllung! Worauf kann man das zurückführen?

Ein großer Unterschied zwischen beiden Gruppen liegt in der Bewertung der eigenen Schulerfahrungen. Während die Mehrheit der Hochleister sagte, sie wurde genau richtig gefordert, gab die Mehrheit der Hochintelligenten an, unterfordert gewesen zu sein. Gleichzeitig sagten 56 % der Hochintelligenten, dass ihre Fähigkeiten in der Schule überhaupt nicht beachtet worden seien. Von den Hochleistern hatten nur 8 % diese Erfahrung gemacht. Es ist fraglich, wie valide diese Einschätzungen sind, da sie rückblickend gemacht wurden und stark von der jetzigen Situation gefärbt sein können. Dennoch weisen sie auf etwas Wichtiges hin: Es gibt eine Menge hochintelligenter Personen, die das Gefühl haben, in der Schule nicht wertgeschätzt, gefördert und adäquat gefordert worden zu sein – und diese Wahrnehmung geht mit sehr niedriger Sinnerfüllung einher.

Intelligenz, Suizidalität, Sinnkrise

Ein anderer Unterschied zwischen Hochintelligenten und Hochleistern bezog sich auf deren Intelligenz, die bei den Hochintelligenten nochmals deutlich höher lag als bei den Hochleistern. Könnte sich eine sehr hohe Intelligenz nachteilig auf das Sinnerleben auswirken? Mehrere Studien von Martin Voracek belegen einen positiven Zusammenhang von Intelligenz und Suizidalität (2004, 2007). Wir wissen, dass Suizidalität mit Sinnverlust und Sinnkrisen einhergeht (Gerstner, 2012). Wir könnten vorsichtig schließen, dass besonders intelligente Menschen eine sehr kritische Sicht auf sich selbst und die Welt haben, die es ihnen nicht erlaubt, sogenannte positive Illusionen zu hegen (s.

auch ▸ Abschn. 7.4). Sie stehen der Ungerechtigkeit und potenziellen Absurdität, die das Leben birgt, somit ungeschützt gegenüber, was ihr Glücksempfinden und, vor allem, ihr Sinnerleben einschränken könnte. Es gilt jedoch zu bedenken, dass wir mit den Mensa-Mitgliedern eine spezifische Stichprobe untersucht haben, die nicht alle Menschen überdurchschnittlicher Intelligenz repräsentiert. Weitere Untersuchungen sind nötig, um diese Befunde zu verstehen.

5.6 Sinn ist variabel: Veränderungen über Aktivitäten und Tage hinweg

> Und wie mit den Lebenszeiten, so ist es auch mit den Tagen. Keiner ist uns genug, keiner ist ganz schön, und jeder hat, wo nicht seine Plage, doch seine Unvollkommenheit, aber rechne sie zusammen, so kommt eine Summe von Freude und Leben heraus. (Friedrich Hölderlin)

Gefragt nach der Sinnhaftigkeit unseres Lebens, nach Stimmigkeit, Bedeutsamkeit, Orientiertheit und Zugehörigkeit, nehmen wir im Allgemeinen eine Metaperspektive ein: Alles in allem betrachtet, in Bezug auf Ausgangsbedingungen und Zielvorstellungen, auf Istzustand und Ideal, aus einer übergeordneten Perspektive ... ist unser Leben mehr oder weniger sinnvoll. Die dabei zugrunde liegenden Bedingungen und Grundannahmen ändern sich nicht so schnell – weshalb Sinnerfüllung ein relativ stabiles Persönlichkeitskonstrukt darstellen sollte. Genau dies zeigen unsere Daten: Über einen Zeitraum von zwei oder vier Monaten gibt es kaum Veränderungen (differenzielle Stabilität von r = .84 und .82). Auch nach einem halben Jahr sind die Werte noch sehr ähnlich (r = .72; Schnell & Becker, 2007). Wenn wir von der Sinnhaftigkeit unseres Lebens ausgehen – oder der Nicht-Sinnhaftigkeit – sind wir also nicht so schnell vom Gegenteil zu überzeugen. Ob es eine genetische Disposition zur Sinnerfüllung gibt, ist noch nicht ausreichend überprüft. Erste Ergebnisse weisen jedoch darauf hin, dass diese entweder nicht vorhanden (Güfel, 2010) oder gering (Steger et al., 2011) ist. Das heißt, dass Lebenssinn vor allem das Ergebnis der Erfahrungen ist, die diese Welt uns zukommen lässt, und unseres Umgangs damit.

Unseren Stimmungen können wir jedoch nur schwer entkommen. Dementsprechend sind Einschätzungen der Sinnhaftigkeit des eigenen Lebens durch Stimmungen getönt, wie Kolleginnen und Kollegen der University of Missouri (Columbia) zeigen konnten: Bei guter Laune schätzen wir unser Leben als sinnvoller ein als bei schlechter Laune (King et al., 2006). Hinzu kommt, dass es Tage gibt, die wir größtenteils mit Tätigkeiten zubringen (müssen), die uns wenig sinnvoll erscheinen. Man kann also davon ausgehen, dass Sinnerfüllung über Tage wie auch über Aktivitäten hinweg variiert. Anhand von Experience-Sampling-Studien wurde dies überprüft. Dabei werden Alltagserfahrungen möglichst zeitnah und in natürlicher Umgebung erfasst, entweder

Stabilität, wenige oder keine genetischen Einflüsse

durch tägliche Tagebuchaufzeichnungen oder durch mobile Geräte, die sich mehrmals täglich melden und die Beantwortung einiger Fragen *in situ* erbitten.

Experience Sampling

Experience-Sampling-Untersuchungen haben gezeigt, dass das Sinnerleben viel stärker zwischen verschiedenen Tagen als zwischen verschiedenen Personen schwankt (King et al., 2006). Noch stärker schwankt es zwischen einzelnen Aktivitäten, wie die Auswertung einer von uns durchgeführten Studie gezeigt hat (Schnell, 2015):

Zweiundsechzig Studierende der Universität Innsbruck erklärten sich bereit, eine Woche lang ein mobiles Gerät (einen *Palm*[= Handflächen]*top* – also etwas kleiner als ein Lap[= Schoß]top) mit sich zu tragen, das fünfmal täglich durch Vibration und Ton auf sich aufmerksam machte. Es meldete sich nicht immer zur gleichen Zeit, sondern zu fünf zufallsgenerierten Zeitpunkten innerhalb von fünf Zeitspannen. Egal, was unsere Teilnehmer gerade taten: Sie hatten die Aufgabe, kurz innezuhalten und innerhalb von etwa einer Minute die Fragen des Palmtops zu beantworten. Diese lauteten:

- „Sind Sie gerade allein/mit Freunden/mit Familie/mit Partner oder Partnerin/mit anderen?
- Was tun Sie gerade? (Studium/Arbeit/Haushalt/Essen/Ausruhen/Fernsehen/Sport/Lesen/Kommunikation/Kultur/Musik/Intimität/auf dem Weg/anderes)

Beurteilen Sie das, was Sie gerade getan haben, von 0 (stimme überhaupt nicht zu) bis 5 (stimme vollkommen zu):
A. Ich erlebe es als sinnvoll.
B. Es passt zu meiner Lebensaufgabe.
C. Es erfüllt mich.
D. Es gibt mir das Gefühl, Teil eines größeren Ganzen zu sein.
E. Es hat einen tieferen Sinn.
F. Es ist angenehm.

Das war's, danke. Bis später."

Die gelisteten Tätigkeiten hatten wir zuvor in einer Tagebuchstudie eruiert. Würden Sie gern wissen, womit sich Innsbrucker Studierende in einer typischen Woche zwischen 9 und 23 Uhr beschäftigen? Tatsächlich sind sie am häufigsten mit dem Studium beschäftigt (25 % der Tätigkeiten), gefolgt von sozialem Austausch/Kommunikation (12 %), Ausruhen (12 %) und Essen (10 %).

Sinnvolle und angenehme Tätigkeiten

Wie sinnvoll empfanden die Studierenden ihre Tätigkeiten? Um diese Frage zu beantworten, wurden die fünf sinnbezogenen Items (A bis E) gemittelt, wie man es auch bei einer Fragebogenskala tun würde. Somit hatten nicht alle eine unterschiedliche Vorstellung von „Sinn" im Kopf, sondern konkrete Anhaltspunkte dafür, um was es uns hier ging. Die fünf Items wurden jeweils sehr ähnlich beantwortet (Cronbachs Alpha = .87), sodass dieses Vorgehen gerechtfertigt war. Wie häufig Tätigkeiten als sinnvoll und – direkt im Vergleich dazu – als angenehm (Item F) wahrgenommen wurden, zeigt ◘ Abb. 5.5.

5.6 · Sinn ist variabel: Veränderungen über Aktivitäten und Tage hinweg

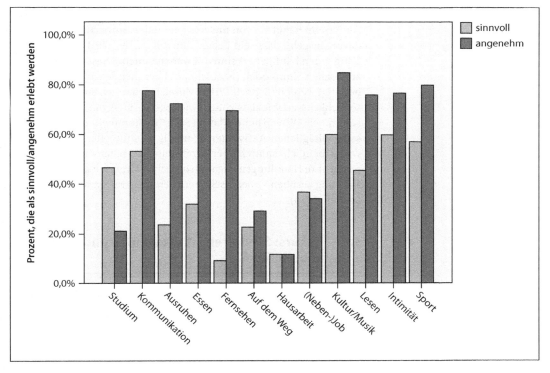

◘ **Abb. 5.5** Wie oft (in%) werden verschiedene Tätigkeiten als sinnvoll, wie oft als angenehm wahrgenommen?

Verschiedenes wird durch die Grafik verdeutlicht. Zunächst einmal zeigen sich die erwarteten Unterschiede in der wahrgenommenen Sinnhaftigkeit. Sie ist am stärksten ausgeprägt bei Intimität, Kultur/Musik, Sport und Kommunikation. Diese werden ebenfalls als sehr angenehm empfunden. Der geringste Sinn wird Fernsehen und Hausarbeit zugeschrieben, gefolgt von Fortbewegung, Ausruhen, Essen und (Neben-)Job. Wenn Studierende neben dem Studium arbeiten, handelt es sich häufig um Hilfstätigkeiten, die vor allem das finanzielle Auskommen sichern sollen. Solche Jobs werden dementsprechend auch nicht sehr häufig als sinnvoll – oder angenehm – erlebt.

Die Daten zeigen auch, dass es viel „einfacher" ist, Aktivitäten als angenehm zu erfahren denn als sinnvoll. Wie bereits in ▶ Abschn. 2.4 dargestellt, kann es anstrengend sein, Sinn zu erleben; in vielen Situationen ist es nicht leicht zu erreichen. Die größten Unterschiede zwischen „angenehm" und „sinnvoll" finden sich beim Fernsehschauen (meist angenehm, selten sinnvoll), beim Ausruhen und beim Essen. Die einzige Aktivität, die häufiger als sinnvoll denn als angenehm bewertet wird, ist das Studieren.

Aus Mehrebenenanalysen wissen wir, dass die Bewertung der Sinnhaftigkeit von Aktivitäten nicht allein davon abhängt, um *welche* Tätigkeit es sich handelt. Die Bewertung wird vielmehr dadurch beeinflusst,

Fernsehen ist sinnlos

Autonomie

wie es uns gerade geht und wie angenehm wir die Tätigkeit finden. Außerdem hängt sie von unserer generellen Sinnerfüllung ab: Wer davon ausgeht, dass sein Leben sinnvoll ist, der wird auch einzelne Tätigkeiten häufiger als sinnvoll wahrnehmen. Diese auf dem hierarchischen Sinnmodell (▶ Abschn. 4.1) beruhende Annahme konnte bestätigt werden (Schnell, 2015). Zusätzlich hat sich eine weitere Persönlichkeitsvariable als wichtig erwiesen: die *Autonomie*, oder Selbstbestimmtheit. Wer ein hohes Maß an Selbstbestimmtheit aufweist, nimmt seine alltäglichen Aktivitäten ebenfalls als sinnvoller wahr. Dies ist wahrscheinlich dadurch zu erklären, dass Menschen mit hoher Autonomie ihre Handlungen nach intrinsischen Kriterien auswählen und freiwillig ausüben – was das Sinnerleben steigert (Ryan & Deci, 2001; Schnell, 2015).

5.7 Exkurs: Studieren ist oft sinnlos und macht keinen Spaß?

Fehlender Überblick und starke Spezialisierung

Bei der in ▶ Abschn. 5.6 dargestellten Experience-Sampling-Studie (Schnell, 2015) stimmen mich die Einschätzungen der Teilnehmenden zum Studium bedenklich. Nur ungefähr die Hälfte der mit dem Studium verbundenen Tätigkeiten wird als sinnvoll erlebt, gerade einmal ein Fünftel der Tätigkeiten als angenehm! Aus meiner persönlichen Lehrerfahrung würde ich das relativ geringe Sinnerleben damit erklären, dass Studierende im Laufe ihres Studiums eine Menge Dinge lernen müssen, deren Sinn und Zweck sich ihnen erst mit zunehmendem Überblick über das Fach und die möglichen beruflichen Betätigungsfelder erschließen. Unsere Studienteilnehmer waren größtenteils Psychologiestudierende im zweiten Studienjahr – hier gibt es also die Hoffnung, dass Einsicht und Sinnerleben mit Fortschreiten des Studiums noch zunehmen. Allerdings trägt weiterhin die starke Spezialisierung und Differenzierung der Studieninhalte dazu bei, dass Studierende den Lernstoff als unzusammenhängende Information wahrnehmen. Deren Bedeutung für das Verständnis des „großen Ganzen" bleibt ihnen daher oft verborgen.

Zeitdruck, Leistungsdruck, Verschulung

Dass das Studieren zudem als derart unangenehm erlebt wird, kann unter anderem auf einen hohen zeitlichen Druck, Leistungsdruck und eine stark verschulte Organisation des Studiums zurückgeführt werden. Studierende müssen am Ende jedes Semesters Prüfungen in mehreren Fächern ablegen. Die Termine können so ausgewählt werden, dass einige Tage bis Wochen zwischen den Klausuren liegen. Dennoch fördert dieses Modell ein als *binge-learning* bezeichnetes Lernverhalten, das mit relativ geringem Lernaufwand während des Semesters und exzessivem Lernaufwand in den Tagen vor der Prüfung einhergeht (Cilliers et al., 2012). Gefördert wird ein solches Verhalten durch hohen Zeit- und Leistungsdruck, der eine Fixierung auf gute Noten mit sich bringt, aber für kontinuierliches, erfahrungsbezogenes, verstehendes Lernen wenig Raum und Anreiz bietet.

Ein ähnliches Muster zeigt sich bereits in der Schule. Eine aktuelle Studie unter Sechs- bis Dreizehnjährigen bestätigt, was auch frühere Untersuchungen schon festgestellt haben: Die große Mehrheit der Kinder beginnt die Schule motiviert und interessiert – doch der Spaß am Lernen sinkt mit den Schuljahren (Zeit Leo & Scoyo, 2013). Von 860 Kindern gaben 53 % der Sechsjährigen an, *immer* Spaß am Lernen in der Schule zu haben. Unter den Zehnjährigen waren es 32 %, unter den Dreizehnjährigen nur noch 6 %. Gar keinen oder seltenen Spaß am Unterricht hatten 8 % der Sechsjährigen, 18 % der Zehnjährigen und 35 % der Dreizehnjährigen. Dieser Trend setzt sich offenbar bis ins Studium fort und unterstreicht die Notwendigkeit neuer Lehr- und Lernformen (s. z. B. Caspary et al., 2012).

5.8 Erkenne dich selbst

- **Selbstexploration: Sinntagebuch**

Nehmen Sie sich eine Woche lang abends einige Minuten Zeit und notieren Sie:

Was habe ich heute getan, das mir sinnvoll erscheint? Was habe ich getan, das ich angenehm fand?

Am Ende der Woche reflektieren Sie:

Sinnvolle und sinnlose Tätigkeiten
- Wie ist das Verhältnis von sinnvollen zu sinnlosen Tätigkeiten?
- Bin ich mit diesem Verhältnis zufrieden?

Wenn Ihnen die sinnvollen Tätigkeiten zu selten erscheinen:
- Woran kann es liegen, dass ich so viel Zeit mit für mich sinnlosen Aktivitäten verbringe?
- Was kann ich tun, um mich häufiger mit Dingen zu beschäftigen, die mir sinnvoll erscheinen?

Angenehme und unangenehme Tätigkeiten
- Wie ist das Verhältnis von angenehmen zu unangenehmen Tätigkeiten?
- Bin ich mit diesem Verhältnis zufrieden?

Wenn Ihnen die angenehmen Tätigkeiten zu selten erscheinen:
- Woran kann es liegen, dass ich so viel Zeit mit mir unangenehmen Tätigkeiten verbringe?
- Was kann ich tun, um mich häufiger mit Dingen zu beschäftigen, die ich angenehm finde?

Lebensbedeutungen – Quellen des Lebenssinns

6.1	**Die stärksten Sinnstifter – 54**	
6.2	**Breite, Balance und Tiefe von Lebensbedeutungen – 56**	
6.2.1	Breite – 56	
6.2.2	Balance – 57	
6.2.3	Tiefe – 57	
6.3	**Viele Wege zum Sinn – 59**	
6.4	**Exkurs: Sinn und Weltanschauung – 69**	
6.4.1	Religion und Sinn – 69	
6.4.2	Sinn ohne Religion – 72	
6.5	**Erkenne dich selbst – 74**	

© Springer-Verlag Berlin Heidelberg 2016
T. Schnell *Psychologie des Lebenssinns*,
DOI 10.1007/978-3-662-48922-2_6

Bisher wurden die Lebensbedeutungen eher überblicksartig beschrieben. In diesem Kapitel geht es darum, sie im Detail zu betrachten. Sie erfahren, welche Lebensbedeutungen das stärkste Sinnstiftungspotenzial aufweisen, welche Auswirkungen die Anzahl, die Unterschiedlichkeit und die Tiefe der Lebensbedeutungen auf das Sinnerleben haben und wie die verschiedenen Sinnquellen im Alltag gelebt werden.

Wie in ▶ Abschn. 3.2 beschrieben, wurden die Lebensbedeutungen in einem qualitativen Forschungsprogramm identifiziert. Es handelt sich um Orientierungen, die von unseren Gesprächspartnern aktiv gelebt wurden und die sie als sinngebend, handlungsleitend und entscheidungsprägend erfuhren. In diesem Sinne werden Lebensbedeutungen auch als „Sinn im Vollzug" verstanden. In mehreren Schritten der konsensuellen Validierung wurde die große Zahl der qualitativ gefundenen Lebensbedeutungen zusammengefasst, bis wir letztendlich zu 26 Lebensbedeutungen kamen, die sich wiederum in fünf Sinndimensionen zusammenfassen lassen; ◘ Tab. 6.1 zeigt eine Übersicht von Lebensbedeutungen und Sinndimensionen – mit inhaltlichen Erläuterungen.

6.1 Die stärksten Sinnstifter

Durch die Verfügbarkeit des Fragebogens (LeBe) konnten sehr viele verschiedene Personen zu ihren Lebensbedeutungen befragt werden. Die Ergebnisse bestätigten, dass es sich um sinnrelevante Orientierungen handelt: Alle Lebensbedeutungen stehen in positivem Zusammenhang mit erlebter Sinnerfüllung (Schnell & Becker, 2007). Dabei weisen manche eine engere Assoziation mit Sinnerfüllung auf als andere. Sie haben offenbar ein stärkeres Potenzial, Sinn zu stiften. Reiht man die Lebensbedeutungen entsprechend der Stärke ihrer Zusammenhänge mit Sinnerfüllung, so ergeben sich die folgenden *top ten*:

- Generativität
- Fürsorge
- Religiosität
- Harmonie
- Entwicklung
- Soziales Engagement
- Bewusstes Erleben
- Naturverbundenheit
- Kreativität
- Gemeinschaft

Die zuoberst genannte Lebensbedeutung **Generativität** hat sich als besonders potenter Prädiktor von Sinnerfüllung herausgestellt. In allen unseren Stichproben – jeden Alters, verschiedenster Länder, bei Vorliegen und Nicht-Vorliegen psychischer Störungen – wies sie den größten Zusammenhang zur Sinnerfüllung auf.

Zum größeren Ganzen beitragen

Unter Generativität versteht man eine Lebenshaltung, die sich dazu verpflichtet, etwas von bleibendem Wert zu tun oder zu schaffen. In

Tabelle 6.1 Lebensbedeutungen und Sinndimensionen mit inhaltlichen Erläuterungen (mit freundlicher Genehmigung von © Tatjana Schnell 2015; All Rights Reserved)

SKALA//DIMENSION	INHALTLICHE ERLÄUTERUNG
Selbsttranszendenz	**Verantwortungsübernahme für etwas, das nicht unmittelbar der eigenen Bedürfnisbefriedigung dient**
Selbsttranszendenz, vertikal	**Ausrichtung an einer jenseitigen Wirklichkeit**
Explizite Religiosität	Religiöses Leben und persönliche Gottesbeziehung
Spiritualität	Subjektiver Zugang zu anderer Wirklichkeit
Selbsttranszendenz, horizontal	**Engagement für irdische Belange jenseits des Eigeninteresses**
Soziales Engagement	Aktives Eintreten für Gemeinwohl oder Menschenrechte
Naturverbundenheit	Einklang und Verbundenheit mit der Natur
Selbsterkenntnis	Suche nach und Auseinandersetzung mit dem „wahren" Selbst
Gesundheit	Bewahrung und Förderung von Gesundheit
Generativität	Tun oder Erschaffen von Dingen mit bleibendem Wert
Selbstverwirklichung	**Selbstbestimmung und Selbstoptimierung**
Herausforderung	Suche nach Neuem, Abwechslung und Risiko
Individualismus	Individualität und Ausleben von Potenzialen
Macht	Kampf und Dominanz
Entwicklung	Zielstrebigkeit und Wachstum
Leistung	Kompetenz und Erfolg
Freiheit	Ungebundenheit und Unabhängigkeit
Wissen	Hinterfragen, Informieren und Verstehen
Kreativität	Fantasie und schöpferische Gestaltung
Ordnung	**Konservativ-bewahrende Wertorientierung und Pragmatismus**
Tradition	Festhalten an Bewährtem und Gewohntem
Bodenständigkeit	Pragmatismus und Anwendungsbezug
Moral	Sittlichkeit und klare Richtlinien
Vernunft	Klugheit, Abwägung und Rationalität
Wir- und Wohlgefühl	**Erhalt und Förderung des eigenen und gemeinschaftlichen Wohlbefindens**
Gemeinschaft	Menschliche Nähe und Freundschaft
Spaß	Vergnügen und Humor
Liebe	Romantik und Intimität
Wellness	Wohlgefühl und Genuss
Fürsorge	Fürsorglichkeit und Hilfsbereitschaft
Bewusstes Erleben	Achtsamkeit und Rituale
Harmonie	Ausgewogenheit und Gleichklang mit sich selbst und anderen

den Worten Erik H. Eriksons, der den Begriff prägte, geht es darum, „die Liebe in die Zukunft zu tragen", indem man einen Beitrag für die Gesellschaft, das größere Ganze, die nachfolgenden Generationen leistet (Erikson, 1988). Dies ist auf viele Arten möglich, vom Zeugen, Gebären und Erziehen von Kindern über die (Aus-)Bildung kommender Generationen bis zu politischem, künstlerischem und kulturellem Engagement. Während Erikson davon ausging, dass Generativität vor allem im mittleren Alter auftritt, wenn Entwicklungsaufgaben der Identitätsfindung und Intimität abgeschlossen sind, zeigen unsere Studien, dass Generativität von Jugend an möglich ist – und in jedem Lebensalter Sinn stiftet.

6.2 Breite, Balance und Tiefe von Lebensbedeutungen

Wäre es nun erstrebenswert, das ganze Leben auf Generativität hin auszurichten? Unsere Studienergebnisse zeigen, dass es offenbar sinnvoller ist, *mehrere* Lebensbedeutungen zu verwirklichen – und zwar möglichst *unterschiedliche*.

6.2.1 Breite

Paula ist bekannt als gute Beraterin. Sie ist aufmerksam und präsent in ihren Begegnungen mit Klienten. Diese dürfen sie bei Bedarf sogar außerhalb der Arbeitszeit kontaktieren. In ihrer Freizeit bildet Paula sich weiter und liest aktuelle Fachliteratur. An mehreren Wochenenden im Jahr reist sie zu Fortbildungen, die sie besonders interessieren.

Paul ist ebenfalls ein guter Berater, aufmerksam und präsent. Seine Freizeit verbringt er so oft wie möglich mit seiner Partnerin und seinem Kind oder auch mit gemeinsamen Freunden. Ab und zu braucht Paul auch das Alleinsein, am liebsten draußen in der Natur. Hier kommt er ganz zu sich, findet Besinnung, aber gleichzeitig auch eine Öffnung zu dem, was ihn umgibt, was er als ein ihn umfassendes größeres Ganzes wahrnimmt.

Sowohl Paul als auch Paula gehen in ihrer Tätigkeit auf, nehmen sie als sinnvoll und wichtig wahr. Dennoch, so zeigen unsere Daten, wird Paul mit hoher Wahrscheinlichkeit seinem Leben mehr Sinn zuschreiben als Paula. Für eine gewisse Zeitspanne mag es erfüllend sein, sich anspruchsvolle Ziele zu setzen, sich zu fordern und alles dafür zu geben. Sind die Ziele erreicht, schaut man sich benommen um und fragt: „Und jetzt?" Viele kennen diese Erfahrung als das berühmte „schwarze Loch", das sich nach dem Schulabschluss, dem Ende der Ausbildung, des Studiums oder anderen „Zielmarkierungen" auftut.

Mindestens vier Lebensbedeutungen

Ein vielseitiges Involviertsein kann solche Erfahrungen verhindern, wie unsere Untersuchungen zeigen. Je mehr Lebensbedeutungen verwirklicht werden (= Breite), desto höher ist das Sinnerleben (Schnell, 2011a); der Schwellenwert liegt bei mindestens *vier* Lebensbedeutungen. Peggy Thoits kommt in ihrer Forschung zu ähnlichen

Ergebnissen. Ihr Fazit: Je mehr Rollenidentitäten ein Mensch verwirklicht, desto mehr Sinnerfüllung erfährt er (Thoits, 2003) – solange diese Identitäten nicht im Widerspruch zueinander stehen (Thoits & Evenson, 2008). Wir erklären es uns so, dass mit der Zahl relevanter Orientierungen auch das Ausmaß gerichteter Aktivitäten steigt, die durch Selbstvertrauen, Selbstwirksamkeit und Bedeutsamkeit gekennzeichnet sind.

6.2.2 Balance

In weiteren Analysen stellte sich die *Unterschiedlichkeit* der verwirklichten Lebensbedeutungen als noch bedeutsamer als die reine Anzahl heraus (Schnell, 2011a) – wir sprechen hier von Balance. Beides hängt natürlich miteinander zusammen: Je mehr Bereiche sinnrelevant für eine Person sind, desto unterschiedlicher werden diese auch sein. Doch macht es einen großen Unterschied, ob sich jemand z. B. auf fünf Lebensbedeutungen im Bereich der Selbstverwirklichung konzentriert oder ob diese über drei, vier oder fünf Dimensionen verteilt sind.

Konkret bedeutet dieses Ergebnis, dass es nicht nur gilt, auf die sogenannte Work-Life-Balance zu achten, sondern dass alle Lebensbereiche in ihrer Bedeutung balanciert sein sollten. Eine hohe Unterschiedlichkeit oder Balance steht dafür, dass sich eine Person in verschiedener Hinsicht als lebendig, beteiligt und involviert erlebt. Sie hat unterschiedliche Quellen, aus denen sie persönlichen Sinn schöpft und die sie in kritischen Zeiten tragen.

Life-Balance

Wie Heine, Proulx und Vohs (2006) zeigen konnten, tendieren Menschen bei der Bedrohung einer Sinnquelle dazu, den Ausfall durch die Verstärkung anderer Lebensbedeutungen zu kompensieren. Dies ist jedoch nur möglich, wenn solch andere Sinnquellen vorhanden sind – also auch in „unkritischen" Zeiten gepflegt wurden. Ist dies nicht der Fall, so kommt es bei Ausfall der einzigen, zentralen Sinnquelle zu einem Zusammenbruch des Sinnerlebens. Besonders häufig ist dies beim Übergang ins Rentenalter der Fall, wenn Berufstätige sich allein über ihren Beruf definierten; oder bei Eltern, deren Kinder „das Nest verlassen", wenn die Erziehungsberechtigten vor allem Sinn durch ihre sorgende Mutter- oder Vaterrolle gewannen.

Sinnerhalt durch Kompensation

Von Balance können wir anhand unserer Studienergebnisse dann sprechen, wenn Lebensbedeutungen aus mindestens *drei* der fünf Sinndimensionen (vertikale Selbsttranszendenz, horizontale Selbsttranszendenz, Selbstverwirklichung, Ordnung, Wir- und Wohlgefühl) verwirklicht werden.

Mindestens drei Sinndimensionen

6.2.3 Tiefe

Die beiden Sinnforscher Gary Reker und Paul Wong (1988) stellten die Hypothese auf, dass sich Lebensbedeutungen in ihren existenziellen Gewichtungen unterscheiden: Sie können mehr oder weniger

Selbsttranszendenz – Selbstüberschreitung

tiefgreifend sein. Dieses Konzept der Tiefe definierten sie unter Bezugnahme auf Maslow und Frankl als den „Grad der realisierten Selbsttranszendenz".

Abraham Maslow ergänzte seine bekannte Bedürfnispyramide (1943) in späteren Jahren um das Konzept der Selbsttranszendenz (1969), worunter er ein Überwinden von Egozentrizität, Egoismus und Selbstbezogenheit verstand, bei einer gleichzeitigen Öffnung über das Selbst hinaus (Ruschmann, 2011). Obwohl diese konzeptuelle Abwandlung von weitreichender Bedeutung ist, wurde sie in der Psychologie kaum rezipiert. Mit dem Hinzufügen der Selbsttranszendenz an oberster Stufe der Bedürfnispyramide wird das mit dem älteren Modell einhergehende Menschenbild radikal infrage gestellt. Letzteres ging davon aus, dass die höchste Stufe menschlicher Entwicklung ein gut angepasstes, differenziertes, verwirklichtes individuelles Selbst sei (Koltko-Rivera, 2006). Das spätere Modell hingegen postuliert eine höchste Entwicklungsstufe, die durch ein Überschreiten des Selbst und seiner Bedürfnisse gekennzeichnet ist.

Diese Abänderung „stellt eine gewaltige Verschiebung in der Konzeptualisierung der menschlichen Persönlichkeit und ihrer Entwicklung dar. Auf der Stufe der Selbstverwirklichung wirkt das Individuum darauf hin, das eigene Potential zu verwirklichen; damit geht also – zumindest potentiell – ein selbstverherrlichender Moment einher … Auf der Stufe der Selbsttranszendenz werden die Bedürfnisse des Individuums weitgehend zurückgestellt, zugunsten eines Diensts an anderen und einer übergeordneten Sache, die als außerhalb des persönlichen Selbst liegend wahrgenommen wird. Zweifellos ist das Bild eines höchstentwickelten Menschen, das aus Maslows Hierarchie entsteht, ein radikal anderes, je nachdem welche der beiden Stufen an der Spitze der motivationalen Hierarchie angesiedelt wird" (Koltko-Rivera, 2006, S. 306 f.; Übers. v. Tatjana Schnell).

Tiefe intensiviert Sinnerfüllung

Für Viktor Frankl stellte Selbsttranszendenz ein zentrales Merkmal des Sinnerlebens dar. Er verstand darunter „den grundlegenden anthropologischen Tatbestand, daß Menschsein immer über sich selbst hinaus auf etwas verweist, das nicht wieder es selbst ist – auf etwas oder jemanden: auf einen Sinn, den da ein Mensch erfüllt, oder auf mitmenschliches Sein, dem er da begegnet" (Frankl, 1987, S. 201). Im Anschluss an Maslow und Frankl also gingen Reker und Wong (1988) davon aus, dass sich das Ausmaß der Selbstüberschreitung – und somit der Tiefe – in der Qualität des Sinnerlebens niederschlägt. Unsere Daten bestätigten diese Annahme. Sobald – unabhängig von anderen Lebensbedeutungen – horizontale oder vertikale Selbsttranszendenz im Leben einer Person eine signifikante Rolle spielt, steigt die Sinnerfüllung deutlich an (Schnell, 2008a).

Sich selbst vergessen

Viktor Frankl ging davon aus, dass der Mensch erst dann ganz Mensch wird, „wo er sich selbst – übersieht und vergißt" (Frankl, 1987, S. 213). Sich selbst zu vergessen scheint ein paradoxer Aufruf zu sein in unserer hoch individualisierten Gesellschaft, in der alles an die eigene Person, an Vorlieben, Interessen, Bedürfnisse angepasst – *personalisiert* –

wird: vom Handy über die Wohnungseinrichtung bis zum Lebensstil. Selbstvermessung und Selbstoptimierung bestimmen zunehmend Freizeit und Berufsleben. Unsere Aufmerksamkeit wird dabei immer mehr auf uns selbst gelenkt, auf das, *was* wir tun, und *wie* wir es tun. Für die *Warum*-Frage fehlt meist die Zeit. Ihre Beantwortung würde einen Perspektivenwechsel verlangen: weg vom Selbst.

Natürlich gibt es Hinweise darauf, dass uns die kontinuierliche Selbstbeobachtung überfordert. Mit Fernsehen, Internet und anderen Massenmedien stehen kulturell sanktionierte Formen der Ablenkung zur Verfügung, die ausdauernd genutzt werden. Im Jahr 2014 verweilten deutsche TV-Konsumenten ab drei Jahren an einem durchschnittlichen Tag fünf Stunden und 42 Minuten vor dem Fernseher (VPRT, 2015). Doch mit der oben beschriebenen Selbsttranszendenz hat diese Form der Selbstvergessenheit nichts gemein. Sinnstiftend ist Selbsttranszendenz, die ein Absehen von eigenem Befinden und Bedürfnissen darstellt, bei gleichzeitigem Engagement für Bereiche, die über das Selbst hinausgehen.

TV-Konsum

6.3 Viele Wege zum Sinn

Um besser zu verstehen, wie Menschen, die hohe Werte in den 26 LeBe-Skalen aufweisen, dies in ihrem Alltag leben, haben wir weitere Interviews geführt. So haben wir einzelne Personen, die besonders hohe Werte in einer der Skalen hatten, gebeten, uns mehr darüber zu erzählen, wie sich das ganz konkret auf ihren Alltag, auf ihr Handeln, Denken und Erleben auswirkt. Im Folgenden finden Sie einige prägnante Auszüge aus diesen Interviews.

Lebensbedeutungen in der Praxis

- **Explizite Religiosität**
  - „Meine Religiosität gibt mir eine gewisse Ruhe."
  - „Wenn ich in Not bin, bete ich. Ich bete aber auch, wenn ich nicht in Not bin. Beten, das heißt mit Gott sprechen. Nicht so offizielle Gebete, aber in Gedanken bei Gott zu sein."
  - „Ich glaube, ich bin hilfsbereit, bin für andere Leute da. Hilfsbereitschaft und Liebe."
  - „Ich gehe regelmäßig in die Kirche. Mit meiner Religiosität verbinde ich Gefühle wie Zufriedenheit, Ruhe und Nachdenklichkeit."

- **Spiritualität**
  - „Spiritualität heißt für mich, auf dem Weg zu sein. Sie steht für Selbsterkenntnis, Entwicklung, Veränderung, Schmerz, Glück, Kontakt mit dem Leben."
  - „Ich habe ein tiefes Gefühl, dass die Dinge nicht beliebig sind, dass Dinge nicht zufällig passieren. Es gibt Energien, Kräfte jenseits des Menschen, vielleicht einfach eine ‚Lebensenergie'. Ich denke, das ist etwas, was nicht zu verstehen ist, sondern nur gespürt und erfühlt werden kann."

- „Ich übe regelmäßig Yoga und Reiki aus, mache Musik und gehe zu Frauenabenden."
- „Heilige Orte finde ich in der Natur, vor allem alte Kultstätten. Oder auch Kirchen, das sind ja im Grunde auch christliche Kultstätten, oder Tempel und Ähnliches anderer Religionen. Ich denke, das Entscheidende ist, dass an solchen Orten Menschen zusammengekommen sind oder immer noch zusammenkommen, die ein besonderes Bewusstsein haben, einen bestimmten Energie-Level, die sich in dem Moment mit dem Wesentlichen beschäftigen, die mit einer gewissen Ehrfurcht kommen, vor was auch immer … das wirkt, das beseelt sozusagen den Ort."

- **Generativität**
- „Generativität bedeutet für mich, nicht nur für sich zu leben, sondern Dinge zu tun, die für andere positive Konsequenzen haben. Und dadurch das Leben anderer Menschen, vor allem solcher, die leiden, vielleicht etwas verbessern zu können."
- „Es gibt tausend Arten, generativ zu sein, und jede/r kann es auf andere Art sein. Zum Beispiel bei ehrenamtlichen Tätigkeiten oder im Beruf, wenn man nicht nur an Karriere denkt, sondern an die Sache an sich, von der andere ja etwas haben. Nicht immer nach dem Gefühl handeln, sondern das tun, was man für richtig hält."
- „Ich denke, es braucht eine gewisse Zufriedenheit mit sich selbst, um etwas für andere tun zu können."
- „Es geht mir darum, etwas zurückzugeben für das, was ich erhalten habe. Dinge anders zu machen, menschlicher. Eigentlich finde ich die Welt sehr grausam und absurd. Generativität ist für mich eine Möglichkeit, Mitmenschlichkeit zu leben, lebendig zu machen. Dadurch erlebe auch ich ein Gefühl von Lebendigkeit."

- **Naturverbundenheit**
- „Ich muss sagen, ich fühle mich einfach wahnsinnig wohl in der Natur. Ich suche auch die Natur. Und mir ist auch Naturschutz wichtig. Es geht von Lichtausknipsen oder Mülltrennung oder Sachen kaufen, wo ich denk, dass es der Natur was Gutes tut, bis hin zur Freizeitplanung (versuche hin und wieder Zeit in der Natur zu verbringen)."
- „Genauso wie es wichtig ist, sich selbst zu erkennen, ist es wesentlich zu erkennen, dass wir in der Natur leben, dass Natur ein Teil von uns ist, der Mensch an sich ist Natur. Wir müssen auf diesen Kreislauf Wert legen."
- „Ich schaue mir gerne Kräuterbücher an oder so ein Büchlein ‚Was blüht denn da', ich sehe das einfach gern."
- „Es gibt mir das Gefühl, ein Teil eines größeren Ganzen zu sein. Zufriedenheit, Freude, Glücklichsein und Ruhe."

- **Soziales Engagement**
- „Es gibt drei verschiedene Ebenen. Erstens gegenüber armen Leuten, die ich überhaupt nicht kenne, zweitens im Beruf und als letztes soziales Engagement gegenüber Freunden und Familie."
- „Soziales Engagement ist wichtig, denn jeder braucht andere. Allerdings gibt es da Leute, die machen daraus eine Show, die machen das aus Selbstverwirklichung, dass sie sich sozial engagieren. Das gefällt mir eigentlich nicht. Man sollte allgemein immer schauen, dass sozial Benachteiligten geholfen wird."
- „Soziale Gerechtigkeit achtet darauf, dass ein sozialer Austausch stattfindet. Das ist für jeden wichtig. Auch für den Reichen."
- „Ich bemühe mich darum zu schauen, dass die anderen auch etwas vom Wohlstand haben."
- „Es kann mit Traurigkeit einhergehen, ich bin dabei aber auch zufrieden, motiviert, hilfsbereit, stark."

- **Gesundheit**
- „Gesundheit heißt für mich, dass ich im Alltag darauf achte, dass ich mir und meinem Körper was Gutes tue, dass ich aufpasse, was reinkommt und was nicht reinkommt; das ist sowohl emotional als auch physisch."
- „Gesund leben heißt viel Schlaf, täglich frische Luft. Viel Obst essen und wenig Fett, wenig Fleisch, viel Salate essen."
- „Opfer muss ich dafür nicht erbringen. Ich brauche auf nichts zu verzichten. Ich bin einfach viel zufriedener, wenn ich weiß, dass ich heute wieder meinen Spaziergang gemacht habe. Selbstbewusster. Sport ist gut für mein Selbstbewusstsein. Habe aber auch öfters Bedenken wegen der Umweltverschmutzung, bin unruhig und mache mir Sorgen."

- **Selbsterkenntnis**
- „Selbsterkenntnis bedeutet, dass man immer wieder infrage stellt oder sich Gedanken macht, wer man ist, was man will oder wohin man will, und sich dabei einfach immer wieder weiterentwickelt."
- „Selbsterkenntnis sollte im Idealfall dazu führen, dass man mit sich selber im Reinen ist. Also sowohl mit seinem Innerlichen, seinem Charakter im Reinen ist, wie man sich selber gegenüber verhält, aber auch, wie man sich anderen gegenüber verhält. Dass man nicht eine Rolle spielen muss, die einem selber nicht zusagt. Sondern, dass man auch mit dem Bild, das man nach außen gibt, und wie man sich fühlt, im Reinen ist. Das ist für mich das Ziel von Selbsterkenntnis."
- „Es zeigt sich bei mir darin, dass ich manchmal wahnsinnig froh bin, wenn ich mal eine halbe Stunde hab, wo gar nichts ist. Wo man kein Auto hört, kein Fernseher ist, kein Radio, wo einfach nur Stille ist. Also ich mache es nicht bewusst, dass ich mir die halbe Stunde nehme, aber wenn sie kommt, bin ich relativ froh darüber, weil es dann oft die lichtesten Momente sind."

- „Damit geht Zweifel einher. Ist ja logisch. Wenn man über sich nachdenkt, zweifelt man auch relativ oft an sich. Und es ist auch ein bisschen Unsicherheit, weil man versuchen kann, sich zu verändern, aber im Endeffekt weiß man ja nicht, ob man es erreicht. Von daher gibt es im Streben nach Selbsterkenntnis keine richtige Belohnung."
- „Oft hat Selbsterkenntnis mit Trauer zu tun, oder auch mit Schuldgefühlen. Ich denke, wenn alles super läuft, wird man auch weniger über sich nachdenken, als wenn alles nicht so optimal läuft. Da wird man sich fragen: Wieso hab ich da so gehandelt und nicht anders? Da hat man oft Entwicklungsschübe. Den anderen gegenüber und auch gegenüber sich selber."
- „Es ist einfach ein unbequemer Prozess und nicht etwas, was einem Spaß macht. Es ist ein Prozess, in dem man lernt, mit sich selber klar zu kommen. So wie man ist. Manchmal, wenn einem etwas klar wird, dann ist man im Reinen mit sich, für den Moment. In dem Moment bin ich glücklich."

- **Individualismus**
- „Individualismus heißt für mich, dass man seinen eigenen Weg geht und sich nicht von anderen beeinflussen lässt. Individualismus bedeutet für mich auch eine Bewertung von außen, von anderen. Aber auch, Sachen auf seine eigene Art zu machen."
- „Es zeigt sich darin, wie ich reise, welche Musik mir gefällt, in meinen Denkweisen und wie ich mit anderen diskutiere."
- „Es geht darum, dass man versucht, seinem Charakter gerecht zu werden: Lebe deine Vorlieben, mach, was dir Spaß macht, hör nicht zu sehr auf die Meinung anderer, lass dich nicht unterdrücken und sag immer, was du denkst!"
- „Ich finde, je individueller ein Mensch ist, desto interessanter ist jemand. Ich suche mir auch solche Freunde."
- „Ich bin nicht immer konform, ich ecke an. Damit mache ich es anderen nicht immer recht. Aber ich fühle mich damit wohl, zufrieden, ausgeglichen, besonders."

- **Herausforderung**
- „Herausforderungen suchen heißt Erfahrungen machen – so lernt der Mensch. Man will ja was erreichen, eigene Grenzen kennenlernen."
- „Herausforderung macht das Leben und den Charakter interessanter. Wenn man etwas nicht mal probiert, wird man es bereuen."
- „Ich wende dafür Energie und Zeit auf. Ich fühle mich verbissen, verkrampft, fokussiert, konzentriert und angespannt. Herausforderungen gehen einher mit Stress, Herzklopfen, Nervosität – und positiv ist der Antrieb."

6.3 · Viele Wege zum Sinn

- **Entwicklung**
  - „Entwicklung ist für mich etwas, das nie aufhört und immer weitergeht. Im Bestfall wird man sich sein ganzes Leben lang weiterentwickeln und nicht stehen bleiben. Die Entwicklung ist ein Ergebnis und ein Prozess des Lebens irgendwie."
  - „Im Normalfall setze ich mir Ziele, durch die ich mich weiterentwickle. Ich glaube, dass das Leben, wenn man keine Aufgaben und keine Ziele hat, ziemlich langweilig wird. Und wenn man das nicht hat, dann entwickelt man sich auch nicht. Entwicklung ist nicht nur das Ziel an sich, sondern auch der Weg. Wenn man Dinge hat, die einen im Leben interessieren, dann kommt die Entwicklung im Normalfall von alleine dazu."
  - „Ich opfere dafür Zeit, massiv viel Zeit. Ich brauch halt Zeit dafür, zu lernen und mich zu entwickeln und zu studieren beispielsweise. Das ist halt schon ein Fulltime-Job, würde ich sagen."
  - „Damit verbundene Gefühle sind Anstrengung und Arbeit, ein Flow-Zustand, wenn es gut läuft. Auch Überforderung, Müdigkeit, Euphorie. Der Stolz und die Euphorie, es geschafft zu haben, sind viel stärker, wenn man Widerstände überwunden hat."

- **Macht**
  - „Macht bedeutet für mich, dass man eine Position hat, in der andere zu einem aufschauen und viel von meiner Meinung halten. Jetzt ohne eingebildet sein zu wollen, mich ehrt das schon, wenn jemand viel von meiner Meinung hält oder mich um einen Rat fragt. Das ist vielleicht eine komische Art von Macht, aber so versteh ich das. Manipulation wär das negative Beispiel für Macht, so was würd ich nie machen. Dass man jetzt nicht total das Kommando übernimmt und andere unterbuttert, sondern mit Macht so umgeht, dass man für sich und andere Profit schlägt. Für ein ganzes Team was Gutes bringen."
  - „Man sollte sagen, was man will, und es durchsetzen. Nur dann bekommt man auch das, was man will. Man bleibt halt immer ganz klein und muss seine eigenen Bedürfnisse zurückstellen, wenn man nicht probiert, ein bisschen dominant zu sein. Denn Dominanz ist etwas, das mit Selbstbewusstsein einhergeht – und das ist ja was Gutes. Das ist etwas, was einen auf sich selbst schauen lässt."
  - „In meinem Alltag lasse ich mich nicht so schnell von dem, was ich mir vorgenommen habe, abbringen. Oftmals hab ich dann aber ein schlechtes Gewissen, wenn ich das Kommando übernehme, weil ich mir dann denke, dass ich andere ins Abseits dränge."
  - „Durch Macht fühle ich mich selbstsicher, organisiert, zufrieden, aber manchmal auch aufdringlich."

- **Freiheit**
  - „Freiheit bedeutet für mich, dass ich das Gefühl habe, dass ich tun kann, was ich will. Dass ich mich dabei schon an bestimmte gesellschaftliche Regeln halte und mich nicht total daneben benehme, aber dass ich auf jeden Fall mein Leben nach einer Struktur leben kann, wie ich das will."
  - „Ich mache mir oft Gedanken darüber, an was für Normen und Regeln man sich im Leben halten muss. Was einem alles an Freizeit und individueller Gestaltung seiner Zeit entzogen wird."
  - „Solange man nicht das Gefühl hat, dass Freiheit wichtig ist, lässt man sich schnell einengen. Dann lebt man einfach nach vorgeschriebenen Normen und ist zu unkritisch in seinem Leben."
  - „Ich lebe so, wie ich leben will. Zum Teil ist es schon kompliziert, wenn man sich durchsetzen muss oder sich rechtfertigen muss dafür, wie man lebt und wie man denkt."
  - „Manchmal kann man sich frei fühlen und zufrieden, aber andererseits, wenn man sich total frei fühlt und sich an gar nichts gebunden fühlt, kann man dadurch auch voll unzufrieden sein. Bei mir tritt das auch ganz verschieden auf."

- **Kreativität**
  - „Ich denke, dass Kreativität viel damit zu tun hat, dass man offen ist und mit offenen Augen durchs Leben geht. Das ist etwas, was sicher jedem Menschen hilft im Leben."
  - „Ich denke, dass man auf ganz viele Arten kreativ sein kann. Ich würde sagen, dass es wichtig ist, dass man mit offenen Augen durchs Leben geht. Das fördert praktisch dann auch die Kreativität, und das ist für einen selber auch sehr gut, weil man dann selber viel reflektiert."
  - „Ich schaue in vielerlei Hinsicht darauf, dass mein Alltag auf Kreativität hin ausgerichtet ist, wie beispielsweise, dass ich gerne Kaffeetrinken gehe und dabei Leute beobachte. Oder irgendwo hingehe, wo man auch mal andere Sachen sieht. Oder Magazine durchschaue und mir dadurch Eindrücke hole. Ich fotografiere und male auch und halte im Alltag immer meine Augen offen und schaue, was mir gefällt oder woraus man was machen könnte, z. B. ein cooles Foto."
  - „Vor meiner kreativen Phase bin ich oft unzufrieden. Wenn ich unzufrieden bin und mehr negative Gefühlszustände und weniger Spaß habe, dann bin ich kreativer. Wenn ich dann aber etwas zeichne oder eine tolle Idee habe, fühl ich mich sehr gut, euphorisch fast. Das ist dann so ein Hochgefühl, weil man coole Ideen hat."

- **Wissen**
  - Wissen ist nicht rein Faktenwissen für mich, sondern Wissen ist auch, Hintergründe zu hinterfragen, Sachen zu begreifen, und nicht nur „wissen, dass ... ", sondern auch „wissen, warum".
  - Wissen ist wichtig, weil es dich verstehen lässt, wie andere Leute ticken, weil es dich verstehen lässt, warum etwas passiert. Weil

es dir die Möglichkeit gibt, besser zu entscheiden. Je mehr du weißt, desto mehr hast du in der Gesellschaft auch die Chance zu überleben. Je mehr du Bescheid weißt, desto mehr siehst du Ungerechtigkeiten bzw. siehst du Ungerechtigkeiten dort, wo die anderen sie nicht sehen. Und umso mehr kannst du mit dir im Einklang leben, wenn du Bescheid weißt.
- Wissen erlange ich durch Zeitung lesen, Fernsehen schauen, Radio hören. Wahrscheinlich 90 % von dem, was ich täglich tue, tue ich aus Wissensdrang. Ich möchte wissen, wie es meinen Freunden geht. Ich möchte wissen, wie es auf der Welt zugeht. Ich möchte wissen, was der Sportler bei irgendeinem Wettkampf gemacht hat.
- Damit gehen Gefühle einher wie Erleichterung und Verständnis. Dass ich anfange zu begreifen, wie das alles zusammenhängt, wie das alles miteinander koordiniert ist. Wie das Zahnrad ineinandergreift. Ich fühl mich erleichtert, aber auch erschlagen in gewissen Momenten. Wo man Sachen erkennt und denkt: Oh scheiße. Das hätt ich mir nicht so gedacht. Und ich fühle mich mächtig. Das muss ich auch sagen. Macht ist etwas, das ich nur spüre, wenn ich weiß. Wenn ich mir nicht sicher bin, spüre ich die Macht nicht.

- **Leistung**
- „Ohne Leistung geht überhaupt nichts. Bei allem ist Leistung mit dabei, egal was es ist – ob auf der Arbeit, Sport, Spiel, bei Begegnungen – ohne Leistung geht es nicht. Für mich ist Leistung das oberste Gebot."
- „Ohne Leistung bedeutet unser Leben nichts, ohne Leistung kann man nichts erreichen, ohne Leistung ist man in der Gesellschaft nicht akzeptiert."
- „Ich zeige Leistung durch Einsatz, durch Pünktlichkeit, durch genaue Vorgaben. Eine Leistung ist auch, jemandem zu helfen."
- „Wenn ich sehe, dass etwas außergewöhnlich schön geworden ist durch meine Leistung, dann freut es mich, dann bin ich stolz. Es geht viel um Anerkennung. Die Bestätigung, dass ich eine gute Leistung erbracht habe, muss auch von anderen kommen. Dann erlebe ich Freude und Zufriedenheit mit mir selbst."
- „Vorher ist ein gewisser Druck da: Angespanntheit, Bangen, ob es genug ist, die Bereitschaft, alles zu geben … Es geht dabei auch um Selbstüberwindung. Wenn ich gar keine Lust habe, etwas zu leisten, und trotzdem Leistung bringe … das ist teilweise mehr wert, als wenn man die Leistung einfach so bringt."

- **Vernunft**
- „Ich bemühe mich immer, alles, was ich tue, vernünftig zu tun. Nicht, dass es aus Emotionen resultiert, sondern aus Überlegungen."
- „Ich bin ein sehr genauer Mensch. Wenn die Buchhaltung mal nicht stimmt, dann bin ich erst mal verzweifelt. Das ist, glaube

ich, Anlage, die Persönlichkeit. Ich bin ein genauer Mensch. Auch beim Basteln. Es muss alles hundertprozentig passen, sonst bin ich nicht zufrieden."
- „Die Erfahrung zeigt, dass es einen nachher reut, wenn man emotional und nicht vernünftig entscheidet. Deswegen ist besser, dass man überlegt, bevor man etwas tut."
- „Vernunft zeigt sich bei mir beim Einkaufen, beim Autofahren, bei Entscheidungen. Das kommt bei mir nicht so ‚ad hoc' sondern ich denke nach, bevor ich etwas tue."
- „Damit geht Zufriedenheit einher; vielleicht auch Stolz."

- **Tradition**
- „Tradition ist das, was deine Eltern dir mit auf den Weg geben, das geben die meisten Leute auch an ihre Kinder weiter, und das ist den Kindern dann auch wichtig. Jeder Mensch braucht Grundlagen aus der Tradition. Man muss sich auf sie besinnen, sonst hat man keine Wurzeln."
- „Tradition sind die Feste, Weihnachten, Ostern. Da geht man zur Kirche und bemüht sich, dass es schön wird und dass das die ganze Familie prägt. Mit einem besonderen Essen, intensiven Gesprächen, Gefühle vermitteln, dass man dem anderen zeigt, dass man ihn gern hat, oder wie auch immer. Das haben unsere Eltern so vorgegeben, und da mussten wir mitmachen, aber es hat mich so geprägt, dass ich es heute immer noch so praktiziere, als ob ich ein Christ wäre, der regelmäßig in die Kirche geht. Das finde ich Tradition."
- „Ohne Gemeinschaft gibt es keine Tradition. Traditionen haben mich immer mit allem verbunden."
- „Tradition bildet auch eine gewisse Sicherheit. Eine Ideensicherheit. Das haben die früher schon getan, und das kann man jetzt noch tun. Solche Gebräuche geben viel Halt."
- „Ein wunderschönes Gefühl, das kann man nicht beschreiben. Warm, da wird einem warm ums Herz. Es ist einfach Wärme, und man muss immer denken, dass es einem so gut geht und dass man gesund ist. Es ist Freude, Begeisterung, manchmal auch Traurigkeit. Und Hilfsbereitschaft ist auch sehr wichtig."

- **Moral**
- „Anstand und Moral, das ist für mich der ganze Charakter. Es geht darum, Versprechen einzuhalten."
- „Ich bin ehrlich und gewissenhaft. Wenn ich handle, denke ich darüber nach. Ich versuche immer, mich richtig zu verhalten, das Richtige zu tun. Damit meine Mitlebenden zufrieden sind, dass ich keinem wehtue."
- „Dann bin ich zufrieden. Wenn ich das Richtige tue, fühle ich mich gut."

6.3 · Viele Wege zum Sinn

- **Bodenständigkeit**
- „Bodenständigkeit heißt, dass ich mit beiden Füßen im Leben stehe, dass ich weiß, was ich will, und dass das so beibehalten wird, so wie es ist momentan, solange ich damit zufrieden bin."
- „Ich sage immer, solange der Mensch zufrieden ist, wie es läuft und wie es ist, dann ist das genug. Das Wichtigste im Leben ist der Job, Vernunft und immer am Boden zu bleiben."
- „Ich lebe Bodenständigkeit, indem ich meiner Familie den Rücken freihalte. Immer, jeden Tag, das ganze Jahr, damit jeder seinen Teil erfüllen kann, ohne zusätzliche Belastungen."
- „Ich stecke dabei zurück, damit die anderen ein bisschen mehr haben oder dass es ihnen ein bisschen besser geht."
- „Für mich bedeutet das am Ende des Tages Zufriedenheit, dass es einem seelisch gut geht, dass man glücklich ist, dass man sich wohlfühlt."

- **Gemeinschaft**
- „Das Gefühl haben, dass man in Verbindung mit jemandem steht. Das kann auch mal länger aussetzen. Aber man weiß einfach, dass man sich immer bei jemandem melden kann, dass man in Gemeinschaft mit anderen lebt."
- „Ich denke, dass Gemeinschaft sehr wichtig ist, weil man neue Einflüsse, Eindrücke und Meinungen von anderen bekommt."
- „Ich brauche das Gefühl, dass ich für jemanden etwas leiste, aber dass dann auch etwas für mich geleistet wird. Dass man regelmäßigen Kontakt zu Leuten hat und sich austauscht und auch um Rat gefragt wird. Dass jemand meine Meinung wissen will."
- „Spaß und Humor erlebe ich eigentlich nur in Gemeinschaft mit anderen. Wenn man alleine ist, ist das ganz anders. Da kann man nicht so lachen, wie mit Freunden, aber das ist ja klar."

- **Spaß**
- „Unter Spaß verstehe ich viel Humor, dass man mit Humor durchs Leben geht, positiv eingestellt ist und eher fröhlich."
- „Spaß stand bei mir schon immer ganz oben. Mit Spaß geht man leichter durchs Leben. Die Idealvorstellung wäre, dass man den ganzen Tag nur Spaß hätte."
- „Ich lache viel am Tag und kann es dadurch nach außen zeigen."
- „Durch Spaß fühle ich mich glücklich, froh, zufrieden und ausgeglichen."

- **Liebe**
- „Liebe heißt, einander respektieren, Kompromisse eingehen, vieles teilen."
- „Wenn ich etwas mit Liebe tue, dann ist es ganz anders, als wenn ich es ohne Liebe tue."

- „Ich denke viel an die geliebte Person und die Liebe zu ihr. Ich will ganz für sie da sein."
- „Liebe ist für die persönliche Entwicklung und Stabilität wichtig. Sie geht einher mit Geborgenheit, Harmonie und Freude. Sie fühlt sich beruhigend und beängstigend zugleich an."

- **Harmonie**
- „Harmonie heißt, sich gut zu verstehen und ein gutes Verhältnis zueinander zu haben, und nicht irgendwie gespannt. Dass man miteinander redet, dass man locker miteinander umgeht und unverkrampft ist, und dass man positiv aufeinander reagiert."
- „Ich mag halt Streits nicht oder Spannungen. Das gibt's zwar, aber ich versuche, sie halt zu umgehen oder sie auszuräumen."
- „In einem harmonischen Umfeld funktioniert man besser, die Sachen laufen einfach besser. Harmonie hat für mich auch ein bisschen was mit Ordnung, also praktischer Ordnung im Haushalt zu tun. Mich regt es furchtbar auf, wenn es unordentlich ist, dann bin ich selber irgendwie im Ungleichgewicht."
- „Wenn ich aufräume, fühle ich mich ein bisschen besser, und das hat auf mich einen beruhigenden Einfluss. Sport treiben eigentlich auch, also mit sich selbst im Gleichgewicht sein. Wenn ich keinen Sport mache, stimmt bei mir die innere Harmonie nicht."
- „In Harmonie fühle ich mich gut und ausgeglichen. Das ist irgendwas, was einen antreibt. Wenn man in einem harmonischen Umfeld ist, dann ist man leistungsfähiger und interessierter an den Dingen. Wenn ich in einem nicht harmonischen Umfeld bin, dann wirkt das auf mich lähmend."

- **Wellness**
- „Wellness heißt für mich, mir selber was Gutes tun. Es hat nichts mit meinem Beruf zu tun, es hat nichts mit meinem Privatleben zu tun. Es hat einfach damit zu tun, dass es Zeit für mich ist, in der ich abschalten kann. In der es egal ist, was ich tue; Hauptsache, es geht mir gut."
- „Relaxen, verwöhnen lassen, gesunde Ernährung. Dem Körper, Geist und Seele was Gutes tun."
- „Einmal in der Woche mache ich zu Hause eine Gesichtsmaske. Ich verwende bestimmte Produkte, die dem Körper guttun. In der Früh trinke ich einen Trink-Fit-Saft und jeden Abend trinke ich ein großes Glas Tomatensaft, und ich glaube, das ist gut für die Abwehrkräfte. Ich gehe auch jedes zweite Jahr für ein paar Tage in ein Wellness-Hotel. Finanziell muss man halt ein bisschen zurückstecken."
- „Es gibt Situationen, wo ich genau weiß, dass ich es brauche, wo ich einfach mal meine Verpflichtungen links liegen lasse. Ich opfere Zeit, die ich auch ‚produktiv' nutzen könnte. Es braucht ein gewisses Gleichgewicht zwischen dem, was man tun muss, dem, was man tun sollte, und dem, was ich tun will."

- „Ich fühle mich dabei ruhig, zufrieden, gesund und selig. Und je entspannter ich bin, desto weniger rational bin ich – was sehr angenehm ist."

- **Fürsorge**
- „Ich, als Mutter, verstehe unter Fürsorge, dass ich für meinen Mann und meine Kinder immer da bin. Ich mache alles für sie, dass ihr Alltag wie gewohnt abläuft, dass ich zu Hause alles richte, das Essen auf dem Tisch ist. Mit ihnen spreche, wenn sie nicht in Form sind."
- „Fürsorge bedeutet für mich eine selbstverständliche Pflicht. Ich finde, es gehört zum Leben, dass man für seine Familie und für seine Leute da ist."
- „Fürsorge geht einher mit Glücksgefühlen, aber auch mit Angst. Man fühlt sich gut und zufrieden, aber manchmal auch ängstlich und unruhig."

- **Bewusstes Erleben**
- „Für mich bedeutet es, intensiv zu erleben. Also im Hier und Jetzt zu sein und gleichzeitig nicht unbewusst. So klar wie möglich das mitzubekommen, was ich mache, was um mich herum passiert. Intensives ‚Im-Moment-Sein'."
- „Es gibt bestimmte Ritualhandlungen, die ich morgens mache. Es hat auch damit zu tun, wie ich den Raum gestalte, oder so. Es ist eigentlich ganz integriert in meinen Alltag. Einfach der Blickwinkel, wie man mit Sachen umgeht. Zum Beispiel zu wissen, was ich getan habe: ob die Tasse jetzt links oder rechts vom Computer steht, ob meine Tasche vor der Tür steht oder dahinter. Ob der Computer aus ist oder an. Das sind solche Dinge, die für mich damit zu tun haben."
- „Es geht einher mit Freude. Mit Klarheit, im Sinne von Durchblick. Durchaus auch Körpergefühl; Präsenz, also sich präsent zu fühlen."

6.4 Exkurs: Sinn und Weltanschauung

Die Ergebnisse zur „Tiefe" von Lebensbedeutungen haben belegt, dass der Selbsttranszendenz – und dabei in besonderem Ausmaß der vertikalen Selbsttranszendenz (Religiosität und Spiritualität) – eine besonders sinnintensivierende Funktion zukommt. Warum ist das der Fall? Und wie steht es dann mit Nicht-Gläubigen?

6.4.1 Religion und Sinn

Über lange Zeit wurde Lebenssinn primär mit Religion in Verbindung gebracht: Wenn es einen Gott gibt, der die Welt geschaffen hat, dann hat dieser Gott auch einen Plan für die Welt und ihre Bewohner. Die

Sinnhaftigkeit des Lebens ist damit impliziert – auch, wenn sie dem Individuum verborgen bleiben mag. Heute hat Religion ihr „Sinnstiftungsmonopol" verloren. Im mittleren, westlichen und nördlichen Europa sind es relativ wenige, die ihren Sinn aus religiösen oder spirituellen Quellen schöpfen. Bei diesen wenigen jedoch ist die Sinnerfüllung besonders hoch ausgeprägt, wie in ▶ Abschn. 6.2.3 („Tiefe") beschrieben. Wodurch kommt diese Sonderstellung wohl zustande? Ein Rückblick auf die vier Kriterien der Sinnerfüllung – Zugehörigkeit, Bedeutungshaftigkeit, Orientierung und Kohärenz – vermag hier Aufschluss zu geben (Schnell, 2010b).

Zugehörigkeit

Sowohl Religiosität als auch Spiritualität verweisen auf die Existenz einer höheren Wirklichkeit, mit der man in Beziehung treten kann. Die Zugehörigkeit zu einem größeren Ganzen wird hier quasi in kosmischem Maßstab erfüllt. Die Existenz dieser höheren Macht geht mit einer Entlastungsfunktion einher: Sinn ist nicht an die eigenen, menschlichen Fähigkeiten gebunden. Er muss nicht vom Menschen geschaffen werden, sondern er *ist*. Zudem unterstützen Religiosität und Spiritualität auch die diesseitige Zugehörigkeit. Religiosität verweist auf eine jahrhundertealte Tradition, auf eine „Gemeinschaft der Heiligen", die Identifikationsmöglichkeit und Heimat bietet. Weniger strukturiert, da nicht institutionalisiert, geht auch Spiritualität mit einem Gefühl der Zugehörigkeit und Verbundenheit einher. Dieses Gefühl bezieht sich oft auf die Natur, die Menschheit im Allgemeinen oder den gesamten Kosmos.

Bedeutsamkeit

Auch die Bedeutsamkeit des eigenen Handelns wird durch Religiosität und Spiritualität gestärkt. Wer an eine höhere Macht glaubt, die all unsere Schritte beobachtet – und unter Umständen später beurteilt –, der wird auch davon ausgehen, dass das eigene Handeln bedeutsam ist, Konsequenzen hat. Dass sich der Glaube dann auch in besonders rechtschaffenem Handeln auswirkt, ist jedoch nicht garantiert. Hier spielen beispielsweise konfessionelle Unterschiede eine Rolle. So wiesen in einer belgisch-niederländischen Studie Protestanten eine höhere Moralität auf als Katholiken; Letztere unterschieden sich nicht von Atheisten (Rassin & Koster, 2003). Dies mag mit dem römisch-katholischen Bußsakrament der Beichte zusammenhängen, das von Schuld losspricht. Im Protestantismus wurde die Privatbeichte praktisch abgeschafft. Es gilt *sola fide*, die Rechtfertigung allein durch den Glauben, nicht durch gute Werke. Eine persönliche Zusicherung der Rechtfertigung oder der Vergebung von Schuld findet jedoch nicht statt, was der Grund für eine stärker wahrgenommene Verantwortung für das eigene Handeln bei Protestanten sein könnte.

Orientierung

Religiöse und viele spirituelle Überlieferungen haben den Anspruch, die Welt zu erklären und ethische Weisung zu geben. Sie sind mit Werten und Normen verknüpft, die der persönlichen Lebensführung als Richtung dienen und so Orientierung vermitteln sollen (Pargament, 1997). Über Geschichten und Weisungen wird dargelegt, was ein gutes Leben ausmacht und wie Leid bewältigt werden kann. Handelt es sich um historisch gewachsene und kulturell anerkannte Traditionen, wie z. B. im Fall der christlichen Kirche, so bestehen starke

6.4 · Exkurs: Sinn und Weltanschauung

Plausibilitätsstrukturen. Diese können die wahrgenommene Gültigkeit stärken und vor Relativierung schützen. Durch den Verweis auf unumstößliche Wahrheit und letztgültige Werte bietet Religion besonders dann Orientierung, wenn das eigene Leben durch Angst und Unsicherheit geprägt ist (Emmons, Colby & Kaiser, 1998).

Nicht zuletzt sind Religiosität und Spiritualität in besonderem Maße dazu geeignet, Kohärenz zu stiften. Sie bieten eine vereinheitlichende Lebensphilosophie und vermögen es, auch leidvolle Erfahrungen sinnvoll in die eigene Biografie zu integrieren. Wie Robert Emmons (2005) zeigen konnte, weisen Menschen mit religiösen Lebenszielen (zumindest in Nordamerika) geringe Zielkonflikte auf. Ihre verschiedenen Ziele passen zueinander und sind vertikal kohärent mit ihrer übergeordneten religiösen Orientierung. Emmons Fazit: „Religion hat das Potential, der menschlichen Existenz Sinn zu verleihen, indem sie Ziele und Wertsysteme begründet, die für alle Aspekte des Lebens gelten; dadurch können sehr unterschiedliche Erfahrungen in einen einheitlichen Zusammenhang gebracht werden" (Emmons, 2005, S. 739).

Kohärenz

In weniger religiösen Ländern als den USA bleibt es jedoch eine Herausforderung, Kohärenz zwischen dem eigenen religiösen oder spirituellen Glaubenssystem und dem vorherrschenden kulturellen Weltbild herzustellen. So konnten Jochen Gebauer, Constantine Sedikides und Wiebke Neberich (2012) zeigen, dass religiöse Menschen (nur) dann ein höheres Wohlbefinden als nicht-religiöse aufweisen, wenn sie in Ländern leben, in denen Religion eine hohe Wertschätzung erfährt. In Schweden, Deutschland und Frankreich jedoch, die als wenig religiöse Länder eingestuft wurden, fand sich kein Zusammenhang zwischen Religiosität und Wohlbefinden. Es ist wohl zu erwarten, dass hier auch die integrative Wirkung religiöser Lebensziele geringer ist als in der Stichprobe von Robert Emmons.

Kulturelles Weltbild

Darüber hinaus stellt sich die Frage, ob religiöse und spirituelle Menschen ihr Leben tatsächlich anders ausrichten als säkulare Menschen. Welche Lebensbedeutungen sind charakteristisch für Religiöse und Spirituelle? Findet man bei ihnen eine stärkere Neigung zur sinnstiftenden Selbsttranszendenz – und zur Generativität im Besonderen? In einer von mir untersuchten Stichprobe von deutschen und österreichischen Studierenden war dies der Fall (Schnell, 2012a). Hochreligiöse Personen legten besonders viel Wert auf Gesundheit, Naturverbundenheit und Generativität. Hochspirituelle Personen nahmen ihre Gesundheit nicht so wichtig, investierten aber zusätzlich in soziales Engagement, Selbsterkenntnis, Bewusstes Erleben, Harmonie und Kreativität. Außerdem zeigte sich: Je *religiöser* eine Person, desto höher die (vertikale und horizontale) Selbsttranszendenz – und desto niedriger die Selbstverwirklichung. Dieser selbst-relativierende Effekt galt nicht für *Spiritualität*.

Lebensbedeutungen

Unterschied man zudem zwischen einer Spiritualität, die Religion ablehnt, und einer Spiritualität, die Religion integriert, so tat sich eine überraschende Kluft auf: Die *Nur-Spirituellen* wiesen viel höhere Neurotizismuswerte auf. Sie waren überdurchschnittlich feindselig,

„Nur-Spirituelle"

gehemmt, depressiv und ängstlich (Schnell, 2012a). Ein ähnliches Ergebnis veröffentlichten kurz darauf auch Michael King und Kolleginnen (King et al., 2013): Englische Erwachsene, die sich als „spirituell, aber nicht religiös" bezeichneten, waren häufiger drogenabhängig und litten häufiger unter Angststörungen, Essstörungen, Phobien und anderen neurotischen Störungen als Religiöse. Während wir von einem Verständnis dieser Befunde noch weit entfernt sind, gehen erste Überlegungen in die Richtung, dass nicht-religiöse Spiritualität sehr idiosynkratisch gelebt wird. Meist werden Glaubensinhalte und Rituale aus verschiedenen Traditionen miteinander verknüpft; der Zusammenhang muss vom Individuum selbst hergestellt werden – was unter Umständen schwierig sein kann. Anstatt auf starke Plausibilitätsstrukturen und Gemeinschaften zurückzugreifen, wie sie z. B. die Kirche bietet, will der nicht-religiöse spirituelle Mensch die Gültigkeit der eigenen Überzeugungen selbst erfahren („experienzielle Validität"; Schnell, 2008b, 2011b; für eine sehr lebensnahe Beschreibung s. auch Miethge, 2014). Wenn aber die eigene, gefühlte Erfahrung der alleinige Maßstab ist, dann kann es leicht zu Überforderung und Unsicherheit kommen.

6.4.2 Sinn ohne Religion

Coming-out der Atheisten

Es ist noch nicht allzu lange her, da galt Atheismus als „etwas Obszönes und Blasphemisches, das sich vor allem nachts abspielt" (Becker, 1932/2003, S. 75; Übers. v. Tatjana Schnell). Heute geht man davon aus, dass es weltweit zwischen 500 und 750 Millionen Menschen gibt, die nicht an Gott glauben (Zuckerman, 2007). Nicht-Gläubige treten zunehmend selbstbewusster auf und organisieren sich, z. B. in der *International Humanist and Ethical Union* (IHEU), *The Brights' Net* und verschiedenen internationalen und nationalen atheistischen Allianzen, rationalistischen Gesellschaften und säkularen Bünden. In Deutschland haben sich mehrere Organisationen dem Dachverband *KORSO – Koordinierungsrat säkularer Organisationen* angeschlossen, der für die Gleichbehandlung der Konfessionsfreien in Staat und Gesellschaft eintritt. Plädiert wird unter anderem für eine stärkere Präsenz der Nicht-Religiösen in öffentlichen Debatten, eine weltanschauliche Neutralität des Staates und die konsequente Umsetzung der verfassungsrechtlich festgelegten Trennung von Religion und Staat.

Buskampagne

Mit der „Buskampagne" sind Atheisten auch missionarisch tätig geworden (Mission = mit einer Entsendung verbundener Auftrag; duden.de, 2015): In Großbritannien startete die Journalistin Ariane Sherine im Jahr 2008 eine Werbekampagne für ein erfülltes Leben ohne Religion. Sie reagierte damit auf eine evangelikal-christliche Werbekampagne, in der Nicht-Christen darüber „informiert" wurden, dass sie die Ewigkeit qualvoll in der Hölle verbringen würden, brennend in einem Feuersee (Sherine, 2008). Dem wollte Sherine etwas entgegensetzen, das ihrer eigenen Weltsicht entsprach. Viele Sympathisanten unterstützten ihre Idee mit großzügigen Spendengeldern, und schon

6.4 · Exkurs: Sinn und Weltanschauung

bald fuhren Londoner Busse mit dem Schriftzug „There's probably no god. Now stop worrying and enjoy your life" durch die Stadt.

Die Idee der „Buskampagne" fand auch in anderen Ländern viel Zuspruch, doch meist konnten die Verkehrsbetriebe sich nicht dazu durchringen, diese Botschaft zu bewerben. In Deutschland entschieden sich daher mehrere Einzelpersonen dazu, einen Bus anzumieten und mit der Botschaft „Es gibt (mit an Sicherheit grenzender Wahrscheinlichkeit) keinen Gott" zu bedrucken. Er wurde mit Freiwilligenteams auf Deutschlandtour entsandt. In einigen der 23 angefahrenen Städte wurden kostenlose atheistische Stadtrundfahrten angeboten. Auch in Österreich lehnten die Verkehrsbetriebe die Bewerbung ab. Als Alternative wurde auf der größten Einkaufsstraße Wiens plakatiert: „Es gibt keinen Gott. Gutes tun ist menschlich. Auf uns kommt es an" und „Gott ist mit an Sicherheit grenzender Wahrscheinlichkeit ein tschechischer Schlagersänger. Entspann dich. Er wird dir nichts tun."

Außer dem Eintreten für Gleichberechtigung und Mitsprache hat die Mehrheit der Initiativen das Anliegen, ein Bewusstsein dafür zu schaffen, dass Sinn, Freude und Moral nicht notwendigerweise an Religion gebunden sind. Vor allem Atheisten in den USA leiden unter starken Vorurteilen. So gehen viele der (durchschnittlich sehr religiösen) US-Bürger davon aus, dass Atheisten keinen Sinn im Leben sehen, sich spirituellen Erfahrungen verschließen und keine Grundlage für moralisches Handeln kennen (Harris, 2006). US-Amerikaner würden eher für einen Präsidentschaftskandidaten stimmen, der Muslim oder homosexuell ist, als für einen Atheisten (Edgell, Gerteis & Hartmann, 2006).

Vorurteile gegenüber Atheisten

Haben diese Vorurteile irgendeine empirische Basis? Es liegen bisher nur sehr wenige Forschungsergebnisse zu Atheismus, Agnostizismus und anderen Formen von Nicht-Religiosität vor. Bis vor Kurzem stand vor allem der Glaube im Vordergrund. Nicht-Glauben wurde nicht als charakteristisches Merkmal gesehen; die „Abwesenheit" von einem Merkmal wie Religiosität galt nicht als forschungswürdig. Eine der ersten psychologischen Studien, die sich dezidiert mit Atheisten auseinandersetzten, war die des amerikanischen Forscherteams Bob Altemeyer und Bruce Hunsberger (2006). Sie fanden relativ hohe Dogmatismuswerte und leichte Anzeichen von Fanatismus bei Mitgliedern atheistischer Vereine in den USA. Einige Jahre später führten der britische Soziologe William Keenan und ich eine Studie unter deutschen und österreichischen Atheisten durch, in der wir deren Sinnerleben untersuchten (Schnell & Keenan, 2011). Wir gingen von der Annahme aus, dass Atheisten eine ähnlich starke Sinnerfüllung aufweisen wie der Rest der Bevölkerung. Die erhobenen Daten widersprachen unserer Hypothese jedoch. Atheisten berichteten eine geringere Sinnerfüllung als Religiöse und auch eine geringere Sinnerfüllung als Nicht-Religiöse, die sich nicht als Atheisten bezeichnen. Dies war jedoch offenbar kein Grund für Sinnkrisen unter den Atheisten: Sie litten ebenso selten (4 %) wie alle anderen unter einer Sinnkrise.

Atheisten im empirischen Fokus

Heterogene Sinnorientierungen bei Atheismus

Wir wollten jedoch nicht bei diesem Ergebnis stehen bleiben, denn es stellte sich die berechtigte Frage: Kann man all jene, die sich als Atheisten bezeichnen, in einen Topf werfen? Spricht das Nicht-Vorhandensein eines Merkmals (Glaube an Gott oder eine höhere Macht) dafür, dass es sich um eine homogene Gruppe handelt? Anhand von Clusteranalysen suchten wir nach möglichen Subgruppen, und zwar auf Basis der Lebensbedeutungen, die eine Rolle im Leben der Atheisten spielten. Wir konnten drei Untergruppen identifizieren – und diese unterschieden sich deutlich in ihrem Sinnerleben. Zunächst einmal gab es jene, die von keiner der Lebensbedeutungen überzeugt waren. Sie wiesen eine sehr niedrige Sinnerfüllung auf, und 30 % von ihnen litten unter einer Sinnkrise. Wir nehmen an, dass es sich hier um Menschen in einer Übergangsphase handeln könnte, die sich vom Glauben abgewendet, aber noch keinerlei Kompensierung durch andere Sinnquellen gefunden haben. Eine zweite Subgruppe zeichnete sich durch eine primäre Betonung der Selbstverwirklichung aus. Bei ihnen standen Wissen, Freiheit, Selbsterkenntnis, Individualismus und Wellness im Vordergrund. Andere Sinndimensionen waren nicht vertreten, sodass hier von einer geringen Breite, Balance und Tiefe ausgegangen werden kann. Die Sinnerfüllung war bei ihnen nicht so niedrig wie im ersten Cluster, aber doch unterdurchschnittlich ausgeprägt. Sinnkrisen hingegen traten in dieser Gruppe überhaupt nicht auf (0 %!). Die dritte Untergruppe zeigte ein sehr „breites" Profil an Lebensbedeutungen. Wir- und Wohlgefühl war bei ihnen stark ausgeprägt; auch hatten sie hohe Werte in der Dimension „Horizontale Selbsttranszendenz". Bei diesem Cluster war die Sinnerfüllung am höchsten ausgeprägt und nicht signifikant verschieden von der Allgemeinbevölkerung.

Keine Unterschiede in Ethik und Verantwortung

Die Ergebnisse belegen, dass Atheismus sehr wohl mit Sinnerfüllung einhergehen kann. Außerdem machen sie deutlich, dass Atheisten ganz unterschiedliche Überzeugungen vertreten. Erweitert man den Kreis um Agnostiker und Indifferente, so steigt die Komplexität weiter an. Interessanter ist vielleicht aber, wo sich *keine* Unterschiede finden: In einer meiner letzten Studien verglich ich Atheisten, Agnostiker, Indifferente, Spirituelle und Religiöse. Atheisten und Agnostiker standen den Spirituellen und Religiösen in Bezug auf das Vertreten einer ethischen, wertorientierten Lebenshaltung in nichts nach. Und alle Befragten waren in gleichem Maße bereit und willens, die Verantwortung für ihr eigenes Leben zu übernehmen (Schnell, 2014c).

6.5 Erkenne dich selbst

- **Selbstexploration: Breite, Balance und Tiefe in Ihrem Sinnprofil**
- Betrachten Sie erneut Ihr Ist-Soll-Profil in ▶ Abschn. 3.2.2. Die Anzahl der Lebensbedeutungen, bei denen Sie Ihr „Ist"-Kreuz bei vier oder fünf gesetzt haben, informiert Sie über die *Breite* Ihres Lebenssinns. Sind Sie auf wenige Lebensbedeutungen

konzentriert oder „breit" (mindestens vier Lebensbedeutungen) aufgestellt?
- Sind Ihre persönlichen Lebensbedeutungen auf mindestens drei der fünf Dimensionen verteilt, dann können Sie von einem *balancierten* Lebenssinn ausgehen.
- Haben Sie hohe Ist-Werte in den Dimensionen der vertikalen oder horizontalen Selbsttranszendenz, so kann man von *Tiefe* im oben beschriebenen Sinne sprechen.

- **Zum Nach-Denken**

» Und wenn das Wort [Gott] für euch nicht viel Bedeutung besitzt, so übersetzt es und sprecht von der Tiefe in eurem Leben, vom Ursprung eures Seins, von dem, was euch unbedingt angeht, von dem, was ihr ohne irgendeinen Vorbehalt ernst nehmt. Wenn ihr das tut, werdet ihr vielleicht einiges, was ihr über Gott gelernt habt, vergessen müssen, vielleicht sogar das Wort selbst. (Paul Tillich, 1975, S. 55)

Was bedeutet „Tiefe" für Sie?

Sinnkrise – wenn der Boden brüchig wird

7.1 Leiden an einem Mangel an Sinn – 78

7.2 Sinnkrisen bewältigen – 79

7.3 Exkurs: Pilgern – auf dem Weg zum Sinn – 81

7.4 Erkenne dich selbst – 83

> Kein Durchbruch zu Lebensfreude möglich. Ein ratloses Inventarisieren der Anlässe, froh zu sein: Das Glück, der Triumph, die Zustimmung, das Geld, aber da ist gerade nichts, das eine erfahrbare Seite anböte. (Willemsen, 2009, S. 80)

Sinnkrisen werden meist durch Brüche im Kontinuitätserleben ausgelöst. Diese treten auf, wenn innere Widersprüche ein kritisches Maß überschreiten, oder wenn äußere Ereignisse das bisherige Leben unterbrechen und infrage stellen. Eine Interviewpartnerin beschrieb die Erfahrung einmal folgendermaßen: „Verhaltensmuster, die nicht mehr passen, eine Vorstellung vom Leben, die abrupt abgebrochen wurde. Ja, und das erkennen zu müssen, dass vorgefasste Meinungen bzw. aufgebaute Schlösser …, dass die Realität eine andere war und dass es einfach nicht passt" (zitiert nach Tobias, 2010).

7.1 Leiden an einem Mangel an Sinn

Sinnkrisen sind Leidensphasen

Sinnkrisen sind äußerst schmerzhaft. Sie gehen oft einher mit Depressivität, Ängstlichkeit, Pessimismus und negativer Stimmung (Damasio, Koller, & Schnell, 2013; Schnell, 2009). Gleichzeitig sind positive Affekte, Lebenszufriedenheit, Hoffnung und Selbstwirksamkeit stark verringert (Damasio, Koller, & Schnell, 2013; Schnell, 2009). Auch die Resilienz – also die Widerstandskraft – ist deutlich vermindert, und Selbstregulationsprozesse wie Aufmerksamkeitslenkung, Selbstmotivation, Selbstberuhigung, Selbstaktivierung und Misserfolgsbewältigung sind eingeschränkt (Hanfstingl, 2013). Dementsprechend tendieren Menschen in einer solchen Phase dazu, sich zurückzuziehen; sie empfinden es als beinahe unmöglich, ihre Lage zu beschreiben oder anderen zu erklären (Tobias, 2010). Nach einer Studie von Gerstner (2012) sind Sinnkrisen der stärkste Prädiktor von Suizidalität bei Adoleszenten – noch vor Depressivität und hochbelastenden Ereignissen.

Immer wieder gibt es Fälle, in denen eine nicht-bewältigte Sinnkrise dramatische Auswirkungen auch für andere hat. So beschrieb der Schüler Bastian B., der 2006 an seiner Schule in Emsdetten Amok lief, seine Verzweiflung im Abschiedsbrief folgendermaßen (Bastian B., 2006):

> Wozu das alles? Wozu soll ich arbeiten? Damit ich mich kaputtmaloche um mit 65 in den Ruhestand zu gehen und 5 Jahre später abzukratzen? Warum soll ich mich noch anstrengen irgendetwas zu erreichen, wenn es letztendlich sowieso für'n Arsch ist weil ich früher oder später krepiere?
>
> Ich kann ein Haus bauen, Kinder bekommen und was weiß ich nicht alles. Aber wozu? Das Haus wird irgendwann abgerissen, und die Kinder sterben auch mal. Was hat denn das Leben bitte für einen Sinn?

Trotzdem betonen existenzialistische Philosophen die Notwendigkeit solcher kritischen Auseinandersetzungen auf dem Weg zu einem „eigentlichen" Leben. Heidegger plädiert dafür, die Angst zuzulassen, die uns nach dem Sinn von „Sein" fragen lässt (Heidegger, 1963). Angst entsteht, wenn vertraute Überzeugungen und Illusionen infrage gestellt werden, wenn es nur noch um mich und die Welt geht. In dieser Situation wird dem Dasein *un-heimlich* (nicht-heimlich, nicht-wohnlich): Es kommt zum Bewusstsein des Alleinseins, der Endlichkeit, der Sinnlosigkeit – und der Freiheit, aus der die Verantwortlichkeit für all unser Tun erwächst. Eine andere Gesprächspartnerin erläuterte: „Es ist ein Gefühl, einfach gar keinen Halt zu haben, dass man wirklich alleine ist. Und in diesem Sinne kam mir dann der Gedanke, dass das Leben eigentlich keinen Sinn hat, dass das Ganze keinen Sinn hat" (zitiert nach Tobias, 2010).

Ob aus intellektueller Courage dort angelangt oder durch äußere Ereignisse darauf gestoßen: Diese Angst hat doch ein großes Potenzial; sie führt uns die Möglichkeiten unseres „Seinkönnens" vor Augen, die jenseits von Routine und Oberflächlichkeit liegen. Dementsprechend sind Sinnkrisen in vielen Fällen motivierend; sie münden in eine aktive und illusionslose Sinnsuche (Klinger, 1998; Skaggs & Barron, 2006; Tobias, 2010). Eine Interviewpartnerin: „Ich bin auf jeden Fall auf der Suche nach einem Sinn in meinem Leben, sogar wenn diese Suche darin resultieren sollte, dass es nicht notwendigerweise einen Sinn im Leben geben muss" (zitiert nach Tobias, 2010).

Notwendige Angst

Krisen motivieren

7.2 Sinnkrisen bewältigen

Sinnkrisen sind häufig Bestandteil einer Depression. In diesem Fall ist es ratsam, professionelle Beratung und eventuell eine therapeutische und psychopharmakologische Behandlung in Anspruch zu nehmen. Auch das Suizidrisiko gilt es in jedem Fall abzuklären. Doch Sinnkrisen können auch für sich stehen, als existenzielles Problem, unabhängig von einer psychischen Störung. Gedanken an Tod, gar an Selbsttötung, sind dabei nicht zwangsläufig Indikatoren für Suizidalität. Vielmehr stehen sie der Sinnfrage sehr nahe: „Sich entscheiden, ob das Leben es wert ist, gelebt zu werden oder nicht, heißt auf die Grundfrage der Philosophie antworten" (Camus, 2000, S. 11). Die explizite Auseinandersetzung mit der eigenen Sterblichkeit ist notwendig auf dem Weg zur Eigentlichkeit. Man mag mit Sartre zu dem Schluss kommen, dass der Tod dem Leben jeglichen Sinn raubt (Sartre, 1991) – und der Mensch gerade deshalb die Aufgabe hat, seinem Leben selbst einen Sinn zu geben. Oder man teilt mit Frankl die Erkenntnis, dass die Tatsache der eigenen Vergänglichkeit dazu motiviert, Verantwortung für das eigene Handeln in der Gegenwart zu übernehmen, um es in die Wirklichkeit der Vergangenheit „hineinzuretten" (Frankl, 1996). Mit Yalom (2010) lässt sich feststellen: „Die Physikalität des Todes vernichtet uns zwar, aber der Gedanke an ihn kann uns retten" (S. 139).

Auseinandersetzung mit Sterblichkeit

Aufgrund der starken seelischen Beeinträchtigung während einer Sinnkrise erleben es Menschen meist als schwierig, den Alltag weiterhin zu bewältigen, zu „funktionieren". Die Auseinandersetzung mit der erlebten Sinnlosigkeit braucht Raum und Zeit; daher ist es von Vorteil, wenn nicht gar unabdinglich, sich eine Auszeit zu gestatten. Hilfreich ist die Nähe eines Menschen, der als Begleiter zur Verfügung steht, entweder privat oder professionell (z. B. Logo- oder existenzialistische Therapie, Seelsorge, philosophische Praxis). Auch ein Rückzug aus der gewohnten Umgebung und das Aufsuchen eines „geschützten Raumes" (Kloster, Retreat …) können wertvoll sein.

Angstauslöser nicht vermeiden

Ähnlich wie bei Angststörungen gilt auch bei einer Sinnkrise, deren vorherrschendes Gefühl eine existenzielle Angst ist: Der aktive Umgang mit der Angst bzw. den angstauslösenden Themen ist notwendig. Die Konfrontation mag schmerzhaft sein, aber „kann retten", wie Yalom versichert. Im Gegensatz zu Angststörungen ist die Angst, die die Sinnkrise begleitet, meist nicht katastrophisierend oder überschätzend. Sie ist real, erwächst aus den Zumutungen der Faktizität des eigenen Todes, der Entscheidungsfreiheit und der daraus folgenden Verantwortung, aus der Absurdität der Welt oder, bei Gläubigen, der Verborgenheit Gottes *(deus absconditus)*.

Eine erfolgreiche Auseinandersetzung beinhaltet die *Akzeptanz* dieser Zumutungen, wie Yalom (2010) betont. Auf dieser Grundlage kann geistige Klärung geschehen. Frühere Überzeugungen, die durch die Krise infrage gestellt wurden, werden entweder wiedererrungen oder durch neue Erkenntnisse ersetzt. Die Eckpfeiler der Existenz werden neu bestimmt (ein Leitfaden hierzu findet sich z. B. auf http://www.sinnforschung.org) Eine gelungene Re-Orientierung gibt eine Richtung vor, die durch Verfolgen verschiedener Ziele und Zwischenschritte zu sinnvollem Handeln motiviert.

Vertrauensvorschuss

Dabei scheint es wenig produktiv zu sein, explizit nach Sinn zu suchen (Steger et al., 2008). Sinn lässt sich nicht *gedanklich* finden. Vielmehr braucht es die Bereitschaft, auf die *Möglichkeit* der Sinnhaftigkeit des eigenen Lebens zu vertrauen – im Sinne eines „Vertrauensvorschusses". Aus einem solchen Vertrauen in die Sinnhaftigkeit kann neue Motivation entstehen, eigene Lebensbedeutungen zu entdecken und sie in die Tat umzusetzen, entsprechend einer Top-down-Interpretation des hierarchischen Sinnmodells (▶ Abschn. 4.1). Leitfadenorientierte Gespräche oder die LeBe-Kartenmethode eröffnen Möglichkeiten, sich tragender Lebensbedeutungen zu erinnern oder solche zu identifizieren, die aktuell als relevant erscheinen. Anhand der Fragen lässt sich aufdecken, wodurch das eigene Leben geprägt und gesteuert wird – oder früher einmal wurde. Sie unterstützen bei der Bewertung dieser Ergebnisse, helfen bei der Identifikation von konkreten Handlungsoptionen oder auch bei der Suche nach Alternativen.

Sinn durch generatives Handeln

Erscheint es einer Person nicht möglich, dem Leben einen solchen „Vertrauensvorschuss" zu gewähren, so besteht eine weitere Möglichkeit darin, Sinnerleben über konkrete Taten wachzurufen, im Sinne einer Bottom-up-Lesart des Sinnmodells. Hier haben sich generative

Handlungen als effektiv erwiesen, die an die Erfahrungswelt des Individuums anknüpfen. So haben beispielsweise Steven Southwick und seine Kollegen ihre Patienten – Kriegsveteranen mit posttraumatischer Belastungsstörung – im Rahmen einer Therapie dazu angehalten, ehrenamtliche Projekte zu entwickeln und umzusetzen. Die Patienten erfuhren dadurch einen Zuwachs an Selbstwirksamkeit, Verantwortungsgefühl und Sinnerleben (Southwick et al., 2006). Ihre Sicht auf sich selbst und ihr eigenes Leben änderte sich aufgrund dieses ehrenamtlichen Engagements grundlegend: Ihnen wurde bewusst, dass sie für andere „etwas bedeuteten".

Konkrete Interventionen, die entwickelt wurden, um das Sinnerleben – vor allem in palliativen und klinischen Settings – zu steigern, werden in ▶ Kap. 11 vorgestellt.

7.3 Exkurs: Pilgern – auf dem Weg zum Sinn

Pilgern ist ein archaisches religiöses Ritual – und es erfreut sich großer Beliebtheit. So machten sich in den letzten fünf Jahren ca. 200.000 Personen jährlich auf, den Jakobsweg nach Santiago de Compostela zu gehen (Oficina de Acogida al Peregrino, 2015). Sie sind viele Wochen unterwegs, legen Hunderte von Kilometern zu Fuß zurück. Warum nehmen Menschen eine solche Anstrengung auf sich? Im frühen Christentum wurden Pilgerreisen in der Hoffnung auf Läuterung, Buße oder Heilung durchgeführt (Haab, 1998). Heute sind die wenigsten Pilger religiös motiviert – und doch scheinen ihre Erwartungen denen ihrer Vorgänger gar nicht so unähnlich.

Pilgern ohne religiöse Motive

Sarah Pali und ich führten eine Längsschnittstudie mit Menschen durch, die den Jakobsweg nach Santiago de Compostela gingen. Insgesamt 85 Personen von 16 bis 70 Jahren, davon 72 % weiblich, beantworteten unseren Fragebogen vor ihrer Abreise. Gefragt nach den Motiven ihrer Reise gaben 66 % an, „Klarheit gewinnen zu wollen". Mit deutlichem Abstand folgten athletische (44 %), spirituelle (39 %), religiöse (31 %) und kulturelle (26 %) Motive (Mehrfachnennungen waren möglich). Bei den Pilgern, die auf Klärung hofften, zeigten sich zudem hohe Ausprägungen der Skala „Sinnkrise".

Aufgrund unserer Folgebefragungen innerhalb einer Woche nach der Rückkehr sowie vier Monate später können wir sagen: Eine Pilgerreise stellt offenbar auch heute noch einen äußerst effizienten Weg zur Läuterung dar – im Sinne einer geistigen oder seelischen Klärung. Nach dem Pilgern waren alle Anzeichen einer Sinnkrise verschwunden, während der Wert der Skala Sinnerfüllung deutlich angestiegen war – sowohl direkt nach der Reise als auch noch vier Monate später. Zudem berichteten die Pilger bei beiden Folgebefragungen von einer erhöhten Selbsttranszendenz (sowohl vertikal wie auch horizontal) und Selbstverwirklichung.

Sinnerfüllung erhöht, Sinnkrise bewältigt

Was geschieht während einer Pilgerreise, worin liegt ihr transformatives und sinnstiftendes Potenzial? Das Pilgern auf dem Jakobsweg

Ablösungsphase

ist ein formalisiertes Ereignis, das wie ein Ritual strukturiert ist (Schnell & Pali, 2013). So lassen sich alle drei Phasen eines *Übergangsritus* (van Gennep, 1960) ausmachen: In der *Ablösungsphase* trennen sich die Pilger von ihrem Alltagsleben. Die Ablösung ist meist ein komplexes Unterfangen. In unserer Studie lag die mittlere zurückgelegte Kilometerzahl bei 646 km, für die etwa vier bis fünf Wochen benötigt werden. Es gilt also, eine längere Abwesenheit von der Arbeit sowie von Menschen, die in irgendeiner Weise abhängig von den Reisenden sind, zu arrangieren. Berufsleben und soziale Kontakte werden durch die Reise unterbrochen, identitätsstiftende Rollen werden zurückgelassen.

Liminale Phase

Derart „entkleidet", treten die Reisenden in die zweite, die sogenannte *liminale* Phase ein, wo sie ihre neue Rolle als Pilger annehmen – symbolisiert durch den Pilgerausweis und manchmal auch durch eine Jakobsmuschel, die am Rucksack befestigt wird. In der liminalen Phase setzen sich Pilgernde dem transformativen Geschehen aus. Sie sind in besonderem Maße empfänglich und verletzlich, wie die Ritualtheoretiker Victor und Edith Turner (1969, 1978) beschreiben. Obwohl der Jakobsweg bekannt für seinen starken Pilgerverkehr ist, werden doch weite Teile der Reise allein und schweigend zurückgelegt. Es kommt zu einer Reizdeprivation, die die Aufmerksamkeit der Gehenden auf interne Prozesse lenkt. Konflikte, die bis dahin ignoriert oder durch die Hektik des Alltags verdrängt wurden, drängen jetzt ins Bewusstsein. Gleichzeitig induziert die Rhythmik und Monotonie des Gehens eine Art Trance. Wie d'Aquili, Laughlin und McManus schon 1979 berichteten, unterstützen gleichmäßig wiederholte Bewegungen die Synchronisierung von Wahrnehmung, Kognition und Handlung. Erfahrungen der Selbstüberschreitung werden dadurch begünstigt, z. B. der Verlust des Gefühls von Selbst, Raum und Zeit sowie Einheitserfahrungen, gesteigertes Gewahrsein, plötzliche Einsichten oder Erkenntnisse. Das Gehen in Stille stellt somit einen Rahmen dar, der bewusste Selbstexploration als auch unbewusste Formen der Neuordnung von Prioritäten fördert. Alternative Sichtweisen auf die Welt und das Selbst eröffnen sich, der Blick weitet sich, und aus einer Art Metaperspektive heraus werden Sinnzusammenhänge (neu) ersichtlich; es kommt zu „Klärung" (Schnell & Pali, 2013).

(Schwierige) Reintegration

Die dritte und letzte Phase markiert das Ende des Rituals, die Rückkehr und Reintegration in den Alltag – allerdings als ein „anderer Mensch". Es geht darum, die neu gewonnene Identität im gewohnten Umfeld einzunehmen. Dies ist häufig schwierig: Der verwandelte Mensch kehrt zurück in einen Alltag, der noch der gleiche ist. Für die Pilger ist es fast unmöglich, die profunden Erfahrungen, die sie während der Reise gemacht haben, mitzuteilen (Pali, 2010). Unsere Daten spiegeln diesen Prozess wider: So erreichte die Skala Sinnerfüllung direkt nach der Rückkehr einen sehr hohen Wert, sank aber im Laufe der nächsten Monate wieder etwas ab (und blieb doch signifikant über dem Ausgangswert). Starre soziale, berufliche und ökonomische Strukturen können der Umsetzung neu gewonnener Erkenntnisse im Wege stehen und die Begeisterung dämpfen. Als stabiler erwies sich hingegen das

Festhalten an den durch die Reise gestärkten Lebensbedeutungen, deren Werte auch nach vier Monaten noch auf dem gleichen Niveau wie direkt nach der Rückkehr waren.

7.4 Erkenne dich selbst

- **Zum Nach-Denken**

> In der Angst fragt das Dasein nach dem Sinn von Sein, nach dem Sinn seines Seins … Man muß sie [die Angst] unterscheiden von der Furcht. Diese richtet sich auf etwas Bestimmtes, sie ist kleinkariert. Die Angst aber ist unbestimmt und so grenzenlos wie die Welt. Das Wovor der Angst ist *die Welt als solche*. Vor der Angst sinkt alles nackt zu Boden, aller Bedeutsamkeit entkleidet. … Die Angst duldet keine anderen Götter neben sich, sie vereinzelt in zwei Hinsichten. Sie zerreißt das Band zum Mitmenschen, und sie läßt den einzelnen herausfallen aus den Vertrautheitsbezügen zur Welt. Sie konfrontiert das Dasein mit dem nackten *Daß* der Welt und des eigenen Selbst. Aber was dann übrigbleibt, wenn das Dasein durch das kalte Feuer der Angst gegangen ist, ist nicht nichts. Was ihm die Angst verbrannte, hat den Glutkern des Daseins freigelegt: *das Freisein für die Freiheit des Sich-selbst-wählens und -ergreifens*. (Safranski, 2013, S. 176)

- **Selbstexploration: Positive Illusionen – weil es gut tut!?**

> Mit großer und mannigfaltiger Kunst erzeugen wir eine Verblendung, mit deren Hilfe wir es zuwege bringen, neben den ungeheuerlichsten Dingen zu leben und dabei völlig ruhig zu bleiben, weil wir diese ausgefrorenen Grimassen des Weltalls als einen Tisch oder einen Stuhl, ein Schreien oder einen ausgestreckten Arm, eine Geschwindigkeit oder ein gebratenes Huhn erkennen. Wir sind imstande, zwischen einem offenen Himmelsabgrund über unserem Kopf und einem leicht zugedeckten Himmelsabgrund unter den Füßen, uns auf der Erde so ungestört zu fühlen wie in einem geschlossenen Zimmer. (Musil, 2013, S. 502)

Sinnkrisen sind dadurch gekennzeichnet, dass manche positive Annahme über die Welt als Illusion entlarvt wird. In der Psychologie kennt man das Konzept der „positiven Illusionen". So hat man festgestellt, dass normale Wahrnehmungsprozesse durch drei Arten von Realitätsverzerrungen gekennzeichnet sind: Selbsterhöhung, unrealistischer Optimismus und überzogene Kontrollvorstellungen (Taylor & Browne, 1988). Mehrere Studien kommen zu dem Schluss, dass solche Illusionen als positiv zu bewerten sind, da sie das Wohlbefinden steigern und einen psychologischen Schutzeffekt haben. Im Folgenden werden einige Beispiele positiver Illusionen aufgelistet. Erkennen Sie sich darin wieder? Wie stehen Sie zu solchen Realitätsverzerrungen?

Gerechte-Welt-Glaube Glaube, dass ein Mensch im Allgemeinen das bekommt, was ihm zusteht, und dass die Welt geordnet und gerecht ist. („Wenn er von seinen Kollegen gemobbt wird, wird es schon einen Grund dafür geben. Er war schon immer so ein komischer Typ …")

Überdurchschnittlichkeitsillusion Glaube, dass man selbst intelligenter, attraktiver, interessanter, gerechter oder organisierter ist als durchschnittliche Menschen. („Ich fahre besser Auto als all meine Bekannten.")

Optimistischer Fehlschluss Eigene gesundheitliche Risiken werden geringer eingeschätzt als die anderer. („Ich weiß über die Gefahren des Alkohols, aber ich habe mein Trinken im Griff; die zwei, drei Gläser Wein am Abend sind eher gut für meine Gesundheit …")

Gelernter Optimismus Erfolge werden der eigenen Motivation und Kompetenz zugeschrieben, Misserfolge hingegen äußeren störenden Ereignissen. („Ich habe die Fördergelder bekommen, weil ich einen genialen Antrag geschrieben habe." „Ich habe die Fördergelder nicht bekommen, weil sich dieses Mal zu viele darum beworben haben.")

Unsterblichkeitsillusion Der Mensch verhält sich im Allgemeinen nicht so, als ob der Tod ihn jederzeit ereilen könnte. Der Tod wird als so weit entfernt wahrgenommen, dass er keine Relevanz für die Gegenwart aufweist. („Sterben tun die anderen – aber ich doch noch längst nicht!")

„Das macht man so" Solange der Mensch tut, was „man" tut, muss er keine Verantwortung übernehmen; Konformität ersetzt die Notwendigkeit eigener Gewissensentscheidungen. („Ich habe nur nach den Richtlinien gehandelt!" „Meine Kollegen machen es ja genauso.")

Wenn in einer Sinnkrise bisher tragende positive Illusionen zerstört werden: Sollten sie im Rahmen der Bewältigung der Sinnkrise wieder aufgebaut werden? Oder widerspricht dies einer ehrlichen Auseinandersetzung mit der Wirklichkeit? (Für eine differenzierte Diskussion der Bewertung positiver Illusionen s. z. B. Schwarzer, 2004.)

Existenzielle Indifferenz

8.1   Alles egal – 86

8.2   Wie erfasst man existenzielle Indifferenz? – 87

8.3   Zusammenhänge und Erklärungsansätze – 87
8.3.1   Zusammenhänge mit demografischen Variablen – 88
8.3.2   (Keine) Lebensbedeutungen bei existenzieller Indifferenz – 89
8.3.3   Aufschlussreiche Korrelate existenzieller Indifferenz – 91
8.3.4   Kulturelle Unterschiede – 92

8.4   Auswege aus der Indifferenz? – 95

8.5   Erkenne dich selbst – 98

© Springer-Verlag Berlin Heidelberg 2016
T. Schnell *Psychologie des Lebenssinns*,
DOI 10.1007/978-3-662-48922-2_8

Nicht jede Sinnleere schlägt sich in einer Sinnkrise nieder, lässt aufbegehren und motiviert zur Suche. Um ein Vielfaches häufiger ist eine Art Indifferenz. Über ein Drittel aller Deutschen erfahren ihr Leben als sinnlos, haben aber kein Problem damit. Sie suchen keinen Sinn und leiden nicht unter Sinnmangel oder einer Sinnkrise. Ich habe sie daher als existenziell indifferent bezeichnet (Schnell, 2010a). Während Viktor Frankl davon ausging, dass der Mensch ein inhärentes Bedürfnis nach Sinn aufweist, das bei Nicht-Erfüllung zu Frustration und seelischen Problemen führt, müssen wir heute sagen: Gar nicht so wenigen Menschen ist es offenbar nicht so wichtig, dass ihr Leben einen Sinn hat. Sie sind zwar nicht besonders glücklich mit dieser Haltung, aber sie leiden auch nicht.

8.1 Alles egal

Im Jahr 1964 beklagte der Psychologe Abraham Maslow einen weitverbreiteten Werteverlust in westlichen Gesellschaften. Darauf folge, so stellte er fest, eine freudlose, öde, langweilige, leidenschaftslose, gleichgültige Lebenshaltung (Maslow, 1964). Auch Frankl beschrieb einen Zustand der Leere und Sinnlosigkeit, den er als existenzielles Vakuum bezeichnete und auf einen Werteverlust zurückführte (Frankl, 1955, 1996). In der Psychologie ist eine solche Haltung bisher nicht weiter beachtet worden; wahrscheinlich ist sie einfach zu unauffällig, da mit keinem Leidensdruck behaftet: Wem alles egal ist, der sucht keine Unterstützung.

Eigentliches vs. uneigentliches Sein

Aus einer humanistischen oder existenzialistischen Perspektive jedoch kommt man ins Grübeln, wenn sich große Teile der Gesellschaft in die Indifferenz zurückziehen. Zumindest theoretisch haben sich einige Philosophen und Psychologen (Martin Heidegger, Viktor Frankl, Rollo May, Irvin Yalom, Kirk Schneider) bereits mit dem Unterschied zwischen einem aktiven, engagierten und authentischen Leben und einem flachen, oberflächlichen Existenzmodus beschäftigt. Heidegger (1963), auf den sich nachfolgende Autoren immer wieder beziehen, stellte das *eigentliche* (oder: *ganze*) dem *uneigentlichen* (oder: *unganzen*) Sein gegenüber. Das *un*eigentliche verstand er als das ursprüngliche Sein. Es ist das durchschnittliche Verhalten, das, was „man" tut – und somit die Umwelt, in der wir uns alle wiederfinden, die unsere Existenzbedingungen konstituiert. Zum Eigentlichen, Ganzen kommen wir dann, wenn wir „zu unserem Eigenen", man könnte auch sagen, zu unserem „wahren Selbst" kommen:

> Zunächst ist das Dasein Man und zumeist bleibt es so. Wenn das Dasein die Welt eigens entdeckt und sich nahebringt, wenn es ihm selbst sein eigentliches Sein erschließt, dann vollzieht sich dieses Entdecken von „Welt" und Erschließen von Dasein immer als Wegräumen der Verdeckungen und Verdunkelungen, als Zerbrechen der Verstellungen, mit denen sich das Dasein gegen es selbst abriegelt. (Heidegger, 1963, S. 129)

Tabelle 8.1 Identifikation verschiedener Sinntypen (Mittelwerte)

Sinnerfüllung	Sinnkrise	Sinntypus
≥3	<3	Sinnerfüllung
<3	≥3	Sinnkrise
<3	<3	Existenzielle Indifferenz
≥3	≥3	Widersprüchlich

Der Seinsmodus, den wir empirisch in Form der existenziellen Indifferenz identifiziert haben, ist durch ein Fehlen dieser „Selbst-ent-Deckung" gekennzeichnet. Bei existenziell Indifferenten handelt es sich mit großer Wahrscheinlichkeit um Menschen, die sich der oben beschriebenen Angst (noch) nicht ausgesetzt, sich dem Nichts (noch) nicht gestellt haben – zumindest legen das unsere Forschungsbefunde nahe, die im Folgenden vorgestellt werden.

8.2 Wie erfasst man existenzielle Indifferenz?

Aus methodischen Gründen blieb existenzielle Indifferenz in der empirischen Sinnforschung lange Zeit unentdeckt. Man ging davon aus, dass Lebenssinn auf einem einzigen Kontinuum abzubilden sei, wobei der eine Pol die Sinnkrise, der andere Pol die Sinnerfüllung darstellte. Dahinter stand Frankls Annahme: je weniger Sinn, desto mehr Krise. Erst als mit dem LeBe (Schnell & Becker, 2007) zwei separate Skalen zur Messung von Sinnerfüllung und Sinnkrise zur Verfügung standen, konnte ein Zustand niedriger Sinnerfüllung und gleichzeitiger niedriger Sinnkrise überhaupt erst gemessen werden. Zur Identifikation des Typus der existenziellen Indifferenz werden die beiden Skalen Sinnerfüllung und Sinnkrise miteinander verschränkt. Existenzielle Indifferenz liegt vor, wenn die Mittelwerte *beider* Skalen unter 3 liegen (0–2,9). Durch diese Art der Berechnung lassen sich vier Sinntypen identifizieren (Tab. 8.1).

Identifikation von Sinntypen

8.3 Zusammenhänge und Erklärungsansätze

Anhand unserer Daten lässt sich sagen, wer in demografischer Hinsicht eher existenziell indifferent ist. Zusammenhänge mit Lebensbedeutungen und anderen Persönlichkeitsmerkmalen tragen zum besseren Verständnis des Phänomens bei, und interkulturelle Vergleiche geben weitere Hinweise.

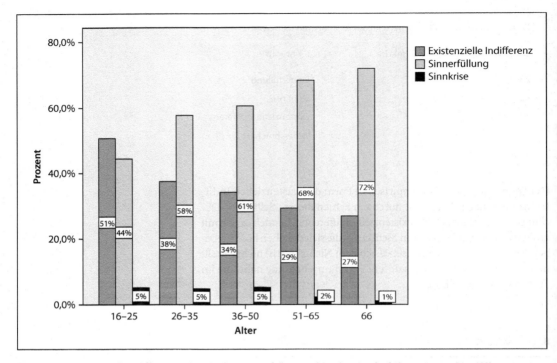

◘ **Abb. 8.1** Existenzielle Indifferenz (im Vergleich zu Sinnerfüllung und Sinnkrise) in fünf Altersgruppen (N = 603)

8.3.1 Zusammenhänge mit demografischen Variablen

Häufiger bei Jüngeren

Existenzielle Indifferenz findet sich häufiger bei jungen als bei älteren Erwachsenen (◘ Abb. 8.1). Dies mag einerseits daran liegen, dass sich viele junge Menschen noch nicht festlegen wollen oder können, welcher Lebensweg ihnen sinnvoll erscheint. Zudem kann der Alterszusammenhang auch dadurch erklärt werden, dass mit voranschreitendem Lebenslauf Sinnbrüche durch kritische Lebensereignisse immer wahrscheinlicher werden, wodurch es zu einem „Aufrütteln" aus der Indifferenz kommen kann (Martin, Campbell & Henry, 2004).

Keine Geschlechts- und Ausbildungsunterschiede

Es finden sich keine Geschlechtsunterschiede hinsichtlich existenzieller Indifferenz. Auch das Ausbildungsniveau steht in keinerlei Zusammenhang damit.

Weniger Indifferenz bei Heirat

Hinsichtlich des Familienstandes gibt es jedoch große Effekte: So zählen fast die Hälfte der Singles sowie der unverheiratet Zusammenlebenden zu den Indifferenten, aber nur etwas mehr als ein Viertel der Verheirateten (Damasio & Koller, 2014; Schnell, 2010a). Auch Geschiedene, getrennt Lebende und Verwitwete sind seltener unter den Indifferenten anzutreffen als Singles und unverheiratet Zusammenlebende. Die Tatsache, sich irgendwann einmal für eine legalisierte Partnerschaft entschieden zu haben, scheint somit der Indifferenz entgegenzustehen –

während es für Alleinstehende oder in Partnerschaft Lebende offenbar einfacher ist, in der Indifferenz zu verbleiben.

8.3.2 (Keine) Lebensbedeutungen bei existenzieller Indifferenz

> Die Menschen bewundern nichts; es gibt nichts, wofür sie Opfer bringen, dem sie sich unterwerfen, wofür sie sterben würden. (Maslow, 1964, S. 42)

Erinnern wir uns nochmals an das hierarchische Sinnmodell (▶ Abschn. 4.1): Sinnerfüllung, so ist die Annahme, wird dadurch gestützt, dass persönlich relevante Lebensbedeutungen in die Tat umgesetzt werden. Ist Sinnerfüllung niedrig, wie bei den existenziell Indifferenten, so sollte auch wenig Engagement für Lebensbedeutungen nachzuweisen sein. Diese Annahme ist klar bestätigt worden. Existenziell Indifferente zeigen ein sehr niedriges allgemeines Engagement (◘ Abb. 8.2). Besonders gering ausgeprägt – in einem Ausmaß, das auf Ablehnung hinweist – sind *Religiosität, Spiritualität, Selbsterkenntnis* und *Herausforderung*. Vergleicht man die Werte der Indifferenten mit denen der Sinnerfüllten, so finden sich die stärksten Differenzen bei *Generativität, Bewusstem Erleben, Harmonie* und *Entwicklung*.

In Maslows Worten lässt sich zusammenfassend sagen: Es gibt nichts, wofür existenziell Indifferente Opfer bringen, dem sie sich unterwerfen, wofür sie sterben würden. Sie hegen keine Leidenschaften, zeigen kein Engagement. Mit der Idee einer übernatürlichen Wirklichkeit können sie nichts anfangen. Mit besonderer Vehemenz vermeiden sie es auch, sich selbst zu erkunden. Damit verstellen sie sich zugleich den Weg zu einem „eigentlicheren" Sein, das ihnen ganz persönlich entsprechen würde – wissen sie doch nicht, was sie ausmacht, was ihre Stärken und Schwächen sind, warum sie handeln, wie sie handeln.

Die Bedeutung des Wissens um das „wahre Selbst" haben Rebecca Schlegel und Kollegen (Schlegel et al., 2011) in mehreren Studien herausgearbeitet. So konnten sie zeigen, dass die Verfügbarkeit eines Wissens über das wahre Selbst eng mit der Wahrnehmung des Lebens als sinnvoll zusammenhängt. Dabei entwickelten sie mehrere Zugänge zur Messung des Wissens über das wahre Selbst: Ein Maß bezieht sich auf die von Experten beurteilte *Detailliertheit*, die Personen erzielen, wenn sie einen kurzen Text über ihr wahres Selbst schreiben sollen. Bei einer anderen Erhebung wurden Personen gebeten, eine Liste von Eigenschaften zu erstellen, die ihr wahres Selbst beschreiben. Im Anschluss sollten sie beurteilen, wie leicht bzw. schwer ihnen dies gefallen sei. Beide Maße, also die extern bewertete Detailliertheit als auch die Angaben der Teilnehmenden über die Leichtigkeit oder Schwierigkeit bei der Anfertigung der Beschreibung des wahren Selbst, interpretierte Schlegel als persönliche Zugänglichkeit des wahren Selbst – und beide gingen mit erhöhtem Sinnerleben einher.

Niedriges Engagement

Wahres Selbst

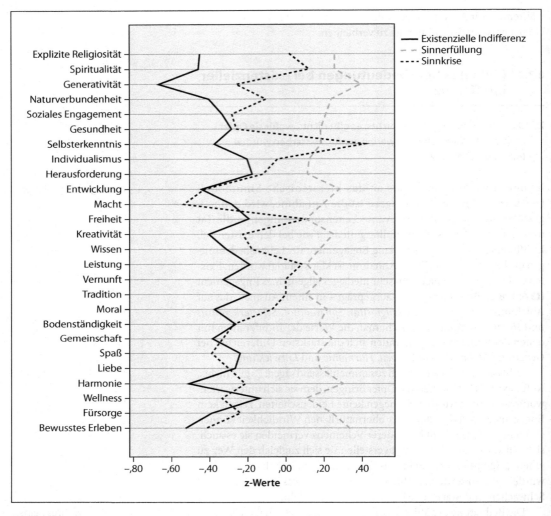

☐ **Abb. 8.2** Lebensbedeutungen bei existenziell Indifferenten, sinnerfüllten Menschen und Menschen in einer Sinnkrise; z-Werte

Vermeidung

Dennoch – so notiert Schlegel – ist das *Nachdenken* über das wahre Selbst nicht immer angenehm, da es mit existenziellem Unbehagen einhergehen kann. Diese Ambivalenz der Selbsterkenntnis zeigt sich auch in unseren Daten, wo es einerseits klare Hinweise für den sinnstiftenden Gehalt der Selbsterkenntnis, aber auch Andeutungen für positive Zusammenhänge mit Neurotizismus gibt (z. B. Schnell & Becker, 2007). Aus existenzieller Perspektive sind diese Befunde gut interpretierbar. So ist nach Heidegger, wie oben beschrieben, die Konfrontation mit der Angst der notwendige Zwischenschritt auf dem Weg zum eigentlichen Sein – was sich in erhöhten Neurotizismuswerten niederschlagen kann.

Die niedrige Ausprägung der Skala *Selbsterkenntnis* bei existenzieller Indifferenz kann also so interpretiert werden, dass existenziell

Indifferente die Reflexion über das wahre Selbst ablehnen – was sich in niedriger Sinnerfüllung ausdrückt; dass dabei aber auch der (temporäre) Zustand der Angst vermieden wird. Die ebenfalls geringen Ausprägungen der Skalen *Herausforderung* und *Entwicklung* stützen die Annahme, dass existenziell Indifferente unangenehme Zustände zu meiden suchen, die dann entstehen, wenn der Ist-Zustand durch alternative Möglichkeiten infrage gestellt, „heraus-gefordert" wird. Die niedrigen Werte in *Bewusstem Erleben* weisen darauf hin, dass auch der Ist-Zustand eher verdrängt oder ignoriert wird. Die niedrige Ausprägung von *Generativität* kann unter anderem durch das Fehlen eines stabilen Selbstkonzepts verstanden werden: Solange ein Mensch nicht weiß, wer er ist, wird er Schwierigkeiten damit haben, sich für andere einzusetzen, Bleibendes zu schaffen, Spuren zu hinterlassen.

8.3.3 Aufschlussreiche Korrelate existenzieller Indifferenz

Verschiedene Studien beschäftigen sich mit potenziellen Prädiktoren und Konsequenzen existenzieller Indifferenz (Damasio & Koller, 2014; Schnell, 2013, 2014c). Fasst man die ersten Ergebnisse zusammen, so kommt man zu folgendem Bild: Bezüglich der drei grundlegenden psychologischen Bedürfnisse – Autonomie, Kompetenz und Beziehung – weisen existenziell indifferente Personen unterdurchschnittliche Werte in *Kompetenz* auf (Schnell, 2013). Unter Kompetenz versteht man ein Gefühl der Leistungsfähigkeit und Effektivität. Dem entsprechend sind auch *Selbstwirksamkeit* (Damasio & Koller, 2014) und *internale Kontrollüberzeugung* eingeschränkt (Schnell, 2013). Selbstwirksamkeit steht für die Einschätzung der eigenen Fähigkeit, mit Schwierigkeiten und Barrieren im täglichen Leben zurechtzukommen (Schwarzer, 1992). Internale Kontrollüberzeugung liegt vor, wenn ein Mensch davon überzeugt ist, Ereignisse kontrollieren zu können, und sie somit als Konsequenzen des eigenen Handelns erlebt (Krampen, 1991). Existenziell Indifferente erleben sich also weder als fähig, mit den Problemen ihres Alltags zurechtzukommen, noch glauben sie, die Ereignisse in ihrem Leben beeinflussen zu können. Stattdessen gehen sie davon aus, dass alles, was geschieht, dem Zufall zuzuschreiben ist, auf Glück oder Pech beruht oder durch „mächtige Andere" kontrolliert wird (externale Kontrollüberzeugung). Ihre *persönliche Verantwortung* für den Verlauf ihres Lebens schätzen sie gering ein; überdurchschnittlich ist jedoch ihr *Vertrauen in Wissenschaft und Technik* (Schnell, 2014b).

Man kann daraus schließen, dass sich existenziell indifferente Menschen den Anforderungen, die an sie gestellt werden, nicht gewachsen fühlen. Dem Gefühl der Überforderung begegnen sie mit Rückzug, der als resignativ bezeichnet werden kann, aber keinen Krisencharakter aufweist. So ist auch ihre Selbstwahrnehmung durch moderate *Selbstachtung* (Rosenberg, 1989) und ein mittleres *Selbstmitgefühl* (Neff, 2003) gekennzeichnet. Die Werte für Optimismus ebenso wie für Pessimismus

Kompetenz, Selbstwirksamkeit, Kontrollüberzeugung

Alles im gelben Bereich

(Scheier, Carver & Bridges, 1994) liegen bei ihnen im mittleren Bereich, ebenso die Werte für Hoffnung (Snyder et al., 1991; Damasio & Koller, 2014).

Wie ergeht es existenziell Indifferenten damit? So mittelmäßig, wie man sich hätte denken können. Lebenszufriedenheit und subjektives Glücksempfinden sind weder hoch ausgeprägt noch im kritischen niedrigen Bereich. Es kommt zu keinem Leidensdruck. Weder Depression noch Ängstlichkeit erreichen Werte, die auf psychische Störungen hinweisen würden. Im jungen Erwachsenenalter rauchen und trinken sie nicht mehr als sinnerfüllte Menschen und konsumieren nicht häufiger Drogen (Schnell, 2013).

8.3.4 Kulturelle Unterschiede

Mehr Wohlstand, mehr Indifferenz

Als wir die Daten von Stichproben aus verschiedenen Ländern und Kulturen verglichen, stießen wir auf Ähnlichkeiten, aber auch auf Unterschiede, die aufschlussreich sind. So ist existenzielle Indifferenz in Ländern mit hohem Wohlstandsniveau deutlich verbreiteter als in Ländern mit niedrigerem Wohlstand. Eine Übersicht zur Häufigkeit existenzieller Indifferenz in verschiedenen Ländern zeigt ◘ Tab. 8.2. Dargestellt werden die Ergebnisse für die Altersgruppe der 16- bis 25-Jährigen, um so eine gewisse Vergleichbarkeit zu gewährleisten. Existenzielle Indifferenz ist am häufigsten in Deutschland zu finden, gefolgt von Österreich, Dänemark und Frankreich. Diese Länder weisen außerdem hohe Wohlstandswerte im *Legatum Prosperity Index 2014* auf, der aus acht Subskalen errechnet wird: Wirtschaft, Unternehmertum, Staatsführung, Bildung, Gesundheit, Sicherheit, persönliche Freiheit und Sozialkapital. Viel seltener ist existenzielle Indifferenz hingegen in Ecuador, Brasilien und Bulgarien – Länder, die zudem deutlich geringere Wohlstandswerte aufweisen. Es scheint also eine inverse Beziehung zwischen existenzieller Indifferenz und Wohlstand zu bestehen.

Indifferenz ist leistbar

Die Interpretation der Ergebnisse ist schwierig und bisher nur spekulativ. Es wäre denkbar, dass hoher gesellschaftlicher Wohlstand einen Teil der Bürger dazu animiert, Engagement und Partizipation zu minimieren, da dies für sie mit nur wenigen oder keinen materiellen Einbußen einhergeht. Ein Wunsch nach aktivem und gestaltendem Mittun hingegen hat vielfache Barrieren zu überwinden: Industriell hoch entwickelte Gesellschaften sind durch Leistungsdruck, Konkurrenzdenken, Wettbewerb und Ökonomisierung gekennzeichnet. Das Anstreben höherer Ziele geht mit einem nicht zu unterschätzenden Risiko für Misserfolg einher (Anhut & Heitmeyer, 2007). Die geringe Selbstwirksamkeits- und Kompetenzerwartung, die wir bei existenziell Indifferenten festgestellt haben, kann deren passiv-resignative Haltung unter solchen Bedingungen erklären. Hinzu kommt, dass beruflicher wie auch sozialer Erfolg eine klare Selbstpositionierung verlangt. Zur Steigerung von Karriere- und Partnerschaftschancen müssen persönliche Stärken identifiziert, gefördert und optimiert werden. Aufseiten der existenziell

8.3 · Zusammenhänge und Erklärungsansätze

Tabelle 8.2 Existenzielle Indifferenz in Prozent – Wohlstandsindex (Altersgruppe: 16–25)

Länder	Existenzielle Indifferenz in Prozent	Wohlstandsindex* (-5 bis +5)
Deutschland	51	>2,5
Österreich	39	>2,5
Dänemark	35	>2,5
Frankreich	32	>2
Ecuador	11	<0
Bulgarien	9	<0,5
Brasilien	4	<0,5

Anmerkung: *) Legatum Prosperity Index für 2014

Indifferenten steht dem die Vermeidung von Selbsterkenntnis und Herausforderung entgegen.

Wenn diese gesellschaftspolitische Herleitung existenzieller Indifferenz zutrifft, dann sollten sich auch Belege für die Alternative finden: für diejenigen, die sich mit einem klaren Selbstverständnis und ohne Angst vor Misserfolg den gesellschaftlichen Herausforderungen stellen. Man findet sie – unter dem Schlagwort *Generation Y* (sprich „Why"). Jugendstudien und Generationenanalysen legen nahe, dass die sogenannte Generation Y durch die folgenden Charakteristiken gekennzeichnet ist: Sie haben einen relativ hohen Bildungsstand, sind technologieaffin, lassen sich dadurch aber nicht vereinnahmen. Sie sind sich ihrer Werte bewusst und richten ihr Leben dementsprechend aus. Dabei geht es weniger um Status und Karriere als um sinnvolles Handeln und einen balancierten Lebensentwurf (Bund, 2014). Unsere Gesellschaft bringt somit (mindestens) zwei Arten von Herangehensweisen an die Welt hervor: diejenigen, die die bestehenden anspruchsvollen Strukturen selbstbewusst und risikobereit nutzen können (wie die Generation Y), und diejenigen, die sich zurückziehen und ihren Anspruch auf Mitgestaltung und Teilnahme aufgeben (wie die existenziell Indifferenten).

Hinweise auf diese „Schere" geben verschiedene Jugendstudien: In der 16. „Shell Jugendstudie" (Albert et al., 2011) gaben 59 % der Jugendlichen an, zuversichtlich in ihre persönliche Zukunft zu schauen. Denen standen jedoch 35 % gegenüber, die ihre Zukunft „mal so – mal so", und 6 %, die sie düster sahen. Eine im Jahr 2014 veröffentliche Allensbach-Umfrage im Auftrag der Vodafone-Stiftung weist darauf hin, dass fast die Hälfte der Jugendlichen es schwierig findet, sich nach ihrer Schulzeit für einen Berufsweg zu entscheiden (Vodafone Stiftung, 2014). Die SINUS

Generation Y

Auseinanderdriften von Lebenswelten

Markt- und Sozialforschung GmbH stellt die folgenden langfristigen Veränderungstendenzen in unserer Gesellschaft fest (Sinus, 2015, S. 17):

- „**Modernisierung und Individualisierung**: Öffnung des sozialen Raumes durch höhere Bildungsqualifikationen, steigende Mobilität, Kommunikation und Vernetzung und dadurch erweiterte Entfaltungsspielräume und Wahlmöglichkeiten
- **Überforderung und Regression**: Wachsende Überforderung und Verunsicherung durch den technologischen, soziokulturellen und ökonomischen Wandel, durch die Vielfalt der Möglichkeiten (Multioptionsparalyse) und die Entstandardisierung von Lebensläufen mit der Folge von Orientierungslosigkeit und Sinnverlust, Suche nach Entlastung, Halt und Vergewisserung (Regrounding)
- **Entgrenzung und Segregation**: Durch Globalisierung und Digitalisierung getriebenes Auseinanderdriften der Lebens- und Wertewelten, sozialhierarchische Differenzierung und wachsende soziale Deklassierungsprozesse, Erosion der Mitte, Entstehen einer kosmopolitischen Elite (One-World-Bewusstsein)."

Die beachtenswerte Klarheit der Generation Y – Gewinner des Trends zu Modernisierung und Individualisierung – darf also nicht darüber hinwegtäuschen, dass daneben auch diejenigen zu finden sind, die sich äußerst schwer damit tun, eine Orientierung zu finden, und unter einem als zu stark empfundenen Leistungsdruck leiden (Überforderung und Regression). Zu diesen gehören die existenziell Indifferenten. Einen sehr persönlichen Einblick in diesen Typus gibt, selbstkritisch und aufschlussreich, der britische Autor Clive Martin (Martin, 2014): „Nicht mehr nur Teenager und Studenten scheinen vor dem echten Leben davonzulaufen, sondern jetzt auch Leute zwischen 20 und 40 – Leute, die es eigentlich besser wissen sollten, aber scheinbar keinen Alternativplan zu diesem Lebensentwurf haben. ... Das ist meine Generation – die Generation, die keine wirkliche Motivation zum Erwachsenwerden hat. Wir haben keine Kinder, die in uns Schuldgefühle aufkommen lassen, und keine Hypothek, die wir abbezahlen müssen. Unser Gesundheitswesen ist gut genug, um uns am Leben zu halten, und wir verdienen in unseren Jobs genügend Geld, um uns zu ernähren, eine Bleibe zu finden und die Körperhygiene nicht zu vernachlässigen. ... Meinen Eltern fiel das Erwachsenwerden leichter. Es war ja auch kaum vermeidbar: Die Gesellschaft hat dich groß gezogen, ob dir das nun gefiel oder nicht. ... Das war eine Zeit, in der selbst Leute aus der Arbeiterklasse und Leute, die keinen akademischen Abschluss vorzuweisen hatten, einen gut bezahlten Job finden konnten und sich so irgendwann ein Haus kauften, heirateten und Kinder bekamen. ... Wir sind die Generation, die nichts mehr mit sich anzufangen weiß, weil wir jetzt dazu gezwungen sind, die Realität den großen und allumfassenden Mythen vorzuziehen, die unsere Eltern auf den Weg der relativen Sicherheit und Anständigkeit gebracht haben. Wenn dir diese wegweisenden Mythen fehlen, woran kannst du dich dann noch orientieren, wenn du nach dem Hangover und der Ausnüchterung zurück zur Normalität kehren willst? ... Angeblich hassen wir das System, das uns so hat werden lassen. Dennoch versuchen wir mit allen Mitteln, ein Teil davon zu sein."

Als Extrembeispiel für Rückzug und Indifferenz kann das japanische Phänomen des *Hikikomori* gelten. Auch hier finden sich wiederum Hinweise darauf, dass existenzielle Indifferenz dann entsteht, wenn ein hoher Wohlstandslevel, der die Befriedigung der Grundbedürfnisse garantiert, mit hoher Konkurrenz und Leistungsdruck zusammentrifft. Unter Hikikomori (dt. Rückzug bzw. Zurückgezogene) versteht man junge Menschen, in der Mehrzahl männlich, die sich weigern, ihr Elternhaus oder gar ihr Zimmer zu verlassen und sich über Monate oder Jahre von Familie und Gesellschaft zurückziehen. Der Psychologe Tamaki Saito hat als Erster auf die steigenden Zahlen sich zurückziehender Jugendlicher aufmerksam gemacht und den Begriff Hikikomori geprägt. Er ist der Auffassung, dass der Rückzug durch zwei Dinge verursacht wird: den starken Druck, hervorragende Leistungen in Schule, Ausbildung und Berufsleben erbringen zu müssen, gepaart mit engen Familienbanden, die gewährleisten, dass ein „Kind" über Jahrzehnte von den Eltern ausgehalten wird, wenn es nicht von sich aus geht – manchmal bis ins vierte Lebensjahrzehnt (Jones, 2006).

Rückzug – Hikikomori

Eltern von Hikikomori geben an, im Umgang mit ihren Kindern vor allem auf Leistungsförderung geachtet zu haben; andere Aspekte traten dabei in den Hintergrund (Jones, 2006). Ist Leistung die einzige Quelle von Sinn und Identität, so ist die Angst nachvollziehbar, die Jugendliche erfasst, wenn sie der Möglichkeit von Misserfolg ins Auge blicken. Der Rückzug kann als Versuch verstanden werden, ein potenzielles Scheitern zu umgehen. „Besser im Zimmer bleiben, als sich in die Welt hinaus zu wagen und zu versagen" (Jones, 2006). Ihre Zeit verbringen Hikikomori vor allem mit Fernsehen, Computerspielen oder anderen ablenkenden Tätigkeiten, die keine mentalen Herausforderungen darstellen. Sie sind überzeugt, von der Gesellschaft nicht gebraucht zu werden, keinen Platz in ihr zu finden. Eine Sozialarbeiterin beschreibt, wie sie einen Zurückgezogenen, der den Großteil seiner Zeit mit dem Bau von Modellautos verbrachte, um ein Exemplar für Kinder in einer Kindertagesstätte bat. „Er wirkte so glücklich. Es war, als wäre er nie zuvor gefragt worden, etwas für jemand anderen zu tun. Den ganzen Tag saß er in seinem Zimmer, wo nichts von ihm erwartet wurde, und er tat nichts, das zeigte, dass er etwas wert war" (Jones, 2006). Die Jugendlichen erleben sich als Außenseiter, nicht zugehörig und bedeutungslos. Auch in Deutschland gibt es Fälle von „Einsiedlern im Kinderzimmer" (Kunze, 2006), Zahlen hierzu sind jedoch noch nicht bekannt.

Leistung oder Identitätsverlust

8.4 Auswege aus der Indifferenz?

Welche Möglichkeiten haben wir, der vom Sinus-Institut beobachteten Segregation entgegenzuwirken? Solange es sich nicht um extreme Phänomene wie totalen Rückzug (à la Hikikomori) handelt, erleben existenziell

Indifferente keinen Leidensdruck. Von außen gibt es somit kaum Ansatzpunkte oder Rechtfertigungen für ein Eingreifen. Dennoch erscheint es mir notwendig, über Möglichkeiten der Vorbeugung und Bewältigung existenzieller Indifferenz nachzudenken. Wir leben in einer Demokratie (= *Volks*-Herrschaft), die theoretisch von Mitrede und Mitwirkung ihrer Bürgerinnen und Bürger ausgeht. Zeigen die Hälfte der Jugendlichen und ein großer Teil der Erwachsenen kein Interesse an einer Mitgestaltung, dann ist das Modell Demokratie in Gefahr. Wenn gesellschaftliche Strukturen zur Ermächtigung eines Teils der Bevölkerung, aber zur Entfremdung des anderen führen, dann ist Kritik angebracht.

Entfremdung

Die Ergebnisse empirischer Untersuchungen zu existenzieller Indifferenz weisen klar in eine Richtung: Indifferenz geht einher mit subjektiver Hilflosigkeit und Kontrollverlust. Dabei ist nicht die Autonomie eingeschränkt: Uns allen ist bewusst, dass wir selbst über unser Leben entscheiden – müssen. Die Frage ist, ob wir es können! Die niedrige Ausprägung der Kompetenz bei existenziell Indifferenten zeigt, dass sie sich damit überfordert fühlen. Sie erleben sich als wirkungslos, nicht als Gestalter ihres eigenen Lebens. Hoffnung auf positive Veränderung gibt es nicht – und somit auch keine Motivation, in diese Richtung tätig zu werden. Existenziell Indifferente lehnen eine Auseinandersetzung mit sich selbst genauso ab wie Engagement für Dinge, die über sie hinausgehen.

In ihrer sozialphilosophischen Analyse kommt Rahel Jaeggi (2007, S. 4) zu einer sehr ähnlichen Beschreibung des Phänomens *Entfremdung*: „Entfremdung bedeutet Indifferenz und Entzweiung, Machtlosigkeit und Beziehungslosigkeit sich selbst und einer als gleichgültig und fremd erfahrenen Welt gegenüber. Entfremdung ist das Unvermögen, sich zu anderen Menschen, zu Dingen, zu gesellschaftlichen Institutionen und damit auch – so eine Grundintuition des Entfremdungsmotivs – zu sich selbst in Beziehung zu setzen. Eine entfremdete Welt präsentiert sich dem Individuum als sinn- und bedeutungslos, erstarrt oder verarmt, als eine Welt, die nicht die seine ist, in der es nicht zu Hause ist oder auf die es keinen Einfluss nehmen kann. Das entfremdete Subjekt wird sich selbst zum Fremden, es erfährt sich nicht mehr als aktiv wirksames Subjekt, sondern als passives Objekt, das Mächten ausgeliefert ist, die es nicht kennt und nicht beherrscht."

Nach Jaeggi liegt die Lösung darin, sich mit der Welt als Voraussetzung und Gegenstand des eigenen Handelns und mit der eigenen Lebensführung affektiv zu identifizieren. Bedingungen dafür seien Erfahrungsoffenheit und Lebendigkeit (Jaeggi, 2005, 2014). Allerdings fehlt existenziell Indifferenten gerade diese Erfahrungsoffenheit und Lebendigkeit. Offenheit für Erfahrungen ist schwer zu erlangen, wenn sie nicht bereits als Persönlichkeitsdisposition angelegt ist. Und Lebendigkeit erwächst aus einem Lebenswillen, der ohne Sinnerfahrung schwer zu erreichen ist. Hinzu kommt, dass die Lebensentwürfe, die als erstrebenswert vermittelt werden, häufig nicht als begehrenswert und somit identifikationswürdig wahrgenommen werden.

8.4 · Auswege aus der Indifferenz?

Konkretere Ansatzpunkte sind denkbar. So würde unnötiger *Leistungsdruck* entfallen, wenn gelungene Lebensläufe nicht von einem hohen Ausbildungsstand abhängig gemacht würden. Dazu bedürfte es einer neuen Wertschätzung der verschiedensten beruflichen Tätigkeiten, vor allem auch im Bereich der Ausbildungsberufe. Zudem geht es darum, *Möglichkeiten der gesellschaftlichen Mitgestaltung* zu eröffnen. Gelegenheiten für Partizipation jenseits der eigenen Angelegenheiten werden in unserer Gesellschaft immer seltener. Dies wird teilweise dadurch maskiert, dass ein großer Teil der Aufmerksamkeit auf die Gestaltung der persönlichen Lebenswelt gerichtet ist. Die verfügbare Auswahl von Handycovers, Fernsehsendern, Autoreifen, Studiengängen, Gesichtscremes, Sneakers, Müslimarken, Urlaubsorten, Webseiten ... beschäftigt unser Arbeitsgedächtnis so ausgiebig, dass darüber hinausgehende inhaltliche, gesellschaftliche und politische Entscheidungen als Überlastung wahrgenommen und gern abgegeben werden.

Selbstwirksamkeit und Kontrollerfahrungen entstehen u. a. durch verantwortungsvolles Handeln. Unsere Gesellschaft ist durch einen hohen Grad individueller Freiheit charakterisiert, was eine Entlastung von Rollenvorschreibungen und starren moralischen Normen bedeutet. Gleichzeitig wurde das Individuum aber auch von Verantwortlichkeiten „befreit", die nicht das Selbst, sondern andere betreffen (Schnell, 2013). Erfahrungen der Selbstwirksamkeit und Kontrolle sind jedoch besonders evident, wenn Verantwortung *für andere* übernommen wird: Bei Gelingen kommt es zu einem unmittelbaren Gefühl der eigenen Bedeutsamkeit. Diesen Effekt konnten Judith Rodin und Ellen Langer schon 1977 durch eine simple Intervention nachweisen. Sie stellten Bewohnern eines Altersheims eine Pflanze ins Zimmer. Eine Hälfte der Bewohner konnte „ihre" Pflanze unter den verfügbaren selbst auswählen; außerdem bekamen sie den Auftrag, für diese zu sorgen. Der anderen Hälfte der Bewohner wurde eine beliebige Pflanze übergeben; außerdem wurde ihnen mitgeteilt, dass das Personal sich um die Pflanze kümmern würde. Die erste Hälfte der Bewohner, die sowohl Kontrolle über die Auswahl der Pflanze als auch Verantwortung für ihr Wohlergehen hatte, war im Anschluss aktiver, positiver gestimmt und weniger depressiv. Will man Erfahrungen persönlicher Bedeutsamkeit stärken, so gilt es, das Verständnis von Verantwortung als Belastung abzulösen durch eines, das Verantwortung als Entwicklungs- und Gestaltungschance sieht. Und natürlich braucht es *Möglichkeiten*, Verantwortung zu übernehmen, unabhängig von sozialem Hintergrund und Bildungsstand. Wo sind Kinder von Migranten in gesellschaftliche Entscheidungs- und Willensbildungsprozesse eingebunden? Wann erleben Rentnerinnen und Rentner, dass sie gebraucht werden? Wo machen Azubis die Erfahrung, eine wichtige Rolle für unsere Gesellschaft zu spielen? Welche politischen Gestaltungsmöglichkeiten haben Arbeitslose?

Marginalien:
Leistungsdruck, Selbstdesign

Partizipation und Verantwortung

8.5 Erkenne dich selbst

- **Selbstexploration: Verantwortung**

Notieren Sie hier Ihre Assoziationen zu dem Begriff **Verantwortung**:

_____

_____

_____

_____

_____

Sind Ihre Assoziationen eher positiver oder negativer Art? Warum?

- **Selbstexploration: „öffentliches Selbst" und „wahres Selbst"**

Notieren Sie zuerst sechs Eigenschaften oder Begriffe, die Ihr **„öffentliches Selbst"** beschreiben:

_____

_____

_____

_____

_____

Bewerten Sie anhand einer Zahlenskala von 0 bis 10, wie leicht es Ihnen gefallen ist, diese Liste zu erstellen (0 = sehr leicht; 10 = äußerst schwierig).

0 – 1 – 2 – 3 – 4 – 5 – 6 – 7 – 8 – 9 – 10

Notieren Sie anschließend sechs Eigenschaften oder Begriffe, die Ihr **„wahres Selbst"** beschreiben:

_____

_____

_____

8.5 · Erkenne dich selbst

_____

_____

_____

Schätzen Sie nun wieder anhand einer Zahlenskala von 0 bis 10 ein, wie leicht Ihnen die Erstellung dieser Liste gefallen ist (0 = sehr leicht; 10 = äußerst schwierig).

0 – 1 – 2 – 3 – 4 – 5 – 6 – 7 – 8 – 9 – 10

Nach den Ergebnissen von Rebecca Schlegel (Schlegel et al., 2011) geht Sinnerfüllung mit einer leichten Zugänglichkeit der Merkmale des wahren Selbst einher. Zur Erhöhung der Sinnerfüllung bietet es sich daher an, Zeit in Selbsterkenntnis zu investieren.

- **Zum Gegen-Denken**

Nach unseren Daten gilt für existenziell Indifferente Maslows Beschreibung: „Es gibt nichts, wofür sie Opfer bringen, dem sie sich unterwerfen, wofür sie sterben würden" (Maslow, 1964, S. 42; Übers. v. Tatjana Schnell).

In einer Sammlung von Schriften des Theravada-Buddhismus finden sich die folgenden, Buddha zugeschriebenen Worte (Auszug aus dem Purabheda-Sutta des Sutra-Nipata; FWBO, undatiert): „Ein Friedvoller hat alles Verlangen hinter sich gelassen, noch bevor sein Körper zerfällt. Er fragt sich nicht, wie alles begann oder wie es enden wird und hängt auch nicht an dem, was dazwischen geschieht. Solch ein Mensch hat keine Erwartungen und Wünsche für die Zukunft. Er fühlt keinen Zorn, keine Angst und keinen Streß. Nichts stört sein Gewissen und seine Geistesruhe. Er ist ein Weiser, der besonnen spricht. Er hat kein Verlangen nach der Zukunft, kein Bedauern für die Gegenwart. Frei von der verworrenen Sinnenwelt leiten ihn keine Meinungen und Ansichten."

Ist Indifferenz nicht gar ein erstrebenswerter Zustand? Bringt sie nicht weniger Leid als Menschen, die „Opfer bringen, sich unterwerfen, für ihre Sache sterben"?

Sinn und Glück

9.1	Hedonisches und eudämonisches Wohlbefinden	– 102
9.1.1	Happy … – 102	
9.1.2	Mehr als angenehm – 106	
9.2	Sinn ohne Glück – 109	
9.3	Erkenne dich selbst – 111	

© Springer-Verlag Berlin Heidelberg 2016
T. Schnell *Psychologie des Lebenssinns*,
DOI 10.1007/978-3-662-48922-2_9

Sinn und Glück – das ist doch das Gleiche, oder? Davon gehen zumindest viele aus. Je mehr man sich beiden Begriffen jedoch nähert, desto klarer wird, dass es sich weder um Synonyme handelt, noch dass das eine aus dem anderen zwangsläufig erwächst. Unter *Glück* versteht man einen positiven emotionalen Zustand, der mehr oder minder intensiv sein kann. Glück ist also ein Gefühl. Bei Sinn handelt es sich nicht um ein Gefühl, sondern um eine Kognition, die auf impliziten oder expliziten Bewertungsprozessen beruht. Gefühle können dabei eine bestätigende oder unterstützende Funktion aufweisen. Doch die Unterschiede gehen weit über die konzeptionelle Ebene hinaus. Je nachdem, ob wir in unserem Leben eher Glück oder eher Sinn anstreben, liegen recht unterschiedliche Lebensentwürfe vor.

9.1 Hedonisches und eudämonisches Wohlbefinden

Wenn man sich in der Psychologie mit Glück beschäftigt, so geschieht dies häufig unter dem Begriff des subjektiven Wohlbefindens. Pioniere der Wohlbefindensforschung sind Ed Diener und Daniel Kahnemann. Für sie steht fest: Wohlbefinden beruht auf der Maximierung von Lust, bei gleichzeitiger Minimierung von Unlust und Leid. Aufgrund der Lustorientierung spricht man hier auch von *hedonischem Wohlbefinden* (Kahnemann, Diener & Schwarz, 1999). Gemessen wird es meist anhand des Grads des positiven Affekts (möglichst hoch), des negativen Affekts (möglichst niedrig), und des Ausmaßes der generellen Lebenszufriedenheit. Im folgenden Unterkapitel werden aktuelle Befunde zur Entstehung (und Verhinderung) hedonischen Wohlbefindens dargestellt. Im Anschluss daran wird das eudämonische Wohlbefinden vorgestellt; hierbei liegt der Fokus nicht mehr auf dem guten Gefühl, sondern auf dem guten – und sinnvollen – Leben.

9.1.1 Happy ...

Wer sucht, der findet nicht

Wer wollte nicht glücklich sein? Vor die Wahl gestellt, ob Lust oder Unlust, würden wir wohl alle die Lust wählen. Doch wir haben nicht immer die Wahl. Und wenn, dann findet diese Wahl nicht im freien Raum statt. In den Alltag eingebunden, hat sie Konsequenzen, eröffnet einen Weg, während sie andere verschließt. Es ist eine komplexe Sache mit dem Glück, und dazu auch noch paradox: Wer nach dem Glück sucht, der findet es nicht. Aktuelle Ergebnisse zeigen, dass Glückssuche das Glückserleben verhindern kann. So hat Iris Mauss mit ihren Kolleginnen und Kollegen (2011) herausgefunden, dass es besonders gefährlich ist, nach Glück zu streben, wenn es uns prinzipiell eher gut geht. Menschen, die stressfrei lebten und nach Glück suchten, waren unglücklicher und depressiver als diejenigen, die nicht so viel Wert auf Glück legten. Die Forscher haben diesen Befund auch experimentell replizieren können: Hohes Glücksstreben führte in einer freudigen Situation zu weniger Glücksgefühlen. Wer nicht darauf bedacht war, glücklich zu sein, erlebte viel mehr Freude in der freudigen Situation. Wie kann man das verstehen? Die Autoren erklären es so, dass wir von unseren eigenen Gefühlen enttäuscht sind, wenn wir a) Glück für sehr wichtig halten und uns b) in einer Situation befinden, die potenziell glücksfördernd ist. Also genau die Situation, die unsere „Glücksgesellschaft" beschreibt: Glück ist wichtig und machbar, wie uns Massenmedien und Ratgeber suggerieren. Und es geht den meisten von uns in materieller und sozialer Hinsicht so gut, dass das Glück ja jetzt eigentlich seinen großen Auftritt haben sollte! Aber irgendwie fühlt es sich nicht so toll an, wie wir es erwarten ...

Die Flüchtigkeit des Glücks wird auch durch den Anpassungseffekt belegt, der als *hedonische Tretmühle* bekannt ist. So pendelt sich unser Befinden nach positiven Ereignissen meist wieder auf dem vorhergehenden Level ein. Auf dieses Phänomen stießen Kollegen in einer Studie mit Lottogewinnern, die einige Zeit später ihren Alltag wieder genauso angenehm (oder unangenehm) wahrnahmen wie vor dem Lottogewinn. Auch Unfallopfer, die aufgrund des Unfalls gelähmt waren, erreichten nach einigen Monaten wieder ein ähnlich hohes Wohlbefinden wie vor dem Unfall (Brickman, Coates & Janoff-Bulman, 1978).

      „Hedonische Tretmühle"

Hinsichtlich negativer und traumatischer Ereignisse (z. B. ein Unfall mit anschließender Lähmung) birgt das Phänomen der hedonischen Tretmühle also eine hoffnungsvolle Botschaft: Anpassung findet auch nach sehr schmerzhaften Ereignissen statt. In Re-Analysen der Daten stellten Ed Diener und Kollegen (Diener, Lucas & Scollon, 2006) jedoch fest, dass bei Tod des Partners oder der Partnerin, bei Scheidung und Arbeitslosigkeit zwar Anpassungsprozesse stattfinden, das vorhergehende Ausmaß an Wohlbefinden aber nicht *gänzlich* wieder erreicht wird.

Leider ist der Effekt der hedonischen Anpassung viel verlässlicher, wenn es um den Rückgang des Glücks nach *positiven* Ereignissen geht. Nach einer Eheschließung, einer Zielerreichung, einer Gehaltserhöhung sind wir zwar kurzfristig etwas glücklicher, aber bald darauf wieder so glücklich wie zuvor. Es ist also nicht zweckdienlich, das eigene Glück vom Eintreten bestimmter Ereignisse abhängig zu machen. Dies gilt in besonderem Maße für die Verfügbarkeit finanzieller Mittel. In unserer Gesellschaft verfolgte man über lange Zeit ein Entwicklungsmodell, in dem die Zunahme der verfügbaren finanziellen Mittel als Maß persönlichen Erfolgs galt. Mehr Geld wurde mit mehr Wohlbefinden gleichgesetzt. Die ökonomische Glücksforschung hat diese generelle Annahme widerlegt. Das sogenannte Easterlin-Paradox weist nach, dass in Nationen, in denen das Bruttoinlandsprodukt ansteigt, das durchschnittlich geäußerte Glück gleich bleibt (Easterlin, 1974; Easterlin et al., 2010).

Geld macht nicht glücklich(er)

Auf individueller Ebene hingegen findet man einen positiven Zusammenhang zwischen Einkommen und Glückserleben – der allerdings nur bis zu einem bestimmten Einkommenslevel gilt (Kahneman & Deaton, 2010). Dieses liegt etwas über dem durchschnittlichen

Doch: Im unteren Einkommensbereich steigt Glück mit finanzieller Besserstellung

Jahreseinkommen. Das heißt, dass eine ausreichende Verfügbarkeit materieller Güter für ein hohes Glücksempfinden notwendig ist. Auch eine leichte Besserstellung als der Durchschnitt ist glücksfördernd. Darüber hinaus aber bedeutet zusätzlicher finanzieller Gewinn kein zusätzliches Glückserleben.

Hohes allgemeines Wohlbefinden

Kehren wir zurück zur hedonischen Tretmühle: Wer nun darüber jammert, dass sich das Glückslevel nach schönen Ereignissen und Entwicklungen ja doch immer wieder auf dem vorhergehenden Niveau einpendelt, der jammert wahrscheinlich auf hohem Niveau, wie Ed und Carol Diener belegten (1996): Die große Mehrheit der Menschen auf dieser Erde bezeichnet sich nämlich als eher glücklich und zufrieden. Nicht zuletzt ist noch eine weitere Relativierung äußerst bedeutsam: Es sind Durchschnittswerte, die auf eine hedonische Anpassung nach positiven Ereignissen hinweisen. Dahinter können aber ganz unterschiedliche Entwicklungen stehen. So berichteten immerhin ein Viertel der Verheirateten auch viele Jahre nach der Eheschließung noch über ein erhöhtes Glückslevel (Lucas et al., 2003). Es kommt offenbar darauf an, wie man mit Ereignissen umgeht – wobei einerseits soziale Vergleiche, andererseits Achtsamkeit und Dankbarkeit eine wichtige Rolle zu spielen scheinen.

In welcher Welt würden Sie lieber leben: In einer, in der Sie 50.000 EUR pro Jahr und die anderen halb so viel verdienen, oder in einer Welt, in der Sie 100.000 EUR pro Jahr und die anderen doppelt so viel erhalten?

Soziale Vergleiche

Unsere Zufriedenheit hängt in großem Ausmaß davon ab, wie wir uns im Vergleich mit anderen sehen. Im oben beschriebenen Szenario wählen die meisten Menschen die erste Option. Nicht die absolute Höhe des Einkommens ist relevant, sondern die relative Höhe, die darüber bestimmt, welche finanziellen Möglichkeiten ich im Vergleich zu anderen habe. Doch *soziale Vergleiche* können gefährlich sein. In westlichen Industrieländern herrscht eine starke Wettbewerbsorientierung. Während man früher mit Nachbarn, Freunden und direkten Kollegen konkurriert hat, haben sich mit der Verbreitung der sozialen Medien und online zugänglichen Leistungsquantifizierungen die Vergleichsmöglichkeiten exponentiell erhöht. Verglichen wird vor allem hinsichtlich materieller Güter und Statussymbole: Wer hat die besseren Noten, mehr *likes*, sieht schöner aus, hat das teurere Auto, mehr Publikationen, den exotischeren Urlaub? Wer so fragt, trainiert die eigene Aufmerksamkeit auf die Identifikation von Defiziten. Unzufriedenheit ist somit vorprogrammiert. Auch die hedonische Tretmühle wird dadurch angetrieben:

Mit viel Vorfreude hat Paul seine berufliche Beförderung erwartet. Jetzt ist sie da – aber die Information, dass ein Bekannter nach seiner Beförderung mehr als Paul verdient, reduziert seine Freude drastisch. Nach einigen Jahren steht auch bei Paul eine saftige Gehaltserhöhung an, auf die er sich freut. Die Wahrscheinlichkeit ist jedoch hoch, dass Paul schon sehr bald danach jemanden ausfindig machen kann, der wiederum mehr verdient als er …

9.1 · Hedonisches und eudämonisches Wohlbefinden

Es gibt eine naheliegende Alternative: Paul könnte seine Aufmerksamkeit auf diejenigen lenken, die in ähnlichen Positionen *weniger* als er verdienen. Im Gegensatz zu den oben beschriebenen *upward comparisons* würde es sich hier um einen *downward comparison* handeln, einen Vergleich mit Menschen, denen es schlechter geht. Dieser Vergleich geht im Allgemeinen mit einer Erhöhung des Wohlbefindens einher (Sirgy, 2012). Doch stellt sich hier die Frage, welches Menschen- und Weltbild einer solchen „Glücksstrategie" zugrunde liegt. Etwa: „Hauptsache, es gibt genügend Leute, denen es schlechter geht als mir!?" Es gibt auch anständigere Möglichkeiten.

Dafür ist es hilfreich, typische Wahrnehmungsverzerrungen zu kennen. So weisen Menschen eine höhere Sensibilität für negative als für positive Signal auf, was auch als *negativity bias* bezeichnet wird (Rozin & Royzman, 2001). Dieses Phänomen kann man aus evolutionspsychologischer Perspektive gut erklären. So war es über weite Strecken der Entwicklung unseres Nervensystems äußerst wichtig, Gefahrenreize wahrzunehmen. Die Umwelt war voller Gefährdungen, die von körperlichen Verletzungen über den Verzehr giftiger Pflanzen bis zu Angriffen wilder Tiere oder feindlich gesinnter Menschen reichten. Ein Übersehen bedeutete Krankheit oder Tod. Deutlich weniger schwerwiegend war es, einen Hinweis auf etwas Positives zu übersehen. Doch unsere Umwelt hat sich verändert. Solange wir uns an einige Regeln halten, gerät unser Leben selten in Gefahr. Unser Nervensystem hat sich an diese relative Sicherheit jedoch noch nicht gewöhnt; es ist weiterhin auf der Suche nach Hinweisreizen für Gefährdungen. Profitieren tun davon vor allem die Versicherungsagenturen.

Für unser Wohlbefinden ist diese Konzentration auf potenzielle Gefahren eher abträglich. Sie führt zu mehr Angst und Sorge, als womöglich angemessen wäre. Sie bewirkt auch, dass wir durch negative Ereignisse stärker beeindruckt werden als durch positive. Stellen Sie sich einen typischen Tag vor, der eigentlich angenehm und gut verläuft. Es reicht ein negatives Ereignis, um unsere Stimmung zu kippen. Trotz einer hohen Zahl von normalen, angenehmen oder gar schönen Ereignissen kann bereits ein unangenehmes Ereignis dazu führen, dass wir am Abend unzufrieden zu Bett gehen. Hier kommen Achtsamkeit und Dankbarkeit zum Tragen, deren Bedeutung inzwischen in vielen Studien belegt wurde.

Unter *Achtsamkeit* versteht man die absichtsvolle und nicht-bewertende Aufmerksamkeit auf gegenwärtige Ereignisse und Erlebnisse (Kabat-Zinn, 1990). Es geht also darum, die Aufmerksamkeit auf alles Geschehende zu lenken – nicht nur auf potenzielle Gefahrenreize. Durch die Nicht-Bewertung kommt es zu einem innerlichen Zurücktreten. Der Automatismus der Situationsbewertung wird unterbrochen, der allzu häufig in der Zuschreibung von Gefahr resultiert. Eine Folge geübter Achtsamkeit ist die Einsicht, dass unsere Gefühle und Gedanken veränderlich sind, dass wir nicht durch sie bestimmt werden. Studien zeigen, dass daraus eine verbesserte Selbststeuerung erwächst. Wir können Situationen realistischer einschätzen, haben eine größere

> „Upward comparison" und „downward comparison"

> „Negativity bias"

> Achtsamkeit

Dankbarkeit

Bewusstheit für unsere eigenen Bedürfnisse und Werte (Nakamura, 2012). Unser Wohlbefinden hängt unter solchen Bedingungen weniger von sozialen Vergleichen ab.

Eine weitere Möglichkeit, Wohlbefinden zu steigern und den *negativity bias* auszugleichen, besteht in der Einübung einer dankbaren Haltung. Der Begriff mag antiquiert klingen oder religiöse Konnotationen aufweisen; dennoch ist Dankbarkeit nicht an einen bestimmten weltanschaulichen Hintergrund gebunden. Vielmehr versteht man unter Dankbarkeit vor allem die Wertschätzung dessen, was man als wertvoll und wichtig erlebt (Sansone & Sansone, 2010). Eine Vielzahl von Studien konnte zeigen, dass Dankbarkeit mit Wohlbefinden zusammenhängt. Menschen, die eine hohe Wertschätzung für Bedingungen, Ereignisse, Menschen, Dinge etc. aufweisen, berichten ein hohes Wohlbefinden. Das klingt in gewisser Weise tautologisch. Weniger banal ist es, dass über die Einübung von Dankbarkeit das Wohlbefinden auch gesteigert werden kann. Dies haben ebenfalls mehrere Studien belegt (Emmons, 2008). In ▶ Abschn. 9.3 („Erkenne dich selbst") finden Sie die Instruktionen zu einer typischen Dankbarkeitsübung.

Genetisch verankerter „set-point"

Für manche Menschen sind Freude und Zufriedenheit ganz selbstverständlich, ihr *default value* ist gute Laune. Tatsächlich gibt es so etwas wie eine genetische Voreinstellung, die unser Wohlbefinden mitbestimmt. Auf der Basis von verhaltensgenetischer Forschung – vor allem Zwillingsstudien – und molekulargenetischen Studien ist man zu dem Schluss gekommen, dass sowohl der positive als auch der negative Affekt zu 40–50 % vererbt werden (Pavot & Diener, 2013). Der Einfluss der Lebensbedingungen wird mit ca. 10 % als relativ gering eingeschätzt, was einen recht großen Spielraum für willentliche Aktivitäten lässt – wie die Einübung von Achtsamkeit und Dankbarkeit. Wer nicht das Glück hat, mit einem hohen Glückslevel geboren zu sein, muss also eine gewisse Anstrengung aufbringen, wenn er oder sie glücklicher sein will. Aber bitte nicht mit dem Ziel, glücklicher zu werden! (s. oben: Glücksstreben kann Glücksempfinden verhindern). Vielmehr besteht die Kunst darin, Achtsamkeit um der Achtsamkeit willen auszuüben und authentisch dankbar zu sein. Wobei wir uns auch schon in Richtung eines anderen, nämlich des eudämonischen Wohlbefindens, bewegen.

9.1.2 Mehr als angenehm

> Wie bei den olympischen Spielen nicht die Edelsten und Stärksten den Siegeskranz erhalten, sondern diejenigen, die am Wettkampf teilnehmen (denn aus ihnen gehen die Sieger hervor), so erlangen auch die edlen und guten Dinge im Leben diejenigen, die richtig *handeln*. (Aristoteles, 2013, S. 60)

Gelingende Lebensführung

Hedonisches Wohlbefinden kann auf ganz unterschiedliche Weise angestrebt werden. Der Weg dorthin ist quasi irrelevant; was zählt, ist das Ergebnis: das gute Gefühl. Das Konzept des eudämonischen

9.1 · Hedonisches und eudämonisches Wohlbefinden

Wohlbefindens hingegen ist weit anspruchsvoller. Hier geht es primär um die *Lebensführung*. Der Begriff der Eudämonie kommt aus der griechischen Antike, wo er ein gelingendes, gutes Leben meinte. Aristoteles griff das Konzept in seiner Nikomachischen Ethik auf und beschrieb darin, was nötig ist, um Eudämonie zu erlangen (s. Schnell, 2013). So war es ihm wichtig zu verdeutlichen, dass es sich bei Eudämonie – auch wenn sie bisweilen als Glück verstanden wird – nicht um einen Zustand handelt; vielmehr beruht sie auf richtigem *Handeln* (s. auch obiges Zitat).

Was aber ist richtiges Handeln? Aristoteles kommt hier zu keiner allgemeingültigen Aussage, sondern macht das richtige Handeln von den Voraussetzungen des Individuums abhängig. Wichtig sei, dass jede und jeder sich aktiv dafür einsetze, die eigenen Begabungen und positiven Eigenschaften auszuüben, zu verwirklichen. Dabei sei weiterhin von Bedeutung, *welche* Ziele man sich *warum* setze. Ziele seien dann erstrebenswert, wenn sie nicht für Ungerechtigkeit sorgten; die Gerechtigkeit ist für Aristoteles die „vollständigste Tugend". Dementsprechend ist Eudämonie „nie nur mein höchstindividuelles Lebensglück. Ich kann es nicht auf Kosten meiner Mitmenschen erstreben und verwirklichen, und ich kann es nicht einmal isoliert für mich, ohne Bezug auf meine Mitmenschen erstreben und verwirklichen. […] Die Rechtfertigungsantwort auf die Gründe meines Wollens und Handelns muss dem Rechnung tragen; sie muss lauten: ‚Indem ich dies tue, finde ich das Gelingen meines Lebens, das ich mit dem Leben meiner Nächsten unauflöslich verbunden weiß'" (Jacobi, 1979, S. 320 f.).

Gerechtigkeit

Es gilt also, die Konsequenzen unseres Handelns mitzudenken – ebenso wie den Grund unseres Handelns, die Motivation: Nach Aristoteles sind Handlungen dann „gut", wenn sie um ihrer selbst willen erstrebenswert sind und deshalb ausgeführt werden. In der heutigen Psychologie spricht man demzufolge von *intrinsischer Motivation*. Das Gegenteil ist die *extrinsische Motivation*, also ein Verfolgen von Zielen, von deren Erreichen man sich wiederum etwas anderes erwartet. Auch dieses Kriterium der Eudämonie ist schwer zu objektivieren, da es sich auf persönliche Beweggründe bezieht. So kann ein Mensch seinen Wissensdurst aus intrinsischen Gründen ausleben, weil ihm das Wissen an sich als erstrebenswert gilt. Ein anderer mag nach Wissen streben, weil er sich davon Macht erwartet. In letzterem Fall würde Aristoteles nicht von eudämonischem Handeln ausgehen.

Ziele um ihrer selbst Willen verfolgen

Nicht zuletzt setzt das „richtige Handeln" voraus, dass man sich *freiwillig* für oder gegen eine Sache entscheidet. Aristoteles betrachtete den Menschen als Vernunftwesen, fähig zu Einsicht und Erkenntnis. Damit geht *Verantwortung* für das eigene Handeln einher. Auf dieser Grundlage – nicht jedoch durch erzwungene Handlungen oder einen gedankenlos übernommenen Lebensstil – ist Eudämonie möglich (Schnell, 2013).

Freiwillig und verantwortet

Was Aristoteles von anderen antiken Denkern unterscheidet, ist die Bedeutung, die er dem materiellen Auskommen zumisst. Damit ist kein Elitismus gemeint; vielmehr greift er – realistisch und wirklichkeitsnah –

Ausreichende Mittel

die Notwendigkeit der ausreichenden Mittel auf: „Denn unsere Natur ist, was das Betrachten betrifft, nicht autark, vielmehr muss auch der Körper gesund sein, und es muss Nahrung und sonstige Pflege zur Verfügung stehen" (Aristoteles, 2013, S. 334). Er stimmt darin mit den Befunden der modernen Glücksforschung überein, wie sie in ▶ Abschn. 9.1.1 dargestellt wurden. Für ein rundherum eudämonisches Leben ist ein ausreichendes Maß materieller Güter notwendig. Ein weiterer Zuwachs finanzieller Mittel ist jedoch auch für Aristoteles kein Garant einer Steigerung der Lebensqualität – unter Umständen gar das Gegenteil, wie er feinsinnig formuliert:

„Allerdings darf man, wenn es nicht möglich ist, ohne die äußeren Güter glückselig zu werden, dennoch nicht meinen, dass jemand, um glücklich zu sein, viele und große Dinge braucht. Denn die Autarkie liegt nicht am Übermaß, auch das Handeln nicht; man kann das Werthafte tun, auch ohne über Land und Meer zu herrschen. Auch mit bescheidenen Mitteln kann man nämlich in Ausübung der Tugend handeln. Das kann man deutlich sehen; Privatleute handeln, so denkt man, nicht weniger angemessen als Machthaber, sondern eher mehr. Es genügt, wenn man gerade so viel hat [wie nötig]" (Aristoteles, 2013, S. 334).

Genuss

Bei aller Rede über das gute und tugendhafte Handeln sieht Aristoteles doch auch die Bedeutung des Genusses. Lust und Freude sind für ihn aber eben kein Endzweck, sondern positive Nebenwirkungen der Eudämonie. Sie sind eng mit der Handlung verknüpft, die sie hervorbringt – und die gleichzeitig durch die Freude vervollständigt wird. Mit anderen Worten: Glückserleben wird nicht als losgelöst vom Charakter der auslösenden Handlung betrachtet. Es ist die natürliche Konsequenz eines freiwilligen, verantworteten, der Person entsprechenden Lebens bei angemessenen Lebensbedingungen.

Dass Aristoteles Theorie auf heutiges Erleben übertragbar ist, das zeigen mehrere Studien. Dabei versteht man Sinnerfüllung als Ausdruck und Indikator eines eudämonischen Wohlbefindens, während positive Stimmung und Lebenszufriedenheit als Indikatoren für hedonisches Wohlbefinden gelten. Michael Steger und Kollegen fragten ihre Studienteilnehmer, wie häufig sie bestimmte hedonische und eudämonische Verhaltensweisen pro Woche ausübten. Beispiele für hedonische Handlungen waren: Sex nur zum Vergnügen, Schmuck oder elektronische Geräte kaufen, sich betrinken, Drogen nehmen oder mehr essen als gewollt, weil es so gut schmeckt. Zu den eudämonischen Handlungen zählten: ehrenamtliche Tätigkeit, einem bedürftigen Menschen Geld geben, die eigenen Zukunftsziele niederschreiben, sich bei jemandem bedanken oder einem anderen Menschen etwas sehr Persönliches anvertrauen (Steger, Kashdan, & Oishi, 2008). Die Teilnehmer wurden außerdem zu ihrem hedonischen und eudämonischen Wohlbefinden, also ihrer Stimmung, Lebenszufriedenheit und ihrem Sinnerleben befragt. Die Ergebnisse bestätigten Aristoteles Annahmen: Hedonische Handlungen trugen weder zu einer guten Stimmung noch zur Lebenszufriedenheit bei (und auch nicht zur Sinnerfüllung). Eudämonische Handlungen hingegen gingen einerseits mit Sinnerfüllung einher, andererseits auch mit positiver Stimmung und Zufriedenheit!

Stephen Schueller und Martin Seligman (2010) befragten Menschen, ob sie in ihrem Leben eher nach Vergnügen, nach Aktivität oder nach Sinnerfüllung strebten. Auch hier fand sich das niedrigste hedonische Wohlbefinden bei denen, die nach Vergnügen strebten; sowohl das Streben nach Sinnerfüllung wie das nach Aktivität gingen mit deutlich mehr Glücksempfinden, positiver Stimmung und Lebenszufriedenheit einher. Auch Ethan McMahan und Maggie DeHart Renken (2011) fanden keinerlei Zusammenhänge zwischen einer am Vergnügen orientierten Lebenshaltung und positiver Stimmung, Lebenszufriedenheit oder Sinnerfüllung, während eine sinnorientierte, eudämonische Lebenshaltung mit höherem Sinnerleben, aber auch mit mehr Lebenszufriedenheit und positiver Stimmung einherging.

Hedonismus ≠ Glück

9.2 Sinn ohne Glück

Glücklich also, wem es gelingt, unter guten äußeren Bedingungen seine persönlichen Begabungen selbstbestimmt, verantwortungsvoll und in dem Wissen um die Verbundenheit mit den Mitmenschen auszuleben. Allerdings befinden wir uns immer wieder in Situationen, in denen uns die Bedingungen einschränken. Oder wir stehen vor der Wahl zwischen Optionen, von denen die eine momentan eher angenehm wäre, die andere zwar wahrscheinlich wichtig und richtig, aber anstrengend …

Vor allem kurzfristig erscheint das Sinnvolle häufig weniger angenehm. Es ist die schwierigere Wahl, stellt unter Umständen eine Herausforderung dar. Gerade dies ist es aber, was längerfristig positive Konsequenzen mit sich bringen kann: Wer sich fordert, der macht mehr Erfahrungen, erfährt sich als aktiver und selbstwirksamer als der, der dazu neigt, das momentan Angenehmere zu wählen.

Darüber hinaus gibt es jedoch auch Sinnerfahrungen, die jenseits jeglicher Glücksgefühle liegen. Sie zeigen, dass Sinn unabhängig von Lust und Unlust ist; dass es sich um ein Phänomen handelt, das prinzipiell auch in Leidsituationen möglich ist. Viktor Frankl hat hier sehr einprägsam von der „Trotzmacht des Geistes" (1987, S. 134) gesprochen. Er selbst hat die Erfahrung dieser Trotzmacht gemacht, als er unter unsäglichen Bedingungen im Konzentrationslager litt, sich aber gegen eine persönliche Kapitulation verwehrte. Obwohl die grausame Situation sein Handeln und seine Möglichkeiten extrem einschränkte, erlebte Frankl doch eine verbleibende geistige Freiheit. Auf sein Innerstes hatten die Nazi-Schergen keinen Zugriff. Hier gelang es Frankl, sich über die Degradierung und Entwürdigung zu erheben, „das Leid in Leistung zu verwandeln", wie er später sagte.

Trotzmacht des Geistes

Anhand der eigenen Einstellung ist es dem Menschen also möglich, sich über äußere Bedingungen hinwegzusetzen. Solange wir bei Bewusstsein sind, behalten wir die „Interpretationshoheit" über das, was geschieht. Und je nachdem, wie diese Bewertung aussieht, wird das daraus folgende Erleben und Handeln geprägt sein. So ist es Frankl gelungen, eine auf den ersten Blick aussichtslose Situation in eine Herausforderung mit Zukunftsperspektive zu verwandeln; eine Sicht, die ihm, wie er sagte, das Leben gerettet hat.

Ein anderes Beispiel für einen Sieg der „Trotzmacht des Geistes" ist in den Tagebüchern Etty Hillesums (1987) dokumentiert. Etty Hillesum war eine junge jüdische Frau, die während des Nationalsozialismus in Amsterdam lebte. In den Jahren 1941 und 1942 schrieb sie ihr Tagebuch, das erst Jahrzehnte später veröffentlicht wurde. Auf diesen Seiten gibt sie Einblick in ihre innere Erfahrungswelt. Während die äußere Welt durch antisemitische Gesetze geprägt ist, die die Juden isolieren und unterdrücken, ihnen berufliche Betätigung versagen und ihre Aufenthaltserlaubnis in der Öffentlichkeit beschränken, erfährt Etty Hillesum ihr Leben doch als reich, schön und sinnvoll.

> All das ist ein Teil des Lebens, und trotzdem ist das Leben schön und sinnvoll noch in seiner Sinnlosigkeit, wenn man nur allen Dingen einen Platz im Leben einräumt und das ganze Leben als Einheit in sich aufnimmt, so daß es dennoch zu einem geschlossenen Ganzen wird. (Etty Hillesum, 1987, S. 128)

Sie setzt sich radikal mit sich selbst auseinander, erforscht sich durch einen anhaltenden Dialog mit Gott – wie sie ihn in ihrem Herzen vorfindet. Sie liebt und leidet in großem Maßstab. Liebe ist für sie fundamental; sowohl die zu einzelnen Personen als auch die für die gesamte Menschheit, wobei sie auch diejenigen einschließt, die sie bedrängen und die sie letztendlich töten werden. Als ebenso fundamental versteht sie das Leid, das für sie Teil des Lebens ist.

Dabei verbleibt Etty Hillesum nicht in der Selbsterkundung. Aus ihrer inneren Erfahrung von Frieden und Sinn gewinnt sie die Kraft, für andere da zu sein, Generativität zu leben. Unter großen Anstrengungen setzt sie sich für diejenigen ein, die bereits stärkeren Einschränkungen unterworfen sind. Als immer mehr ihrer Familienmitglieder und Bekannten in ein Transitlager deportiert werden, schließt sie sich ihnen freiwillig an. Im Lager, unter schwierigen Bedingungen und bei angegriffener Gesundheit, arbeitet sie in einem Krankenhaus. Auch nutzt sie immer wieder eine Sondererlaubnis, um nach Amsterdam zurückzufahren, und bringt ihr Leben damit in Gefahr, dass sie Informationen austauscht und die Verbindung mit Untergrundgruppen aufrechterhält (s. Greif, 2004).

> Ich arbeite und lebe weiter mit derselben Überzeugtheit und finde das Leben sinnvoll, trotzdem sinnvoll, und wenn ich mir das kaum noch in Gesellschaft zu sagen getraue. (Etty Hillesum, 1987, S. 124)

Das Beispiel Etty Hillesums zeigt im Extrem: Sinnerfüllung ist auch unter schlimmsten Bedingungen möglich. Sinn erwächst aus kohärentem und überzeugtem Handeln, aus der Gewissheit der Richtigkeit des eigenen Weges, aus Erfahrungen der Zugehörigkeit und der Bedeutsamkeit des eigenen Tuns für andere. Ein solches Erleben ist fern von Lustmaximierung und Reduktion von Unlust, ist alles andere als angenehm. Dennoch vermag es offenbar eine tiefe „Be-friedigung" hervorzurufen, im Sinne eines Friedens mit sich selbst, und gar, wie im Fall dieser besonderen und mutigen Frau Etty Hillesum, im Sinne eines Friedens mit der Welt.

9.3 Erkenne dich selbst

- **Selbstexploration: Dankbarkeit**

Version I – allein   Nehmen Sie sich eine Woche lang jeden Abend ca. fünf Minuten Zeit, um in einem (digitalen oder analogen) Tagebuch drei Dinge zu notieren, für die Sie an diesem Tag dankbar sind oder die Sie als besonders wertvoll erlebt haben.

Version II – mit Lebensgefährten/Familie   Tauschen Sie sich eine Woche lang beim gemeinsamen Abendessen über den vergangenen Tag aus, indem alle Anwesenden berichten, wofür sie an diesem Tag dankbar sind oder was sie als besonders wertvoll erlebt haben.

(Es spricht natürlich nichts dagegen, die Übung über längere Zeit weiterzuführen. So erinnert uns unser zehnjähriger Sohn immer wieder einmal daran, über die „drei Sachen" zu sprechen, womit er offenbar gute Erfahrungen gemacht hat – wie wir auch.)

- **Selbstexploration: Glücksmythen**

Die amerikanische Forscherin Sonja Lyubomirsky (2014) warnt vor zwei Arten von Überzeugungen, die unser Glückserleben verhindern können. Die erste betrifft die Annahme, dass wir *erst* glücklich sein können, wenn ein bestimmtes Ereignis eintritt (z. B. Partnerschaft/Heirat, höheres Einkommen, Kind, Umzug). Die zweite ist die Überzeugung, dass bei Eintritt eines Ereignisses ganz bestimmt *kein* Glück mehr möglich sei (z. B. Trennung, Erkrankung, Verlust der Arbeitsstelle). Versuchen Sie herauszufinden, ob Sie – mehr oder weniger bewusst – an solchen „Glücksmythen" hängen:

Wenn ich erst einmal

_____

_____

_____

dann werde ich glücklich sein!

Ich kann nicht glücklich sein, wenn

_____

_____

_____

Sinn, Gesundheit und Krankheit

10.1	**Macht Sinn gesund? – 114**	
10.1.1	Lebenssinn als Motivator – 115	
10.1.2	Lebenssinn als Regler – 118	
10.2	**Vom Geist zum Körper – 121**	
10.2.1	Sinn und verschiedene Biomarker – 122	
10.2.2	Soziale Genomik: Sinn und Genexpression – 123	
10.2.3	Mehr Sinn, weniger Entzündungsprozesse – 124	
10.3	**„Ich will nicht mehr!" Sinnkrisen verhindern Gesundheit – 125**	
10.3.1	Vermittelnde Verzweiflung – 126	
10.3.2	Existenzielle Verzweifelung am Lebensende – 128	
10.4	**Exkurs: Posttraumatisches Wachstum – 130**	
10.5	**Erkenne dich selbst 132**	

© Springer-Verlag Berlin Heidelberg 2016
T. Schnell *Psychologie des Lebenssinns*,
DOI 10.1007/978-3-662-48922-2_10

Eine Vielzahl von Studien der letzten Jahre hat belegt, dass Lebenssinn ein wichtiger Faktor ist, wenn es um seelische – und auch körperliche – Gesundheit geht. Sinnerfüllung korreliert positiv mit subjektiver Lebensqualität und objektiver Lebensdauer; sie steht in negativer Beziehung mit verschiedensten körperlichen und psychischen Krankheitssymptomen. Doch Lebenssinn ist weder ein Garant für Gesundheit, noch handelt es sich um ein Allheilmittel! Um die Befunde richtig verstehen zu können, müssen wir verschiedene Perspektiven einnehmen. So wirkt Sinnerfüllung offenbar ganz anders – und über andere Pfade – als eine Sinnkrise.

10.1 Macht Sinn gesund?

Aktuelle Studienergebnisse legen nahe: Je mehr Sinnerfüllung ein Mensch erfährt, desto gesünder ist er – sowohl in seelischer wie auch in körperlicher Hinsicht. Die Effektgrößen bewegen sich dabei im mittleren Bereich, was bedeutet, dass man nicht von selbstverständlichen Zusammenhängen ausgehen kann. Vielmehr gibt es eine Tendenz für sinnerfüllte Menschen, auch gesünder zu sein.

Seelische Gesundheit

Was die seelische Gesundheit angeht, so hat sich gezeigt, dass sinnerfüllte Menschen hoffnungsvoller und optimistischer sind als Menschen, die wenig Sinn in ihrem Leben sehen. Sie erfahren sich als kompetenter, als selbstbestimmter und auch als sozial besser eingebunden. Ebenso sind ihre Selbstregulationsfähigkeiten stärker ausgeprägt. Es fällt ihnen leichter, sich selbst zu aktivieren, zu motivieren und zu beruhigen, ihre Aufmerksamkeit zu lenken und Misserfolge zu bewältigen (Damasio, Koller & Schnell, 2013; Hanfstingl, 2013; Kashdan & Breen, 2007). Außerdem geht Sinnerfüllung mit weniger psychischen Problemen einher. Sie korreliert negativ mit Neurotizismus, Depression, Ängstlichkeit und der Schwere Posttraumatischer Belastungsstörungen (Owens et al., 2009; Pinquart, 2002; Schnell, 2009).

Körperliche Gesundheit

Auch in Bezug auf körperliche Gesundheit gibt es recht spektakuläre Hinweise auf Zusammenhänge mit Lebenssinn. Eine große japanische Studie fand Bezüge zwischen hoher Sinnerfüllung und hoher (subjektiv eingeschätzter) körperlicher Gesundheit, weniger Schmerzen und weniger Beeinträchtigungen der körperlichen Funktionstüchtigkeit (Sone et al., 2008). Eine breit angelegte amerikanische Studie bestätigte den Zusammenhang zwischen Sinnerfüllung und selbsteingeschätzter Gesundheit und körperlicher Funktionstüchtigkeit (Krause, 2009). Auch in einer kleineren deutschen Studie mit älteren Teilnehmern fand man einen positiven Bezug zwischen Sinnerfüllung und körperlicher Funktionstüchtigkeit (Wiesmann & Hannich, 2011). Eine amerikanische prospektive Längsschnittstudie zeigte, dass das Risiko, eine Alzheimer-Erkrankung zu entwickeln, deutlich geringer war für Menschen mit hoher Sinnerfüllung (Boyle et al., 2010).

Mortalität

Mehrere Studien konnten zudem belegen, dass das Sterblichkeitsrisiko für Menschen mit hoher Sinnerfüllung deutlich geringer ist (Boyle et al., 2009; Hill & Turiano, 2014; Krause, 2009; Sone et al., 2008). Dies hat sich in allen Altersklassen gezeigt – also bei Jugendlichen ebenso wie im mittleren und späten Alter – und bei Kontrolle aller Bedingungen, die ansonsten das Sterblichkeitsrisiko beeinflussen. Ganz konkret fand eine aktuelle amerikanische Studie, dass hohe Sinnerfüllung das generelle Sterblichkeitsrisiko um 23 % senkt und das Risiko eines Herzinfarkts, Schlaganfalls oder der Notwendigkeit einer Bypass-Operation oder Stent-Implantation um 19 % verringert (Mount Sinai Medical Center, 2015). Auch die japanische Studie (Sone et al., 2008) hatte eine Abhängigkeit kardiovaskulärer Todesfälle und tödlicher Schlaganfälle von (niedriger) Sinnerfüllung festgestellt. Sie fanden jedoch keinen Zusammenhang zwischen Sinnerfüllung und tödlich verlaufenden Krebserkrankungen.

Wie kann man sich diese Effekte erklären? Warum sollten sinnerfüllte Menschen seelisch und körperlich gesünder sein? Kann man eigentlich sagen, dass Sinn zur Gesundheit beiträgt, oder ist es nicht vielmehr umgekehrt: Gesunde Menschen schätzen ihr Leben als sinnvoller ein!? Es gibt Belege dafür, dass Sinn auf zwei Arten einen positiven Einfluss auf unsere Gesundheit hat: Sinn motiviert, und Sinn moderiert.

10.1.1 Lebenssinn als Motivator

Aaron Antonovsky, der Vater der Salutogenese, hat die motivierende Kraft der Sinnerfüllung sehr anschaulich belegt und begründet. Er war einer der ersten, der – in den 1970er-Jahren – die Blickrichtung in den Sozialwissenschaften wechselte: Anstatt Störungen und ihre Entstehungsbedingungen zu untersuchen, erforschte Antonovsky Gründe für die Genese und Erhaltung von Gesundheit (1979, 1997). Dabei interessierte ihn besonders, wie es Menschen gelingt, auch bei Vorliegen schwerwiegender Stressoren ihre Gesundheit zu bewahren. Er kam zu dem Schluss, dass es eine besondere Sicht auf die Welt ist, die eine gesundheitsförderliche Bewältigung von Stress erlaubt. Unter dem Begriff des „Kohärenzsinns" beschrieb er diese Sicht auf die Welt als ein grundlegendes Vertrauen in die Verstehbarkeit, die Bewältigbarkeit und die Sinnhaftigkeit des eigenen Lebens.

Kohärenzsinn

Verstehbarkeit meint, dass die Ereignisse, die uns im Laufe unseres Lebens begegnen – ob aus unserer Innenwelt oder der Umwelt stammend – für uns nachvollziehbar und verständlich sind, und somit zu einem gewissen Maße vorhersehbar. Ein geringer Grad von Verstehbarkeit drückt sich darin aus, dass wir von den Geschehnissen überwältigt werden, sie uns als beliebig oder zufällig erscheinen. Natürlich wirkt sich die wahrgenommene Verstehbarkeit auch darauf aus, wie gewappnet wir uns fühlen, unser Leben bewältigen zu können.

Verstehbarkeit

Die Bewältigbarkeit, oder Machbarkeit, ist die zweite Komponente von Antonovskys Kohärenzsinn. Sie ist hoch ausgeprägt, wenn wir darauf vertrauen, genügend innere oder äußere Ressourcen zur Verfügung zu haben, um Anforderungen zu bewältigen. Bei niedriger Ausprägung fühlen wir uns vom Leben überfordert.

Bewältigbarkeit

Sinnhaftigkeit

Die dritte und nach Antonovksy wichtigste Komponente des Kohärenzsinns ist die Sinnhaftigkeit oder Bedeutsamkeit. Hier geht es um die Bewertung der Anforderungen, die uns begegnen, als lohnenswerte Herausforderungen. Der Begriff „lohnenswert" verweist auf die Bedeutsamkeit des eigenen Handelns: Es ist *nicht* egal, ob ich etwas tue oder nicht; mein Handeln lohnt sich, weil die Anforderungen, Probleme, Ziele die Anstrengung wert sind – weil sie mir sinnvoll erscheinen! Betont wird hier also die motivationale Funktion des Sinnerlebens. Sinn motiviert, sich auch mit Anstrengungen und Stressoren produktiv auseinanderzusetzen. Ohne Sinn werden diese vor allem als Last wahrgenommen, als Zumutungen, denen man sich nicht stellen mag.

Gesundheitsverhalten

Die drei Komponenten des Kohärenzsinns sind aufschlussreich, um menschliches Gesundheitsverhalten zu verstehen. Nur, wenn wir unser Leben als sinnvoll wahrnehmen, sind wir überhaupt bereit, in das Leben zu investieren – auch, wenn es anstrengend wird. Gesundheitsverhalten stellt eine dieser Anstrengungen dar. Dazu zählen ganz konkrete Verhaltensweisen wie regelmäßige Bewegung, ausgewogene Ernährung, ausreichender Schlaf, Zurückhaltung im Hinblick auf Genussmittel und potenziell gesundheitsschädigende Substanzen. Allgemein spricht man von der Bereitschaft zur Verantwortungsübernahme für die eigene Gesundheit (Wiesmann & Hannich, 2011).

Durch die Wahrnehmung des Lebens als sinnvoll entsteht also die Motivation, Verantwortung für die eigene Gesundheit zu übernehmen; man geht davon aus, dass sich die Anstrengung „lohnt" (Antonovsky). Die gesundheitsfördernde Funktion der Sinnerfüllung kann anhand des hierarchischen Sinnmodells gut nachgezeichnet werden (◘ Abb. 10.1). Ist Sinnerfüllung vorhanden, so motiviert diese dazu, in Gesundheit – eine der Lebensbedeutungen – zu investieren. Somit liegen bestimmte Ziele nahe, z. B. „Ausdauer erhöhen", „gesund ernähren", „körperliche Belastbarkeit aufrechterhalten" etc. Aus diesen Zielen ergeben sich entsprechende Handlungen (z. B. viel Obst und Gemüse essen, wenig Alkohol trinken, nicht rauchen), die wiederum die Bewertung und Interpretation wahrgenommener Reize steuern (z. B. die wahrgenommene Attraktivität gesunder und ungesunder Nahrungsmittel).

Herzpatienten

Es gibt mehrere empirische Belege für die Motivatorfunktion von Sinnerfüllung. Eine amerikanische Forschergruppe (Holahan, Holahan & Suzuki, 2008) untersuchte 130 ambulante Herzpatienten, die aufgrund von koronaren Arterienerkrankungen, Herzinfarkt, Angina pectoris, Arhythmien oder anderen koronaren Problemen in Behandlung waren. Die Forscher baten die Patienten um eine Einschätzung der eigenen Gesundheit sowie um Angaben zu ihrer körperlichen Aktivität und ihrem Lebenssinn. Es zeigte sich, dass die Patienten sich umso gesünder fühlten, je sinnvoller sie ihr Leben bewerteten. Der Zusammenhang wurde durch die körperliche Aktivität mediiert, was bedeutet: Die Sinnerfüllung motivierte die Patienten, sich regelmäßig zu bewegen – im Rahmen von Spaziergängen, Haus- und Gartenarbeit wie auch sportlich. Diese körperlichen Aktivitäten wiederum trugen zum Gesundheitsempfinden bei.

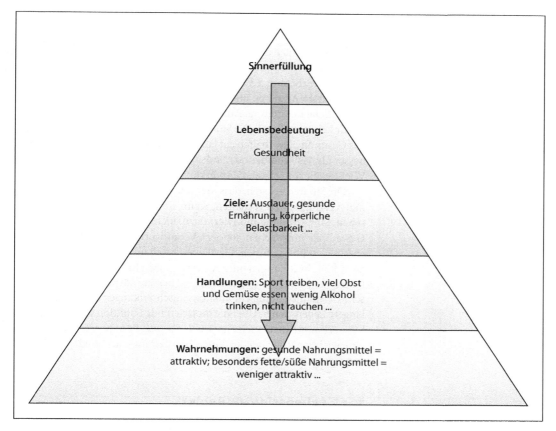

Abb. 10.1 Durch Sinnerfüllung motiviertes Gesundheitsverhalten im hierarchischen Sinnmodell

Eine andere US-amerikanische Studie (Homan & Boyatzis, 2010) wollte erkunden, was Menschen im Alter dazu bewegt, gesund zu leben. Sie befragten 160 ältere Amerikaner zu ihrem Sinnerleben und Gesundheitsverhalten. Die Sinnerfüllung stellte sich als robustester Prädiktor des Gesundheitsverhaltens heraus. Hohe Sinnerfüllung motivierte zu körperlicher Aktivität, hoher Gesundheitsverantwortung und konstruktivem Stressmanagement. Eine ähnliche Untersuchung führten deutsche Forscher mit 170 älteren Erwachsenen durch (das mittlere Alter lag bei 67 Jahren). Auch sie fragten sich, was ältere Menschen dazu bewegt, gesund zu leben. Zur Erfassung des gesunden Lebens wurde unter anderem erhoben, ob die Befragten auf ihre Körperhygiene achteten, regelmäßig zum Arzt gingen, sich gesund ernährten, sich ausreichend bewegten und entspannten, genügend schliefen und Verantwortung im Umgang mit Alkohol, Nikotin und Drogen, im Straßen- und im Sexualverkehr bewiesen. Das Ergebnis war deutlich: Die persönliche Sinnerfüllung erwies sich als stärkster Prädiktor des Gesundheitsverhaltens. Dabei übertraf sie verschiedenste Maße der körperlichen Befindlichkeit und des Selbstwerts (Wiesmann & Hannich, 2011).

Gesundheit im Alter

Gesundheit in der Jugend

Das Ergebnis wurde in einer rumänischen Längsschnittstudie (Brassai, Piko & Steger, 2015) auch für Jugendliche bestätigt. Die Forscher untersuchten das Gesundheitsverhalten von fast 500 Schülerinnen und Schülern in Rumänien zu zwei verschiedenen Zeitpunkten, wobei die zweite Erhebung 13 Monate nach der ersten stattfand. Die Befragten machten Angaben über ihre Ernährungsgewohnheiten und ihre körperliche Betätigung. Außerdem schätzten sie ein, als wie sinnvoll sie ihr Leben erfuhren. Die Sinnerfüllung zum ersten Zeitpunkt konnte das Gesundheitsverhalten ein Jahr später voraussagen – und zwar noch besser als das Wohlbefinden oder die der Gesundheit zugesprochene Wichtigkeit zum ersten Zeitpunkt.

Sinn motiviert zu gesundem Leben

Die Studien belegen, dass Menschen eher bereit sind, sich gesundheitsverträglich zu verhalten, wenn sie einen Sinn in ihrem Leben sehen. Sinnerfüllung motiviert dazu, nicht fahrlässig mit der eigenen Gesundheit umzugehen, sondern Verantwortung für das eigene Wohlergehen zu übernehmen. Das Leben erscheint wertvoll genug, dafür auch Einschränkungen oder Anstrengungen hinzunehmen! Die konkreten Folgen solchen Verhaltens sind bessere körperliche und psychische Gesundheit, weniger Funktionseinschränkungen im Alter und eine längere Lebensdauer. Über die motivierende Funktion von Lebenssinn hinaus konnte man auch eine *moderierende* Funktion feststellen, die eine wichtige Rolle bei der Aufrechterhaltung und Wiedererlangung von Gesundheit spielt.

10.1.2 Lebenssinn als Regler

Ein Moderator ist ein Regler, Lenker, Mäßiger. Ähnlich wie bei der Moderation von Diskussionen gibt es auch Regler und Lenker in der Statistik. Dabei handelt es sich um Merkmale, die einen regelnden Einfluss auf die Beziehung zweier anderer haben (◘ Abb. 10.2).

Sinn als Stress-Puffer

Verschiedene Untersuchungen zeigen, dass das Ausmaß der persönlichen Sinnerfüllung einen Einfluss darauf hat, welche Konsequenzen Stressoren mit sich bringen (Boyle et al., 2012; Krause, 2007; Park et al., 2008). Stressoren sind all jene Ereignisse, die zu psychischem oder körperlichem Leid führen können. Dazu zählen Alltagsstress ebenso wie traumatische Geschehnisse, z. B. eine Trennung, ein Unfall oder eine schwere Erkrankung. Solche Begebenheiten können zerstörerisch wirken, das Leben unterbrechen und mit großem Leid einhergehen. Ist eine Person aber durch das Vorhandensein eines Lebenssinns „gestärkt" – so könnte man formulieren – dann fällt das Leid in den meisten Fällen weniger gravierend aus. Es kommt nicht zu einem Verlust von Perspektiven und Zielen, wenn eine stabile existenzielle Orientierung vorhanden ist. Der Umgang mit dem Stressor ist konstruktiver, was auch mit besserer Bewältigung einhergeht. Sinn wirkt also wie ein „Stress-Puffer"! Einige konkrete Beispiele für den Puffer-Effekt von Lebenssinn seien hier genannt.

Alzheimer-Erkrankungen

Patricia Boyle und ihre Kollegen forschen im Rahmen einer amerikanischen Längsschnittstudie („The Rush Memory and Aging Project";

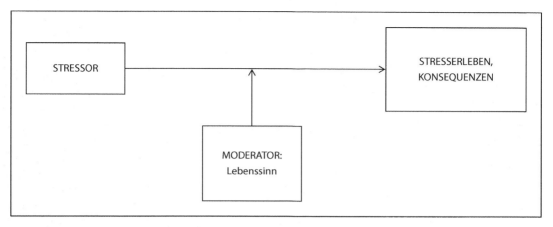

Abb. 10.2 Lebenssinn als Moderator (Regler, Lenker) der Beziehung zwischen Stressor und Stresserleben

Bennett et al., 2005), die den Gesundheitsverlauf der alternden Population untersucht, mit besonderem Focus auf Alzheimer-Erkrankungen. Über 1000 Personen nehmen jährlich an Interviews, psychologischen und klinischen Untersuchungen teil. Davon profitieren die Teilnehmer, die aktuelle Informationen über ihren Gesundheitszustand erhalten, ebenso wie die Forscher. Die große Mehrheit stimmt außerdem einer Autopsie nach Todeseintritt zu, was einen zusätzlichen Erkenntnisgewinn für die Forschung bedeutet.

Anhand der Daten von 246 Teilnehmern an diesem Projekt, die einer Autopsie unterzogen wurden, kamen Boyle und Kollegen zu dem Schluss: Die negativen Konsequenzen einer Alzheimer-Erkrankung fallen deutlich schwächer aus bzw. bleiben ganz aus, wenn Sinnerfüllung vorhanden ist (Boyle et al., 2012). Jene Personen, die einen hohen Lebenssinn berichten, weisen – trotz Alzheimer-Erkrankung – eine relativ hohe kognitive Funktionstüchtigkeit auf. Zudem sinkt ihre kognitive Leistungsfähigkeit viel langsamer als bei Menschen mit niedriger Sinnerfüllung. Die Autoren interpretieren die Befunde dahingehend, dass Lebenssinn zum Aufbau einer „neuronalen Reserve" beiträgt. Personen mit größeren neuronalen Reserven können trotz vorliegender Krankheitsindikatoren besser funktionieren. Aus noch nicht geklärten Gründen gelingt es ihnen, auch bei objektiv feststellbaren Hinweisen auf eine Alzheimer-Erkrankung (Amyloid-Plaque und Neurofibrillen) so zu leben, als seien sie nicht an Alzheimer erkrankt! Die Puffer-Funktion der Sinnerfüllung mag hier daraus erwachsen, dass Sinnerfüllung mit einer Ziel- und Handlungsorientierung einhergeht, die die Widerstandskräfte trainiert und somit die Stärke und Effizienz des Nervensystems steigert (Boyle et al., 2012).

Neuronale Reserve

Einen weiteren Beleg für die Wirkung von Sinnerfüllung als Stress-Puffer haben amerikanische Forscher in dem – vielleicht etwas überraschenden – Kontext von Knieoperationen vorgelegt (Smith & Zautra, 2000). Sie untersuchten ältere Patienten, die aufgrund von

Knieoperationen

Arthrose einen Kniegelenksersatz bekamen. Auch nach einer solchen Operation können noch Schmerzen und Funktionseinschränkungen auftreten. Sechs Monate nach der Operation berichteten vor allem solche Patienten von Schmerzen und Einschränkungen, die vor der Operation eine niedrige Sinnerfüllung aufwiesen. Patienten mit hoher präoperativer Sinnerfüllung ging es sechs Monate später in psychischer und körperlicher Hinsicht besser, wobei die bessere körperliche Gesundheit auf die Verwendung aktiver Bewältigungsstrategien zurückgeführt werden konnte.

Traumata

Neil Krause hat die Stress-Puffer-Funktion von Lebenssinn auch für schwerwiegende Traumata belegt (2007). Er befragte über 1000 US-Amerikaner, ob sie im Laufe ihres Lebens Traumata erlebt hätten. Dazu zählte Krause „außergewöhnlich schreckliche, stark verstörende Ereignisse" (S. 794) wie der Tod eines Lebensgefährten oder Kindes, Naturkatastrophen, tödliche oder fast tödliche Erkrankungen und Unfälle, Kampfhandlungen oder sexuellen Missbrauch. Außerdem erhob er die momentane Sinnerfüllung und das Ausmaß depressiver Symptome. Der Hypothese entsprechend berichteten traumatisierte Personen, deren Sinnerfüllung hoch ausgeprägt war, deutlich weniger depressive Symptome als Personen mit niedriger Sinnerfüllung. Krause interpretiert das Ergebnis dahingehend, dass Sinnerfüllung offenbar die destruktiven Folgen von erlebten Traumata kompensieren kann.

Krebserkrankungen

Inzwischen gibt es eine Vielzahl von Studien, die Zusammenhänge von Sinnerfüllung und seelischem Leid bei Krebspatienten untersuchten. Auch eine Krebserkrankung gilt als ein Trauma, da sie den Lebensverlauf auf verstörende, gefährdende Art unterbricht. Daher leiden Betroffene häufig – neben körperlichen Symptomen und Nebenwirkungen von Behandlungen – auch seelisch; sie erleben Depressionen, Ängstlichkeit und eine Vielzahl anderer negativer Gefühle und Stimmungen. Ein Forscherteam verglich 62 Studien, die Sinnerleben und seelisches Leid bei Krebspatienten zum Thema hatten, in einer Meta-Analyse (Winger, Adams & Mosher, 2015). Insgesamt bestätigten die Ergebnisse, dass das seelische Leid von Krebspatienten geringer ausgeprägt ist, wenn sie ihr Leben als sinnvoll wahrnehmen. Auch hier zeigt sich also ein Puffer-Effekt der Sinnerfüllung.

Grübeln

Die Daten legen einerseits nahe, dass Sinnerfüllung das negative Erleben direkt reduziert bzw. kompensiert. Zusätzlich gibt es Belege dafür, dass durch Sinnerfüllung ein belastendes Grübeln („Ruminieren") verringert wird. Beim Grübeln geht es meist um Fragen wie „Warum ich?", „Warum ist mir das zugestoßen?" Ein solches Suchen nach der Sinnhaftigkeit einer Erkrankung ist nicht produktiv und stellt oft eine zusätzliche Belastung dar (Park, 2010; Park et al., 2008). Besteht ein stabiler Lebenssinn, so fällt es Betroffenen offenbar leichter, mit dem Ereignis umzugehen, ohne ihm einen spezifischen Sinn zuzuschreiben. Wenn der persönliche Lebenssinn jedoch eng mit positiven Illusionen zusammenhängt, z. B. einem Glauben an eine gerechte Welt, dann suchen Menschen stärker nach dem spezifischen Sinn eines traumatischen Ereignisses – um so die infrage gestellte Annahme der gerechten Welt wieder ins Lot zu bringen.

Auch potenziell gefährlich im Hinblick auf schuldbesetztes Ruminieren ist eine Religiosität, die mit einer instrumental-wechselseitigen Gottesbeziehung einhergeht. Ein solcher – relativ weitverbreiteter – Glaube beruht auf dem Prinzip der Gegenseitigkeit; es gilt „do ut des" (lat. für „Ich gebe, damit du gibst") (Streib, 1997). Hier herrscht folgende Annahme: Wer alle religiösen Regeln und Gebote befolgt, wird dafür belohnt – z. B. durch ein glückliches, gesundes und wohlhabendes Leben. Bei Eintritt eines negativen Ereignisses sind derartig Gläubige somit motiviert, die Ursache in eigenen Verfehlungen zu suchen.

Das Thema der Sinnsuche und Sinnzuschreibung bei negativen Ereignissen ist jedoch sehr komplex; es bedarf großer Vorsicht in der Praxis. So belegen die Studien zwar, dass das *Suchen* nach der Sinnhaftigkeit einer Erkrankung, eines Unfalls etc. eher negative Auswirkungen hat. Gleichzeitig weiß man aber, dass das *Finden* eines solchen Sinns sehr heilsam sein kann. Wem es „gelingt", einen Sinn in der Krebserkrankung zu sehen, der kann tatsächlich besser damit umgehen; in vielen Fällen kommt es gar zu einer Erhöhung der Lebensqualität. Dieses Phänomen des *posttraumatischen Wachstums* wird in ▶ Abschn. 10.4 näher beschrieben. Es kann also nicht darum gehen, eine Sinnzuschreibung zu unterbinden. Vielmehr wirkt nur das *erfolglose* Suchen danach destruktiv. Der seit mehreren Jahrzehnten in der Psychoonkologie tätige Psychotherapeut Elmar Reuter gibt den Rat, bei aufkommenden Fragen nach dem Grund der eigenen Erkrankung geduldig zu sein: „Die Dinge sind nicht einfach. Es geht nicht sofort um Antworten, es geht um den Prozess, Kontrolle wieder zu gewinnen, allmählich wieder Sicherheit zu bekommen. Der Prozess des Fragens ist stets auch als Auseinandersetzung zu sehen, aus der ersten Hilflosigkeit zu mehr innerer Sicherheit zu kommen" (Reuter, 2010, S. 28).

Zusammenfassend lässt sich sagen, dass ein vorhandener Lebenssinn die negativen Folgen von Stressoren abfedert. Eine stabile existenzielle Verortung trägt dazu bei, dass das Leben nicht von einer eingetretenen Erkrankung, Verletzung oder Einschränkung dominiert wird. Zusätzlich zu einer zu Gesundheitsverhalten *motivierenden* Funktion hat Sinnerfüllung also auch eine *moderierende, mäßigende* Funktion: Sie reduziert oder verhindert negative Konsequenzen von Stressoren. Doch wie kann das funktionieren? Welches sind die Pfade, die zwischen dem abstrakten Konstrukt „Lebenssinn" und unserer psychischen und körperlichen Gesundheit vermitteln?

10.2 Vom Geist zum Körper

Verschiedene biologische Systeme sind für unsere Gesundheit verantwortlich. Dazu zählen das Immunsystem, das kardiovaskuläre System (Herz und Blutgefäße) und das neuroendokrine System (Hirnanhangdrüsen, Nebenschilddrüse, Nebennierenmark etc.). Von ihnen hängt es ab, ob und wie schnell wir erkranken, wie schnell wir wieder gesunden und wie funktionstüchtig unser Körper ist. Es gibt deutliche Hinweise darauf, dass ein sinnorientiertes Leben mit einem effektiven Funktionieren dieser Systeme in Zusammenhang steht. Die bislang wichtigsten Befunde werden hier vorgestellt.

10.2.1 Sinn und verschiedene Biomarker

Cortisol, Interleukin 6, Taille-Hüft-Verhältnis, HDL-Cholesterin

In einer Stichprobe älterer Frauen wurde festgestellt, dass sich – im Hinblick auf mehrere Biomarker – diejenigen mit höherer Sinnerfüllung deutlich von denen mit niedriger Sinnerfüllung unterschieden (Ryff, Singer & Dienberg Love, 2004). Sinnerfüllte Teilnehmerinnen produzierten weniger Cortisol, sowohl nach dem Aufstehen als auch über den Tag verteilt. (Hohe Cortisolwerte am Morgen und im Laufe des Tages gelten als Indikatoren für chronischen Stress.) Außerdem waren bei ihnen weniger entzündungsfördernde Zytokine (Interleukin 6) nachzuweisen, die auf chronische Entzündungsprozesse hindeuten. Ihr Risiko für kardiovaskuläre Erkrankungen war geringer, was sich einerseits in einem besseren Taille-Hüft-Verhältnis ausdrückte, andererseits in höheren HDL-Cholesterin-Werten. (Das High-Density-Lipoprotein gilt als „gutes" Cholesterin, da es einen Schutzfaktor vor Herz-Kreislauf-Erkrankungen darstellt.) Nicht zuletzt ließ sich bei den sinnerfüllten Teilnehmerinnen ein ruhigeres und somit effektiveres *Schlafmuster* nachweisen.

Langzeit-Blutzucker und sozioökonomischer Status

Mit einem ganz anderen Studiendesign wurde überprüft, wie sozioökonomischer Status und Gesundheit bei älteren Frauen zusammenhängen und ob der Sinnerfüllung dabei eine moderierende (regelnde) Rolle zukommt. Das amerikanische Forscherteam (Tsenkova et al., 2007) bezog sich in diesem Fall auf einen ganz bestimmten Gesundheitsindikator, das glykosylierte Hämoglobin (HbA_{1c}). Bei HbA_{1c} – umgangssprachlich auch als *Langzeit-Blutzucker* bezeichnet – handelt es sich um einen wichtigen Indikator für den Verlauf von Typ-1- und Typ-2-Diabetes. Seit Kurzem hat sich HbA_{1c} aber auch als aussagekräftig für Nicht-Diabetiker erwiesen. Ein geringer Anstieg in nicht-diabetischem HbA_{1c} ist nach epidemiologischen Studien mit einer vielfachen Erhöhung des Risikos einer kardiovaskulären Erkrankung und des allgemeinen Sterberisikos verbunden (Tsenkova et al., 2007). Wie erwartet, stand das Haushaltseinkommen in inverser Beziehung zu dem HbA_{1c}-Wert: Je weniger Geld vorhanden war, desto kritischer der Gesundheitswert. Allerdings konnte die Moderatorfunktion von Sinnerfüllung bestätigt werden. So erreichten Frauen mit niedrigem Haushaltseinkommen, aber hoher Sinnerfüllung ähnlich gute Werte wie die zahlungsfähigeren Frauen. Die Sinnerfüllung konnte die negativen Effekte eines geringen Einkommens offenbar kompensieren. Das Fehlen eines Lebenssinns hingegen führte gar zu einer Verstärkung der negativen Effekte eines geringen Einkommens.

Interleukin 6, C-reaktives Protein

Eine moderierende (regelnde) Funktion der Sinnerfüllung konnte auch für die Beziehung zwischen chronischen Erkrankungen im Alter und Entzündungsmarkern (Interleukin 6 und C-reaktives Protein) belegt werden (Friedman & Ryff, 2012). Viele ältere Menschen leiden unter multiplen chronischen Störungen wie Bluthochdruck, Arthritis, Asthma, Diabetes, Autoimmunerkrankungen etc. Diese ziehen weitere Entzündungsprozesse nach sich, was mit zusätzlichen Funktionseinschränkungen einhergeht. Bei vorhandener Sinnerfüllung kam es zu deutlich weniger Entzündungsprozessen, als von der Komorbidität her zu erwarten gewesen wäre. Das heißt, dass die Störungen durch Sinnerfüllung nicht verhindert werden – aber ihre negativen Auswirkungen gemäßigt werden.

10.2.2 Soziale Genomik: Sinn und Genexpression

Die Entzündungsneigung einer Person ist also offenbar (auch) eine Folge ihres Umgangs mit Stressoren. Das relativ neue Forschungsgebiet der *sozialen Genomik* beruht auf Erkenntnissen, die zeigen, dass unsere Gene keinen konstanten Aktivitätszustand aufweisen, sondern durch bestimmte Umweltbedingungen ein- oder ausgeschaltet werden. Wichtig auch hier: Nicht die Bedingungen an sich haben vorhersagbare genetische Konsequenzen, sondern deren *subjektive Wahrnehmung*. An dieser Stelle kommt unsere Sicht auf uns selbst und die Welt zum Tragen, die sich bei Menschen mit hoher und niedriger Sinnerfüllung auf viele Arten unterscheidet (zur Erinnerung s. das hierarchische Sinnmodell ▶ Abschn. 4.1).

Der Sozialgenomiker Steven Cole (2014) weist in seinen Studien nach, wie sich Stressempfinden in den Genen niederschlägt. Es gibt vielfache Belege dafür, dass subjektive Erfahrungen von sozialem Stress systemische Entzündungsprozesse „hochregeln", was zerstörerische Auswirkungen auf die Gesundheit hat. Das Ergebnis wird als „conserved transcriptional response to adversity" (CTRA), bezeichnet; im Deutschen könnte man von einer „festgeschriebenen Transkriptionsreaktion auf Widrigkeiten" sprechen. Es handelt sich um ein typisches Profil „eingeschalteter" Gene, das infolge von chronischem Stressempfinden aktiv wird.

> Subjektive Stresswahrnehmung steuert Genexpression

Konkret umfasst das CTRA-Profil eine vermehrte Expression von entzündungsfördernden Genen und eine verringerte Expression von Genen, die mit der angeborenen antiviralen Reaktion und der Synthese von Antikörpern zu tun haben. Mit anderen Worten: Entzündungen werden gefördert, die Immunantwort im Hinblick auf Viren und die Synthese von Antikörpern wird eingeschränkt.

> CTRA: Expression entzündungsfördernder Gene

Natürlich gibt es ein solches Genprofil nicht ohne Grund. Es bereitet den Körper darauf vor, mit Verwundungen und bakteriellen Infektionen umzugehen. Mithilfe von Entzündungsprozessen werden Krankheitserreger in Schach gehalten, geschädigtes Gewebe abgestoßen und Reparaturen durchgeführt. Für unsere Vorfahren war dies offenbar lebenswichtig; unter heutigen Bedingungen scheint das CTRA-Genprofil aber im Übermaß aktiviert zu werden. CTRA-Profile finden sich vermehrt bei niedrigem sozioökonomischem Status, bei trauernden Menschen, bei pflegenden Angehörigen, bei Personen, die unter einer Posttraumatischen Belastungsstörung leiden, und solchen, die eine Krebsdiagnose erhalten haben (Cole, 2014). All diese Situationen sind dadurch gekennzeichnet, dass sie als unkontrollierbare Stressoren erscheinen. Sie üben einen starken Einfluss auf das Leben aus, man kann sich ihnen kaum entziehen. Es kommt zu chronischem Stresserleben, das – vermittelt über CTRA-Genexpression – die Entstehung weiterer Störungen wie kardiovaskuläre Erkrankungen, Alzheimer, Typ-2-Diabetes und metastasierende Krebserkrankungen begünstigt. Gleichzeitig werden die Abwehrkräfte gegenüber viralen Infektionskrankheiten vermindert (Cole, 2014).

Hoher Sinn, geringere CTRA-Genexpression

Den Nachweis dafür, dass Sinnerfüllung CTRA-Genexpression unterbinden kann, hat Steven Cole zusammen mit der kalifornischen Forscherin Barbara Fredrickson erbracht (Fredrickson et al., 2013, 2015). Ausgehend von den Befunden, dass chronisches Stresserleben – vermittelt über die Genexpression – Gesundheit beeinträchtigt, ging das Forscherteam davon aus, dass unser Wohlbefinden *positive* Auswirkungen auf die Gesundheit haben sollte – ebenfalls vermittelt über die Genexpression. Dem Forschungsstand entsprechend machten sie dabei einen Unterschied zwischen eudämonischem und hedonischem Wohlbefinden (▶ Abschn. 9.1). Die Ergebnisse waren recht überraschend, da sie die Annahme der *Positiven Psychologie* nicht bestätigten, dass positive Gefühle gesundheitsfördernd seien. Das hedonische Wohlbefinden (Glück und Zufriedenheit) stand in keinem systematischen Zusammenhang mit CTRA. Eudämonisches Wohlbefinden (Sinnerfüllung, persönliches Wachstum, Generativität) hingegen ging mit reduzierter CTRA-Genexpression einher (Fredrickson et al., 2013). Auch bei der Analyse einzelner Subskalen erwies sich die Sinnerfüllung als relevanter Gegenspieler der CTRA-Genexpression, neben Selbstakzeptanz, Alltagsbewältigung, Autonomie und positiven Beziehungen (Fredrickson et al., 2015).

10.2.3 Mehr Sinn, weniger Entzündungsprozesse

Fasst man die verschiedenen Ergebnisse zusammen, so scheint Lebenssinn dazu beizutragen, die Auswirkungen von Belastungen auf biologische Systeme abzufedern, indem Entzündungsprozesse eingeschränkt werden (Ryff, 2014). Ein Teil der oben vorgestellten Studien bezieht sich direkt auf Entzündungsmarker wie *Interleukin 6, C-reaktives Protein* und die Aufwärtsregulierung *entzündungsfördernder Gene*. Betrachtet man die anderen biologischen Marker, die in Bezug zu Sinnerfüllung stehen, so lassen sich auch hier Assoziationen mit Entzündungsprozessen nachweisen: Tagesprofile der *Cortisolausschüttung* sind positiv mit Entzündungsprozessen korreliert (und beide gelten als Reaktionen auf psychosoziale Stressoren; DeSantis et al., 2012). Das *Taille-Hüft-Verhältnis* gilt als Indikator für Übergewicht und Fettleibigkeit, die mit subklinischen systemischen Entzündungsprozessen in Verbindung stehen

(Visser et al., 1999). *HDL-Cholesterin* – das Lipoprotein hoher Dichte – hat anti-inflammatorische Eigenschaften. Über die Aktivierung eines Transkriptionsregulators (ATF3) ist HDL-Cholesterin für die Herunterregulierung inflammatorischer Genexpression zuständig – es schützt somit vor andauernden Entzündungen (De Nardo et al., 2014). *Schlafstörungen* und daraus resultierender Schlafmangel gehen mit erhöhten Levels von entzündungsfördernden Zytokinen und C-reaktivem Protein einher (Simpson & Dinges, 2007). Nicht zuletzt steht auch der *Blutzuckerwert HbA_{1c}* in Beziehung mit subklinischen Entzündungen (Temelkova-Kurktschiev et al., 2002).

Werden Belastungen als unkontrollierbare Bedrohung oder Verlust wahrgenommen, so führt dies zu einer „Einschaltung" von Genen, die den Körper in einen Abwehrzustand versetzen und Entzündungsprozesse hervorrufen. Gleichzeitig kommt es zu einer vermehrten Ausschüttung des Stresshormons Cortisol und zu häufigeren Schlafstörungen – was zusätzliche Entzündungsprozesse anstößt. Geringe Motivation und/oder knappe interne Ressourcen können die Bereitschaft zu gesundheitsbewusster Ernährung und sportlicher Betätigung einschränken. Damit einhergehendes Übergewicht führt zu weiteren Entzündungsreaktionen, und mit Senkung des HDL-Cholesterins wird ein wichtiger entzündungshemmender Faktor ausgeschaltet.

> Belastungen als Bedrohung oder Verlust

Werden Belastungen hingegen als lohnende und bewältigbare Herausforderungen betrachtet – wozu Sinnerfüllung als Moderator und Motivator einen wichtigen Beitrag leistet – dann bleiben die gefährdenden Entzündungsprozesse eher aus. Ohne ihren bedrohlichen Charakter rufen Belastungen keine Abwehrreaktion des Körpers, wie CTRA-Genexpression oder Cortisolausschüttung, hervor. Nicht zuletzt verhindert Sinnerfüllung einen Perspektivenverlust. Anstatt alle Aufmerksamkeit auf die als bedrohlich erlebten Stressoren zu richten, wird die Belastung relativiert: „Ich bin nicht nur Krebspatientin, Arbeitsloser, Missbrauchsopfer oder Witwe!" Ein weites Netz von Lebensbedeutungen – von Selbstverwirklichung über Wir- und Wohlgefühl bis zur Selbsttranszendenz – kann Einschränkungen kompensieren. So wird die Erkenntnis möglich, dass es neben den herausfordernden Stressoren noch eine Menge lebenswertes Leben gibt.

> Belastungen als Herausforderung

10.3 „Ich will nicht mehr!" Sinnkrisen verhindern Gesundheit

Sinnerfüllung wirkt auf Gesundheit, indem sie motiviert und den Einfluss von Stressoren mäßigt. Die Effekte, die man dabei feststellt, sind meist moderat. Das heißt, dass es noch andere wichtige Einflüsse gibt, z. B. Selbstakzeptanz, Alltagsbewältigungskompetenzen und positive Beziehungen. Anders sieht es aus, wenn wir unsere Aufmerksamkeit auf die Sinnkrise richten. Hier finden wir drastische Effekte, die darauf hinweisen, dass bei einer Sinnkrise die Lebensenergie schwindet – und somit auch die Gesundheit auf der Strecke bleibt.

Wie oben bereits beschrieben, handelt es sich bei einer Sinnkrise um einen leidvollen Zustand. Während einer Sinnkrise sind Glücksgefühle, Freude, Neugierde und Zufriedenheit beinahe ausgeschlossen. Das Vertrauen in die eigenen Kräfte lässt nach; interne und externe Anforderungen können nicht mehr bewältigt werden. Mit dem Verlust der seelischen Gesundheit geht das Auftreten von Depression, Ängstlichkeit und Suizidalität einher (Damasio, Koller & Schnell, 2013; Gerstner, 2012; Schnell, 2009; Wood & Joseph, 2010). Eine Sinnkrise tritt häufig infolge eines Stressors auf – und verhindert so eine produktive Bewältigung. Es kommt ihr also eine Vermittlungs- bzw. Mediatorfunktion zu.

10.3.1 Vermittelnde Verzweiflung

Ein Mediator ist ein Vermittler – im Alltag ebenso wie in der Statistik. Vermittler erklären, warum zwei Merkmale, z. B. ein Stressor und Drogengebrauch, miteinander zusammenhängen. Das Prinzip illustriert ◘ Abb. 10.3: Der Mediator – hier eine Sinnkrise – ist eine Folge des Stressors und ruft wiederum das nächste Merkmal hervor, den Alkohol- und Drogengebrauch. Der Mediator Sinnkrise erklärt also, warum ein Zusammenhang zwischen Stressor und Alkohol- und Drogengebrauch besteht.

Stressor → Sinnkrise → Selbstschädigung

Die in ◘ Abb. 10.3 dargestellte Mediation illustriert das Ergebnis einer Untersuchung von Lisa Harlow, Michael Newcomb und Peter Bentler (1986). Sie wollten wissen, warum Jugendliche Alkohol und Drogen konsumieren. Ihre Annahme war, dass sowohl Alkohol wie auch Drogen zur Bewältigung von Stress eingesetzt werden – und zwar vor allem dann, wenn die Stressoren als unbeeinflussbar erlebt werden. Beispiele dafür sind Stressoren, denen Kinder oder Jugendliche ausgesetzt sind, wenn sich beispielsweise die Eltern trennen, die Familie in finanzielle Schwierigkeiten gerät, es zu Unfällen, schweren Erkrankungen oder Todesfällen in der Familie kommt oder ein Umzug mit Schulwechsel unumgänglich ist. In solchen Fällen, so postulierten Harlow und Kollegen, würden manche Jugendliche einen Kontrollverlust erleben, der in einer Sinnkrise resultiert. Diese wiederum könne zu erhöhtem Alkohol- und Drogengebrauch führen. Tatsächlich wurde hier also von zwei Mediatoren ausgegangen, Kontrollverlust und Sinnkrise. In einer Querschnittsuntersuchung mit fast 400 Schülerinnen und Schülern wurde die Hypothese klar bestätigt: Jugendliche berichteten umso häufigeren Alkohol- und Drogengebrauch, je mehr unbeeinflussbare Stressoren sie erlebt hatten, die zu Kontrollverlust und dann zu einer Sinnkrise geführt hatten. Auch in einer Längsschnittuntersuchung der Autoren konnte die Sinnkrise zur Erklärung von Alkohol- und Drogenkonsum vier Jahre später beitragen.

Die Studie belegt, dass es nicht der Stressor an sich ist, der zu selbstschädigendem Verhalten oder anderen Formen seelischen Leids führt. Problematisch wird es dann, wenn der Stressor nicht als lohnende Herausforderung verstanden und bewältigt werden kann, sondern als

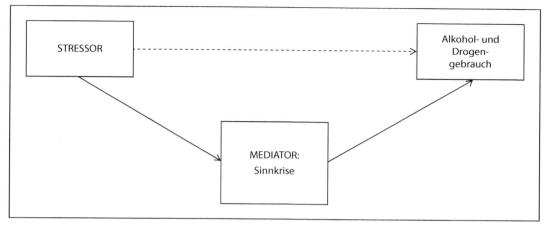

● Abb. 10.3 Sinnkrise als Mediator der Beziehung zwischen Stressor und Alkohol- und Drogengebrauch

überfordernde Bedrohung oder bereits eingetretener Verlust wahrgenommen wird (vgl. die wegweisende Stresstheorie von Lazarus und Folkman, 1984). Die beiden zuletzt genannten Interpretationen führen zu einem Gefühl des Kontrollverlusts: Wenn Menschen glauben, dass ihre Kompetenzen und Ressourcen nicht ausreichen, um eine Bedrohung erfolgreich abzuwenden, erleben sie sich als hilflos. Wenn sie den Stressor als unwiderruflichen Verlust verstehen, erleben sie ihre Handlungsmöglichkeiten als sehr eingeschränkt. Beides kann ein bisher gültiges Sinngefüge infrage stellen und eine kritische Situation der Sinnlosigkeit verursachen, die wiederum zu Leid und, unter Umständen, selbstschädigendem Verhalten führt.

Einen ähnlichen Prozess, in dem die Sinnkrise als Mediator wirkt, haben die amerikanischen Forscherinnen Heather Jim und Barbara Andersen (2007) im Hinblick auf Krebspatienten festgestellt. Sie interessierten sich im Besonderen dafür, wie Patientinnen und Patienten mit körperlichen und sozialen Einschränkungen umgingen, die typisch für Krebserkrankungen sind. Zu den *körperlichen Einschränkungen* zählen Krankheitssymptome und Nebenwirkungen von Behandlungen wie Übelkeit, Schmerzen, Erschöpfung, kognitive Beeinträchtigungen und sexuelle Funktionsstörungen. Auch die Unterbrechung täglicher Aktivitäten aufgrund solcher Beschwerden gehört zu den körperlichen Einschränkungen.

Sinnkrisen bei Krebserkrankung

Wer häufig müde ist, unter Schmerzen oder Übelkeit leidet, fällt leicht heraus aus dem sozialen Gefüge. Das Netzwerk sozialer Beziehungen schrumpft zusammen und die Zahl zwischenmenschlicher Kontakte nimmt ab. Unter Umständen fallen ganze Rollenidentitäten fort, wenn beispielsweise die Berufsausübung nicht mehr möglich ist oder wenn die körperlichen Beschwerden eine ehrenamtliche Tätigkeit oder bestimmte Hobbys ausschließen. All dies fällt unter die *sozialen Einschränkungen*.

Eine Krebserkrankung ist also ein traumatisches, verstörendes und auf vielen Ebenen einschränkendes Ereignis. Es ist daher nicht überraschend, dass Krebspatienten häufig Depressionen, Ängste und negative Stimmungen wie Ärger, Wut, Nervosität und Anspannung entwickeln. Dennoch ist solch seelisches Leid nicht zwangsläufig mit einer Krebserkrankung verknüpft. Manchen Patienten geht es viel besser als anderen. Jim und Andersen wollten wissen, wovon dies abhängt. Sie gingen davon aus, dass die Ursache des Leids in den körperlichen und sozialen Einschränkungen zu finden sein könnte. Gleichzeitig nahmen sie aber – im Sinne der bisherigen Erkenntnisse – an, dass nicht die Einschränkungen an sich das Leid verursachen. Vielmehr geht es darum, wie die Einschränkungen in das eigene Leben eingebaut werden. Nimmt man sie als bewältigbare Herausforderung wahr – oder als Bedrohung oder Verlust? Ist Letzteres der Fall, so postulierten die Forscherinnen, dann kommt das persönliche Sinnsystem ins Wanken. Es entsteht eine Sinnkrise, die wiederum zu seelischem Leid führt.

Sinnkrisen schaffen vermehrten Leidensdruck bei Krebserkrankungen

Die Daten bestätigten diese Annahme, sowohl im Querschnitt wie auch im Längsschnitt. Bei vielen Betroffenen führten körperliche und soziale Einschränkungen zu einer Sinnkrise, die wiederum für das seelische Leid zuständig war. Daraus lässt sich schließen, dass eine Zerrüttung des persönlichen Lebenssinns eine Menge zusätzliches Leid hervorruft, jenseits von den unabdingbaren Folgen von Erkrankungen und anderen Stressoren. Wer in Gesundheitsberufen arbeitet, tut daher gut daran, eine Sensibilität für diese Dimension menschlichen Erlebens zu entwickeln, die jenseits des biopsychosozialen Modells liegt. Auch bei angemessener Medikation, vorhandenem Selbstbewusstsein und engem sozialem Netz kann ein Sinnverlust Heilung verhindern und Leid schaffen.

10.3.2 Existenzielle Verzweiflung am Lebensende

Verzweiflung am Lebensende

Besonders eklatant hat sich dieses Problem im Kontext unheilbarer Erkrankungen gezeigt. In seiner Arbeit mit todkranken Menschen, vor allem Krebs- und HIV-Patienten, ist der amerikanische Psychiater William Breitbart auf ein Phänomen gestoßen, das er als „despair at the end of life" bezeichnet. Es handelt sich um ein Syndrom von Hoffnungslosigkeit, Verlangen nach beschleunigtem Sterben und Suizidgedanken (Breitbart et al., 2000, 2015). Solche „Verzweiflung am Lebensende" tritt immer wieder bei Patienten auf, die mit der Tatsache konfrontiert werden, dass ihre Krankheit nicht heilbar ist – und das Lebensende absehbar. Während die einen die Nachricht gefasst aufnehmen, ihre Hinterlassenschaften regeln und sich auf ein Sterben in Frieden vorbereiten, zeigen die anderen Anzeichen von Verzweiflung, drücken ihren Wunsch aus, bald zu sterben, und bitten unter Umständen um Sterbehilfe. Breitbart beschreibt seine Erfahrungen:

10.3 · "Ich will nicht mehr!" Sinnkrisen verhindern Gesundheit

> Ungefähr 20 % bis 25 % der Patienten, zu denen ich gerufen wurde, waren Menschen in großer Verzweiflung, die sterben wollten – die sich eine Beschleunigung ihres Sterbens wünschten. Nicht alle von ihnen baten ihre Ärzte konkret um assistierte Sterbehilfe oder Euthanasie, aber sie wollten doch schnell sterben. Sie konnten das Leiden nicht ertragen, und sie sahen keinen Sinn oder Wert im Leben. (Breitbart & Heller, 2003, S. 979 f.; Übers. v. Tatjana Schnell)

Breitbart ging zuerst davon aus, dass es sich hier um depressive Symptome handelte. Er richtete seine Aufmerksamkeit darauf, Depression in der Lebensendphase korrekt zu diagnostizieren und zu behandeln. Dabei, so merkt er an, stieß er auf einige verbreitete Missverständnisse. Eines sei die Annahme, dass es für Menschen, die nur noch vier bis acht Wochen zu leben haben, „normal" sei, depressiv zu sein. Tatsächlich fanden er und seine Kolleginnen in einer Stichprobe von Personen, die im Durchschnitt noch einen Monat zu leben hatten, eine Depressionsrate von nur 17 %. Ein zweites Missverständnis geht davon aus, dass Depression in den letzten Lebenswochen nicht mehr effektiv behandelt werden kann. Dem widerspricht Breitbart und klärt auf, dass verschiedenste Medikamente zur Verfügung stehen, die Stimmung und Lebensenergie der Patienten heben können. Solche Maßnahmen seien genauso wichtig wie die Linderung körperlicher Symptome, betont Breitbart, da seelisches Leid von den Betroffenen als mindestens ebenso schmerzhaft empfunden wird.

Allerdings ließ sich das Syndrom der Verzweiflung am Lebensende nicht auf Depressionen zurückführen. Es handelt sich offenbar um ein Phänomen, das zusätzlich zu einer Depression oder auch unabhängig von dieser auftreten kann – und das die letzte Lebensphase immens erschwert. Nach weiteren Untersuchungen konnten Breitbart und sein Team als Ursache der Verzweiflung am Lebensende eine kritische *Sinnleere* ausmachen: Den Betroffenen erschien ihr gesamtes Leben als sinnlos. Folglich sahen sie auch keinen Sinn darin, die wenigen verbleibenden Wochen oder Monate bewusst zu leben oder zu gestalten.

Ursache: Sinnleere

Es ist ein potenziell düsteres Szenario, das sich hier aufspannt. Wer am Ende des Lebens auf die eigene Lebensgeschichte zurückblickt und sie als ungenügend oder inakzeptabel wahrnimmt, hat keine Zeit mehr für Korrekturen. Und doch birgt das „letzte Kapitel" noch viele Möglichkeiten, so Breitbart. Ob bewegungseingeschränkt oder in Schmerzen – solange er bei Bewusstsein ist, kann der Mensch geistig wachsen. Daher setzt sich Breitbart für eine Palliativmedizin und -pflege ein, die über die bisherigen Ziele der Unterstützung und Begleitung hinausgeht. Er möchte einen höheren Anspruch darin verwirklicht sehen, dass Sterbenden dabei geholfen wird, ihr Leben – und somit auch ihren Tod – zu akzeptieren.

Von Lebensakzeptanz zu Todesakzeptanz

> Viele meinen, dass ein solches Pflegeziel nicht von allen erreicht werden kann; dass es vielleicht sogar für die Mehrheit ein unangemessenes Ziel sei. Ich würde jedoch behaupten, dass die Aufgabe, das eigene Leben zu vollenden, sowohl erreichbar wie auch wesentlich für diese Lebensphase ist. Die Anerkennung des Todes, die Auseinandersetzung mit der Endlichkeit des Lebens stellt einen wichtigen Anstoß zur Veränderung dar.
> … Sie hilft uns zu erkennen, dass das letzte Kapitel im Leben auch die letzte Möglichkeit ist, das eigene Potential voll auszuschöpfen, ein glaubwürdiges Vermächtnis zu hinterlassen, sich mit dem Jenseitigen in Verbindung zu setzen und das Leben – wie wir es kennen – zu überschreiten. … Das Paradox der Lebensend-Dynamik ist, dass mit der Akzeptanz des Lebens, das man gelebt hat, auch die Akzeptanz des Todes einhergeht. (Breitbart, 2015; Übers. v. Tatjana Schnell)

Die Sinnkrise ist hier die Reaktion auf die Ankündigung des baldigen Todes. Sie geht einher mit einer „Ent-wertung" des eigenen Lebens, das als sinnlos wahrgenommen wird und so schnell wie möglich „überwunden" sein will. Hoffnungslosigkeit, Suizidgedanken und der Wunsch nach beschleunigtem Sterben stehen im Vordergrund. Eine bewusste Auseinandersetzung, sowohl mit dem eigenen Leben wie auch mit dem Tod, wird dadurch verhindert. Der Psychiater Breitbart zog daraus die Konsequenz, ein Interventionsverfahren zu entwickeln, das die Sinnfindung bei Todkranken stützen soll. Dieses Verfahren wird, neben anderen, im nächsten Kapitel vorgestellt.

10.4 Exkurs: Posttraumatisches Wachstum

Reifung nach Leid

Das Leben mutet uns viel zu. Tod, Unfälle, Krankheit und Gewalt … Traumatische Ereignisse können uns seelisch verletzen, unser existenzielles Fundament zerstören, zu Sinnkrisen führen und so den Lebenswillen nehmen. Und doch gibt es auch ganz andere Entwicklungen, die auf Lebenskrisen folgen. Vielen Menschen gelingt es, belastende Lebensereignisse zu bewältigen – und dadurch psychisch zu wachsen. „Der Begriff posttraumatisches Wachstum betont, dass Betroffene sich nicht nur vom Trauma erholen, sondern es als Gelegenheit für weitere persönliche Entwicklung nutzen" (Zöllner, Calhoun & Tedeschi, 2006, S. 37). Die Pioniere der Forschung zu posttraumatischem Wachstum, Richard Tedeschi und Lawrence Calhoun, veranschaulichen das Phänomen anhand einer Erdbebenmetapher: Traumata erschüttern fundamentale Annahmen über uns selbst und die Welt. Wenn es gelingt, die eigene psychologische Realität an die neue Situation anzupassen, kann posttraumatisches Wachstum geschehen. Dabei wird eine neue Sicht auf die Welt „aufgebaut", die reifer, robuster und realitätskonformer als die vorhergehende ist und somit neue Kraft verleiht (Tedeschi & Calhoun, 2004).

10.4 · Exkurs: Posttraumatisches Wachstum

> Ich habe so viele positive Erfahrungen sammeln dürfen: Mit mir. Meinem Denken. Meiner Kraft im Inneren, mit Krisen fertig zu werden. Ich habe auch mit meinen Mitmenschen, mit meiner Familie viele positive Erfahrungen gesammelt. Das merkt man erst, wenn man in Not ist. Wie viele Leute sind da für mich. Ich merke, dass ich viel gereifter an Studium und Ausbildung herangehe. Vielleicht habe ich die Krankheit gebraucht. Ich gehe so weit zu sagen, dass ich der Krankheit dankbar bin. Vielleicht muss es nicht gerade diese Krankheit sein, aber der Prozess, das krisenhafte Erleben und was dann alles mit mir und um mich herum passiert ist, hat mich reifer gemacht, im tieferen Sinn menschlicher. (Thomas K., in Reuter, 2010, S. 16)

Posttraumatisches Wachstum kann sich in verschiedenen Lebensbereichen manifestieren. Die Forschung hat fünf Bereiche identifiziert, die häufig genannt werden – aber nicht immer gleichzeitig auftreten müssen (Zöllner, Calhoun & Tedeschi, 2006):

- Eine intensivierte *Wertschätzung des eigenen Lebens*: Betroffene geben an, einen neuen Blick für das Wesentliche im Leben zu haben. Sie sind sich der Endlichkeit ihres Lebens bewusst, wodurch das Leben als wertvoller wahrgenommen wird. Auch die sogenannten „kleinen Dinge im Leben" nehmen sie bewusster und wertschätzender wahr, z. B. den Sonnenaufgang, die Umarmung des Kindes oder die Schönheit einer Pflanze.
- Eine *Intensivierung persönlicher Beziehungen*: Es kommt zu engeren Beziehungen mit Menschen, die sich als „wahre Freunde" bewährt haben, und zu einer Distanzierung von belastenden oder oberflächlichen Kontakten. Ebenso berichten viele Betroffene, generell ein stärkeres Mitgefühl für andere Menschen entwickelt zu haben.
- *Bewusstwerden der eigenen Stärke:* Die Bewältigung des Traumas vermittelt ein Bewusstsein der eigenen Stärke bei gleichzeitiger erhöhter Verletzlichkeit. Beides hängt offenbar eng miteinander zusammen. Das Wissen um die jederzeitige Verletzbarkeit stellt eine Anerkennung der Realität dar, die als innere Vorbereitung auf weitere Schicksalsschläge erlebt wird. Die Tatsache, dass ein schreckliches Ereignis bereits einmal überwunden werden konnte, stärkt das Vertrauen in die Fähigkeit, auch in Zukunft das Leben bewältigen zu können.
- *Entdeckung neuer Möglichkeiten:* Prioritäten ändern sich, und die Unterbrechung „von außen" erlaubt es, aus Strukturen auszubrechen, die zuvor, von innen heraus, nicht gelöst werden konnten. So verabschieden sich viele Betroffene von Berufsmodellen, die (zu) viel Zeit und Energie beanspruchten, und wenden sich Bereichen zu, die ihnen wichtiger erscheinen.
- Ein intensiviertes *spirituelles Bewusstsein*: Nicht zuletzt finden viele Betroffene einen neuen, vertieften Zugang zu Spiritualität oder Religiosität.

Erhöhte Sinnerfüllung

Wie zu erwarten, geht eine solche posttraumatische Reifung auch mit Sinnerfüllung einher (Cann et al., 2010; Paterno, 2012; Triplett et al., 2011). Menschen, die berichten, dass sich ihr Leben nach einem Trauma zum Positiven entwickelt habe, erleben im Vergleich zu Menschen ohne posttraumatisches Wachstum mehr Sinnerfüllung. Sie legen mehr Wert auf die Lebensbedeutungen „Gemeinschaft", „Bewusstes Erleben", „Soziales Engagement" und „Gesundheit" (Paterno, 2012).

Noch ist nicht umfassend geklärt, warum es bei manchen Menschen zu posttraumatischem Wachstum kommt und bei anderen nicht. Die Ergebnisse sind widersprüchlich im Hinblick auf Alter, Geschlecht und Schwere der Traumatisierung. Einigkeit herrscht in der Literatur dahingehend, dass es zu einer *Erschütterung fundamentaler Annahmen* gekommen sein muss, damit posttraumatisches Wachstum stattfinden kann. Die typische Folge einer solchen Erschütterung ist intrusives Ruminieren, eine schwere Form des Grübelns, die kaum willentlich gesteuert werden kann. Mündet dieses Ruminieren in eine *bewusste, aktive Auseinandersetzung* mit dem Trauma, so ist eine weitere Bedingung für posttraumatisches Wachstum gegeben. Ebenfalls hilfreich ist es, wenn die *Umgebung mitfühlend* mit den Betroffenen umgeht, zu ihnen steht und bereit ist, empathisch auf Enthüllungen traumatischer Erfahrungen – die oft auch für Nahestehende schwer zu ertragen sind – zu reagieren (Cann et al., 2010; Zöllner, Calhoun & Tedeschi, 2006).

10.5 Erkenne dich selbst

- **Sinnfragen: Tod und Sterben**
- Wie oft denken Sie über Ihren eigenen Tod nach? Und über Ihr Sterben?
- Ist für Sie das Sterben mit Angst besetzt?
- Haben Sie Angst vor dem Tod?
- Sind Sie der Meinung, dass schwerkranke Menschen von medizinischem, therapeutischem und/oder Pflegepersonal auf den Tod angesprochen werden sollten?
- Können bzw. könnten Sie selbst mit kranken Menschen über den Tod sprechen?
- Glauben Sie, dass Ihre persönliche Einstellung zu Tod und Sterben Auswirkungen darauf hat, wie Sie mit Patientinnen und Klienten umgehen?

- **Zum Gegen-Denken**

Für traumatisierte Menschen ist der Hinweis auf die Möglichkeit posttraumatischen Wachstums oft wenig hilfreich – oder er wird gar wie ein Schlag ins Gesicht erlebt. Der Umgang mit den Erkenntnissen zu posttraumatischem Wachstum bedarf großer Vorsicht. Die Erfahrungen der

10.5 · Erkenne dich selbst

amerikanischen Journalistin Barbara Ehrenreich, die selbst an Brustkrebs erkrankte, sind aufschlussreich:

> Die Brustkrebsszene zeichnet sich nicht nur durch eine betonte Fröhlichkeit und das Fehlen jeglichen Aufbegehrens aus, sie scheint die Erkrankung oft sogar zu begrüßen … Jane Brody, Gesundheitsredakteurin der New York Times, griff in einem 2007 erschienen Artikel die nahezu einhellige positive Einstellung zu dieser Krankheit getreulich auf. Zwar streifte sie kurz die Schattenseiten von Krebs allgemein und Brustkrebs im Besonderen: „Er kann beträchtliche körperliche und seelische Schmerzen zur Folge haben und den Körper dauerhaft entstellen. Unter Umständen führt er auch zum Tod." In weiten Teilen war ihr Artikel jedoch eine wahre Ode an die erbaulichen Auswirkungen des Krebses, insbesondere von Brustkrebs … In der extremsten Variante dieser Haltung wird Brustkrebs nicht mehr als Problem gesehen, nicht einmal als Ärgernis, sondern als „Geschenk", das wir mit größtmöglicher Dankbarkeit annehmen sollten … (Ehrenreich, 2010, S. 37 ff.)
>
> Folgen wir unserer strikt positiv ausgerichteten Brustkrebskultur, dann bringt die Krankheit nicht nur den immateriellen Segen geistiger Vervollkommnung mit sich. Nein, wir können die unausweichlichen körperlichen Verunstaltungen überwinden und, als Überlebende, noch hübscher, sexier und weiblicher daraus hervorgehen. (Ehrenreich, 2010, S. 40)
>
> So kann das Unvermögen, positiv zu denken, eine Krebspatientin ebenso sehr belasten wie die Krankheit an sich … Der Brustkrebs, so kann ich heute sagen, hat mich nicht hübscher, stärker, weiblicher oder erleuchteter gemacht. Was er mir schenkte – wenn Sie es denn ein „Geschenk" nennen wollen –, war die sehr direkte, schmerzliche Begegnung mit einer Ideologie, derer ich mir zuvor nicht bewusst gewesen war. Einer Ideologie, die uns auffordert, die Realität zu leugnen, uns fröhlich in unser Unglück zu fügen und nur uns selbst für unser Schicksal verantwortlich zu machen. (Ehrenreich, 2010, S. 55)

Interventionen zur Stützung der Sinnhaftigkeit

11.1 **Sinn aus der Metaperspektive – Lebensrückblickverfahren – 136**
11.1.1 Funktionen der Lebensgeschichte – 136
11.1.2 Dignity Therapy – Würdezentrierte Therapie – 137
11.1.3 Short-Term Life Review – kurzfristiger Lebensrückblick – 139

11.2 **Sinnorientierte Psychotherapien – 140**
11.2.1 Meaning-Making Intervention (MMi) – eine Intervention zur Sinnstiftung – 141
11.2.2 Outlook – eine Intervention zur Vorbereitung des Lebensendes – 142
11.2.3 Managing Cancer and Living Meaningfully (CALM) – Krebsbewältigung und sinnvolles Leben – 144
11.2.4 Meaning-Centred Group Psychotherapy – sinnzentrierte Gruppenpsychotherapie – 146
11.2.5 Logotherapie – 147

11.3 **Erkenne dich selbst – 149**

© Springer-Verlag Berlin Heidelberg 2016
T. Schnell *Psychologie des Lebenssinns*,
DOI 10.1007/978-3-662-48922-2_11

Obwohl die Bedeutung von Lebenssinn im Kontext von Gesundheit und Krankheit vielfach belegt wurde, gibt es nur wenig Akzeptanz für sinnzentrierte Therapieansätze – vor allem in Europa. Dabei stehen mehrere Therapieformen zur Verfügung, die teils strengen Validierungsstudien unterzogen wurden und sich bewährt haben. Dazu zählen Verfahren, bei denen ein geleiteter Lebensrückblick im Mittelpunkt steht, sowie Einzel- und Gruppentherapien. Im Folgenden werden die bekanntesten Ansätze beschrieben, ergänzt um neuere Verfahren, die gute Validierungsbelege vorweisen können.

11.1 Sinn aus der Metaperspektive – Lebensrückblickverfahren

Lebensrückblicke werden meist in palliativen Settings eingesetzt. Sie können seelischem Leid, Verzweiflung und Sinnverlust bei todkranken und sterbenden Menschen entgegenwirken. Allerdings spricht nichts dagegen, sie auch bei gesunden und jüngeren Menschen einzusetzen, da der Lebensrückblick in jeder Situation als klärender und integrierender Prozess erlebt werden kann.

11.1.1 Funktionen der Lebensgeschichte

Durch den Rückblick auf das eigene Leben aus einer Metaperspektive werden wir uns unserer Identität bewusst; nicht nur am Lebensende, sondern zu verschiedenen Zeiten unseres Lebens. Der Begriff *Identität* ist aufschlussreich. Er stammt ab vom lateinischen Wort *idem*, was *der-/dasselbe* bedeutet. Identität heißt also, der- oder dieselbe zu sein, über verschiedene Situationen und Lebensphasen hinweg, in der inneren Selbstwahrnehmung wie auch im äußeren Ausdruck. Da wir uns im Laufe des Lebens aber verändern, entwickeln, ausprobieren und in unterschiedlichen Kontexten anders agieren, ist ein Bewusstsein der „Selbigkeit" gar nicht so selbstverständlich. Es entsteht im Lebensrückblick, indem wir verschiedene Ereignisse in eine sinnvolle Reihenfolge bringen. Das funktioniert am besten in Form einer Geschichte, wie die narrative Psychologie belegt hat (Bruner, 1990; McAdams, 1993, 2001).

Geschichtsform schafft Kohärenz

Eine Geschichte ist dadurch charakterisiert, dass sie einen Anfang hat, einen Mittelteil und ein Ende. Das Gleiche gilt für die Lebensgeschichte. Sie erklärt uns uns selbst, stiftet Sinn und Identität, indem sie das Jetzt in Bezug setzt zu Vergangenheit und Zukunft: Wo komme ich her? Was habe ich im Leben an schwierigen, aufregenden oder schönen Dingen erfahren? Was habe ich geschafft und bewältigt? Woran bin ich gescheitert? Welche Ziele und Vorstellungen von der Zukunft habe ich? Durch die narrative Form wird ein Zusammenhang hergestellt – es entsteht Kohärenz, ein zentrales Merkmal der Sinnerfüllung (▶ Abschn. 2.3.2).

Tatsächlich ist eine solche Geschichte keine chronologische Nacherzählung des Lebens, sondern eine Innovation, die im Moment des Erzählens entsteht. Es geht nicht darum, das eigene Leben detailgetreu und „richtig" wiederzugeben. Vielmehr beruht die Lebensgeschichte auf einer erzählerischen Wahrheit, die in sich stimmig, zusammenhängend und überzeugend erscheinen muss (Schnell, 2004/2009). Gelingt dies, so nimmt das eigene Leben vor unseren Augen eine sinnvolle Gestalt an. „Mit der Erzählung, *wie* die Dinge entstanden sind, erklärt man sie und beantwortet indirekt die andere Frage, *warum* sie entstanden sind" (Eliade, 1990, S. 86 f.).

Die Verbalisierung der Lebensgeschichte macht grundlegende Annahmen über uns selbst und die Welt bewusst, die natürlich auch ohne explizite Aussprache unser Leben lenken und steuern. Durch die Verbalisierung können dysfunktionale Annahmen zum Vorschein kommen, die eine konstruktive und akzeptierende Sicht auf das eigene Leben verhindern. In solchen Fällen ist die Bewusstmachung von großem Vorteil, da nur so eine Überprüfung und eventuelle Relativierung dieser Annahmen möglich wird. Durch die Einnahme alternativer Perspektiven und Erklärungsmuster kann es hier zu einer konstruktiven Umdeutung („*reframing*") kommen.

Reframing

Während sich alle Lebensrückblickverfahren auf die zusammenhang- und somit sinnstiftende Kraft der Lebensgeschichte berufen, wird die Aufdeckung dysfunktionaler Strukturen nur bei manchen angestrebt. Zwei bekanntere Beispiele werden im Anschluss vorgestellt – wobei sie noch nicht weitverbreitet sind!

11.1.2 Dignity Therapy – Würdezentrierte Therapie

Dignity Therapy (Chochinov et al., 2005) ist eine individualisierte Kurzzeittherapie, die mit dem Ziel entwickelt wurde, einem Verlust an Würde am Ende des Lebens entgegenzuwirken. Denn dies beklagen Palliativpatienten immer wieder. Chochinov und Kollegen entwickelten auf empirischer Basis ein Modell von Würde, das die folgenden drei Dimensionen umfasst:

- *Krankheitsbezogene Belange:* Erhalt von Würde durch Bewahrung eines möglichst hohen Unabhängigkeitsgrades und durch Einschränkung der Symptombelastung.
- *Soziale Würde:* Wahrung der Privatsphäre, soziale Unterstützung und respektvolle pflegerische Grundhaltung.
- *Persönliches, Würde bewahrendes Repertoire:* Würde bewahrende Perspektiven (Kontinuität des Selbst, Aufrechterhaltung von Rollen, Generativität/Vermächtnis, Selbstachtung, Hoffnung, Autonomie/Kontrolle, Akzeptanz und Kampfgeist) und Handlungen (im Moment leben, Normalität aufrechterhalten, spirituellen Beistand suchen).

Geleiteter Lebensrückblick

Die Beachtung aller drei Dimensionen trägt dazu bei, die Würde todkranker und sterbender Menschen zu erhalten bzw. zu stärken. Die Dimension des persönlichen, Würde bewahrenden Repertoires steht im Mittelpunkt der *Dignity Therapy* (DT). Dabei handelt es sich um eine Form des Lebensrückblicks, bei dem ein Gespräch durch ein Set von neun Fragen geleitet wird. Das Gespräch soll ein Bewusstsein der Sinnhaftigkeit des eigenen Lebens hervorrufen und dadurch seelisches Leid verringern (Chochinov et al., 2005). Die Fragen zielen darauf ab, Inhalte zu identifizieren, die den Sterbenden besonders am Herzen liegen, sowie Eigenschaften oder Ereignisse, bei denen die Patienten wünschen, dass sie in Erinnerung bleiben.

Beispielfragen lauten (Schramm et al., 2014, S. 100):

- „Gibt es bestimmte Dinge, die Sie Ihrer Familie über sich mitteilen wollen? Gibt es bestimmte Erinnerungen, die Sie mit Ihrer Familie teilen wollen?"
- „Gibt es Dinge, von denen Sie merken, dass sie noch ausgesprochen werden wollen? Oder auch Dinge, die Sie Ihren Angehörigen gerne noch einmal sagen möchten?"
- „Gibt es Worte/Botschaften oder vielleicht sogar dringende Empfehlungen, die Sie Ihren Angehörigen mitgeben möchten, um ihnen zu helfen, ihre Zukunft gut zu bewältigen?"

Das Gespräch über diese Fragen sollte ein bis zwei Sitzungen von je maximal einer Stunde dauern. Es wird mithilfe eines Audiogeräts aufgezeichnet und transkribiert. Die Therapeutin erstellt sodann eine überarbeitete Version, die das Gesagte in eine chronologische Struktur bringt. Zudem werden Inhalte, die andere verletzen könnten, nach Absprache mit dem Patienten eliminiert, und es wird eine angemessene Schlusspassage ausgewählt. Das Dokument wird dem Patienten in einer abschließenden Sitzung vollständig vorgelesen und sodann überlassen. Je nach Wunsch kann es mit Angehörigen geteilt oder bestimmten Personen als Vermächtnis hinterlassen werden (Chochinov et al., 2005; Schramm et al., 2014).

Hohe Akzeptanz, keine konkrete Veränderung

Ein systematischer Überblick über Studien zur **Wirksamkeit** der DT wurde 2015 von einem amerikanischen Forscherteam vorgelegt (Fitchett et al., 2015). Bei einer Grundgesamtheit von insgesamt 25 Veröffentlichungen berichteten 17 Artikel – unter Bezug auf 12 Studien – eine sehr hohe Zufriedenheit der Patienten, die an der Therapie teilgenommen hatten. Die Patienten gaben an, dass sowohl sie selbst als auch ihre Angehörigen durch das Verfahren profitiert hätten. Allerdings war die Befundlage im Hinblick auf konkrete Veränderungen eher schwach. Es zeigten sich keine überzeugenden Belege für eine Erhöhung von Sinnerfüllung, Würde oder Hoffnung bzw. für eine Verringerung von psychischen und körperlichen Symptomen.

Ein schwedisch-australisches Forscherteam (Lindqvist et al., 2015) stellte eine Reihe von **Kritikpunkten** zusammen, die sich im Rahmen von Versuchen, DT durchzuführen, gezeigt hatten. So stellt sich z. B. die Frage, wer von der DT profitieren soll. Da der Lebensrückblick im

Hinblick auf eine potenzielle Hinterlassenschaft für Angehörige durchgeführt wird, können Patienten in einen Konflikt darüber geraten, was sie sagen sollen und was sie besser verschweigen. Auch die kulturelle Angemessenheit der Leitfragen wurde in Zweifel gezogen. Für manche Patienten stellte das Verfahren eine zu große Belastung dar, da es zwar Konflikte wachrufen kann, aber weder Raum noch Unterstützung für eine Aufarbeitung bietet. Zudem erwies sich das Vorgehen bei der redaktionellen Bearbeitung des finalen Dokuments als riskant. Die Rolle der Therapeuten ist dabei zwangsläufig aktiv gestaltend, was dazu führen kann, dass Patienten das Gefühl haben, die Kontrolle über ihre eigene Lebensgeschichte zu verlieren. Die Forscher schließen, dass dieses spezifische Verfahren zwar problematisch sei, sie aber weiterhin Lebensrückblickverfahren einsetzen werden, da diesen ein großes Potenzial innewohnt, das Sinnerleben am Ende des Lebens zu stärken.

11.1.3 Short-Term Life Review – kurzfristiger Lebensrückblick

Ein anderes Lebensrückblickverfahren, das bereits validiert wurde, ist der Dignity Therapy (DT) sehr ähnlich, umgeht aber einige der Nachteile. Eine japanische Forschergruppe um die Psychologin Michiyo Ando entwickelte das *Short-Term Life Review*, das in zwei Sitzungen durchgeführt werden kann (Ando et al., 2008). Zielgruppe sind Krebspatienten am Ende ihres Lebens, die unter Sinnverlust, Beziehungsproblemen oder religiösen Konflikten leiden, häufig zusätzlich zu Depression und Ängsten (Ando et al., 2008). Ein fragengeleiteter Lebensrückblick wird als geeignete Intervention angesehen, da er frühere Erfahrungen schrittweise in Erinnerung ruft, eine Neubetrachtung erlaubt und es so ermöglicht, Konflikte zu lösen und zu integrieren. Dadurch sollte die Sinnerfüllung erhöht und sollten psychische Probleme verringert werden.

Insgesamt sieben Leitfragen, die sich teils mit den Fragen der Dignity Therapy überschneiden, steuern das Gespräch. Die Patienten werden darum gebeten, sowohl gute wie auch schlechte Erinnerungen zu nennen, die ihnen in den Sinn kommen. Beispielfragen lauten (Ando et al., 2008, S. 886):

— „Welches Ereignis oder welche Person hat Sie in Ihrem Leben am meisten beeinflusst?"
— „Welches ist die wichtigste Rolle, die Sie in Ihrem Leben innehatten?"
— „Welchen Rat oder welche Empfehlungen würden Sie gern an die wichtigsten Personen in Ihrem Leben oder an die kommende Generation weitergeben?"

Gute und schlechte Erinnerungen

Das Gespräch wird aufgenommen und transkribiert. Aussagekräftige Sätze und Stichwörter werden sodann in ein Album übertragen. Dabei werden sowohl positive wie auch negative Aussagen festgehalten. Durch

Reevaluation und Rekonstruktion

passende Bilder und Fotos aus Büchern und Magazinen wird das Album lebendig gestaltet. In der zweiten Sitzung betrachten Therapeut und Patient das Album gemeinsam, und der Patient erhält die Möglichkeit, sein Leben in dieser Rückschau zu reevaluieren, zu *reframen* und zu würdigen.

Im Gegensatz zur DT ist das Album nicht als Vermächtnis für Angehörige gedacht. Es entsteht dadurch kein Druck, ein bestimmtes, positives Bild von sich zu vermitteln. Der Hinweis, dass sowohl positive wie auch negative Erinnerungen relevant und mitteilenswert sind, hat zusätzliches klärendes Potenzial. Dass in der zweiten Sitzung Raum für Reevaluierung gegeben wird und so eine Bearbeitung von Konflikten, die zuvor im Gespräch thematisiert worden sind, zumindest ansatzweise möglich ist, ist ein weiterer Vorteil gegenüber der DT.

Belege für Effizienz

Wirksamkeitsstudien geben klare Hinweise auf die Effektivität dieses Verfahrens. Eine Pilotstudie konnte Verbesserungen im Hinblick auf Sinnerfüllung, Ängste, Depression, seelisches Leid und subjektives Wohlbefinden feststellen (Ando et al., 2008). In einer anschließenden randomisierten kontrollierten Studie zeigten sich Verbesserungen in Bezug auf Sinnerfüllung, Hoffnung und seelisches Leid; die Patienten gaben nach der Intervention an, dass sie ihr Leben als positiv vollendet wahrnähmen, auf den Tod vorbereitet seien und sich nicht als Last für ihre Angehörigen erleben würden. Dabei zeigten sich einerseits Verbesserungen im Vergleich zur Ausgangsmessung, andererseits auch im Vergleich zur Kontrollgruppe (Ando et al., 2010).

Als **Kritikpunkt** ist auch hier zu nennen, dass der redaktionelle Einfluss des Therapeuten auf die Endversion des schriftlichen Dokuments groß ist. Da es sich in diesem Fall jedoch „nur" um eine Diskussionsvorlage für eine Rekonstruktion und Würdigung der Lebensgeschichte handelt, und nicht um eine Hinterlassenschaft, geht dies wahrscheinlich nicht mit großen Problemen einher. Zudem können sich Zeitprobleme ergeben, da die Gestaltung des Albums mit ergänzenden Fotos relativ aufwendig ist. Allerdings handelt es sich um eine kreative Aufgabe, die sowohl Therapeuten als auch Patienten Freude bereiten kann.

11.2 Sinnorientierte Psychotherapien

Neben den Lebensrückblickverfahren gibt es weitere Methoden, die zur Stärkung des Sinnerlebens eingesetzt werden können. Zwei Reviews (Keall, Clayton & Butow, 2015; LeMay & Wilson, 2008) und eine Metaanalyse (Vos, Craig & Cooper, 2015) haben die Effektivität verschiedener sinnorientierter Therapieverfahren überprüft. Im Folgenden werden einige Interventionen näher vorgestellt, die sich bereits empirisch bewährt haben. Dabei handelt es sich sowohl um Einzel- als auch um Gruppenverfahren.

11.2.1 Meaning-Making Intervention (MMi) – eine Intervention zur Sinnstiftung

Als Pflegewissenschaftlerin hat Virgina Lee vielfach erlebt, wie belastend eine Krebsdiagnose für die Betroffenen ist – sowohl emotional wie auch körperlich. Zusätzlich kommt es oft zu existenzieller Bedrängnis, wenn Patienten sich mit der Aussicht eines frühen Todes konfrontiert sehen. Deshalb entwickelte Lee eine Intervention für die Zeit kurz nach der Krebsdiagnose, um Patienten zu unterstützen, denen in dieser Situation ihr Selbst- und Weltverständnis abhanden kommt und die dementsprechend unter Sinnverlust leiden (Lee, 2004).

Zielgruppe Krebspatienten kurz nach Diagnose

Diese Intervention (*Meaning-Making Intervention* – MMi) kann – je nach Wunsch der Patienten – bei diesen zu Hause oder im Krankenhaus stattfinden. Sie umfasst zwischen einer und vier Sitzungen, die 30 bis 90 Minuten andauern. (Flexibilität sollte im Hinblick auf die psychischen und körperlichen Bedürfnisse und Kapazitäten der Patienten gewahrt werden.) Die MMi ist ein manualisiertes Verfahren, das drei primäre Ziele verfolgt (Henry et al., 2010):

1. Aufarbeitung der Auswirkungen und der Bedeutung der Krebsdiagnose für die Gegenwart;
2. Rückblick auf vergangene kritische Lebensereignisse und Identifikation von Bewältigungsstrategien, die sich damals bewährt haben; Bezug auf die vorliegende Krebsdiagnose;
3. Diskussion über aktuelle Prioritäten und neue Ziele, die in der jetzigen Situation sinnstiftend sind, bei Beachtung der durch den Krebs entstandenen Einschränkungen.

Die drei Ziele beziehen sich auf die Anerkennung der Gegenwart, ein Nachdenken über die Vergangenheit und eine Ausrichtung auf die Zukunft. Diese drei Perspektiven werden anhand einer „Lebenslinie" narrativ hergestellt. Die „Lebenslinie" wird als einfache horizontale Linie auf einem Blatt Papier aufgezeichnet. Die Patienten werden gebeten sich vorzustellen, dass der linke Pol ihre Geburt, der rechte Pol das Ende ihres physischen Lebens bedeute. Ihre Aufgabe ist es dann, die jetzige Position durch einen Kreis auf der Linie zu markieren. Sie werden eingeladen, „ihre Geschichte" von der Krebsdiagnose bis zur momentanen Situation zu erzählen. Durch Fragen der Therapeutin, die sich auf Symptome, Gefühle, Gedanken etc. beziehen, wird ein vertiefender Zugang angeregt.

Perspektive auf Vergangenheit, Gegenwart, Zukunft

Um die Krebserkrankung in einen biografischen Kontext bereits bewältigter Lebensereignisse einzuordnen, werden die Patienten sodann aufgefordert, frühere Wendepunkte in ihrem Leben auf der Lebenslinie zu markieren. Die Therapeutin ermutigt dazu, die Stärken und Bewältigungsstrategien herauszuarbeiten, die in diesen Situationen hilfreich waren.

Anknüpfen an erfolgreiche Bewältigungsstrategien

Die dritte Aufgabe besteht darin, eine erfüllende Zukunftsvision zu entwickeln. Lebensziele und -bedeutungen werden neu geordnet. In

Anbetracht der jetzigen Situation werden kurz- und längerfristige Ziele und damit verbundene Aktivitäten identifiziert und auf der rechten Seite der Lebenslinie eingezeichnet (Henry et al., 2010; Lee et al., 2006a, 2006b).

Belege für Effizienz

Ähnlich wie der Short-Term Life Review von Ando (Ando et al. 2008) wurde auch die **Wirksamkeit** der MMi bisher nur von Arbeitsgruppen im Umfeld der Autorin evaluiert, dies jedoch mit vielversprechenden Ergebnissen. In einer randomisierten kontrollierten Studie berichteten Patienten einen und drei Monate nach der MMi eine höhere Sinnerfüllung als zuvor, während sich bei der Kontrollgruppe kein solcher Effekt fand (Henry et al., 2010). In früheren Studien waren im Hinblick auf Selbstwertgefühl, Optimismus und Selbstwirksamkeit höhere Werte festgestellt worden (Lee et al., 2006a, 2006b). Patienten berichteten durchgehend eine hohe Akzeptanz des Verfahrens, betrachteten es als hilfreich und gaben an, dass sie es anderen Menschen mit einer Krebsdiagnose weiterempfehlen würden (Henry et al., 2010).

Ein möglicher **Kritikpunkt** ist die Tatsache, dass Henry und Kolleginnen eine tatsächliche Dauer der jeweiligen Gespräche von 75 bis 120 Minuten berichten, was nicht mit den Vorgaben des Manuals übereinstimmt. Wer jedoch schon einmal mit der narrativen Methode gearbeitet hat, wird wissen, dass es sehr schwer ist, die Gesprächszeit zu begrenzen, wenn der „Erzählfluss" erst einmal in Gang gekommen ist. In Anbetracht der existenziellen Bedeutsamkeit der Themen der MMi ist es daher realistisch, von vornherein mindestens eineinhalb Stunden pro Gespräch einzuplanen.

11.2.2 Outlook – eine Intervention zur Vorbereitung des Lebensendes

Outlook (engl. für Ausblick, Zukunftsperspektive) wurde für den Einsatz in der Palliativversorgung entwickelt. Die amerikanischen Autoren bemängeln, dass in der Sterbebegleitung Symptom- und Schmerzkontrolle großgeschrieben werden, die psychosozialen und spirituellen Erfahrungsdimensionen aber nicht genügend beachtet werden (Steinhauser et al., 2008). Dies kann viele Gründe haben, von Zeitmangel über eine unzureichende Ausbildung des medizinischen und Pflegepersonals bis zu deren Angst davor, sich mit der eigenen Hinfälligkeit zu konfrontieren (Keall et al., 2011). Für manche Patienten bedeutet ein Ausblenden dieser Dimensionen, dass sie mit der Vorbereitung ihres herannahenden Todes überfordert sind, was mit Verzweiflung und dem Wunsch nach beschleunigtem Sterben einhergehen kann (Breitbart et al., 2015).

Existenziell orientierte Sterbebegleitung

Mit der Outlook-Intervention wurde ein manualisiertes Verfahren entwickelt, das eine geleitete Bearbeitung existenzieller Themen erlaubt. Outlook umfasst drei individuelle Sitzungen von jeweils ca. einer Stunde Länge, die in einwöchigem Abstand durchgeführt werden. Die erste Sitzung beinhaltet einen Lebensrückblick; die zweite Sitzung beschäftigt sich mit dem Thema Vergebung, in der dritten Sitzung geht es um die Frage des Vermächtnisses. Jede Sitzung wird durch einige thematisch relevante Fragen geleitet.

So wird der Lebensrückblick durch Fragen – wie die folgenden – unterstützt (Beispielfragen aus: Keall et al., 2011; Steinhauser et al., 2008):

- „Welche Zeiten haben Sie am meisten geschätzt?"
- „Worauf sind Sie stolz?"
- „Wenn jemand einen Film über Ihr Leben drehen würde, was müsste unbedingt darin vorkommen?"

Lebensrückblick, Vergebung, Vermächtnis

Das zweite Thema, Vergebung, wird auf das eigene Handeln (oder Nicht-Handeln) ebenso wie auf das anderer bezogen, mit Fragen wie:
- „Wenn Sie noch einmal leben würden, was würden Sie anders machen?"
- „Gibt es Dinge oder Zeiten, die Sie bereuen?"
- „Gibt es jemanden, dem Sie verzeihen möchten?"

Die dritte Sitzung, die sich damit beschäftigt, was man zurücklassen möchte, wird durch Fragen wie die folgenden geleitet:
- „Was würden Sie zukünftigen Generationen gern mitteilen?"
- „Was war das Wichtigste, was Sie im Leben gelernt haben?"
- „Wenn Sie eine Sache wählen könnten, die Sie hinterlassen können, was wäre das?"

Die **Wirksamkeit** des Verfahrens wurde bisher in zwei Studien überprüft. In einer ersten randomisierten kontrollierten Studie zeigten sich tendenzielle Verbesserungen bei funktionalem Status, Ängstlichkeit, Depression und Vorbereitung auf den Tod, gemessen eine Woche und zwei Wochen nach der Intervention. In zwei Kontrollgruppen zeigten sich keine vergleichbaren Veränderungen. Aufgrund der geringen Stichprobengröße ließen sich jedoch keine Signifikanzen feststellen (Steinhauser et al., 2008). Eine spätere *qualitative* Evaluation des Verfahrens, die in einem australischen Kontext durchgeführt wurde, kam zu dem Ergebnis, dass acht der zehn Teilnehmenden die Intervention als hilfreich betrachteten und neun von zehn sie weiterempfehlen würden. Sieben der zehn gaben an, dass sie durch das Verfahren in der Reflexion über ihr Leben unterstützt worden seien (Keall et al., 2011). In dieser australischen Studie waren die drei Sitzungen mit einem Audiogerät mitgeschnitten worden. Nach Beendigung wurde der Mitschnitt den Teilnehmenden angeboten. Interessanterweise nahmen nur vier der 10 Personen das Angebot an, und nur eine Person, ein Mann, berichtete, dass er es genossen hätte, die Aufnahme gemeinsam mit seiner Familie anzuhören.

Hohe Akzeptanz, Effizienzhinweise

Als **Kritikpunkt** kann – ähnlich wie bereits bei den Lebensrückblickverfahren – genannt werden, dass noch wenig darüber bekannt ist, für wen solche Interventionen geeignet sind. Steinhauser und Kolleginnen (2008) gaben an, dass 61 % der infrage kommenden Patienten eine Teilnahme verweigerten. Die explizite Beschäftigung mit dem Tod, wie sie auch bei Outlook vorgesehen ist, stellt für viele Menschen eine Zumutung dar, der sie sich nicht stellen wollen (Perry, 2015).

11.2.3 Managing Cancer and Living Meaningfully (CALM) – Krebsbewältigung und sinnvolles Leben

Sinnvolles Leben in Todesnähe

Ein kanadisches Krebsforschungsteam um Gary Rodin, Sarah Hales und Christopher Lo sieht eine besondere Schwierigkeit darin, dass viele Krebspatienten mit einer „doppelten Bewusstheit" zurechtkommen müssen: dem Wissen um den körperlichen Verfall und den in absehbarer Zeit anstehenden Tod einerseits, und andererseits der Aufgabe, bis dahin noch zu leben, und dieses verbleibende Leben sinnvoll zu gestalten (Lo et al., 2013). Die Forscher entwickelten mit *Managing Cancer and Living Meaningfully (CALM)* ein manualisiertes Verfahren, das zum Ziel hat, seelisches Leid bei Menschen mit metastasierender Krebserkrankung zu verringern. Gleichzeitig sollen psychologisches Wohlbefinden und Wachstum gefördert werden.

Profund und praktisch

CALM findet in drei bis acht individuellen Sitzungen zu je 60 Minuten statt, in einem Zeitraum von bis zu einem halben Jahr. Die primäre Bezugs- oder Betreuungsperson ist eingeladen, an einer oder mehreren Sitzungen teilzunehmen, so die Patienten damit einverstanden sind. Im Vergleich zu anderen Verfahren stellt CALM ein sehr umfassendes Programm dar, da es profunde mit praktischen Anliegen verknüpft, die im Verlauf der fortschreitenden Krankheit in den Vordergrund rücken. Die folgenden vier Bereiche werden thematisiert:
— Symptomkontrolle und Kommunikation mit Gesundheitsdienstleistern;
— Selbstkonzept und Beziehungen zu nahestehenden Personen;
— spirituelles Wohlbefinden und sinnstiftende Werte und Überzeugungen;
— Vorbereitung der Zukunft, Hoffnungserhalt und Auseinandersetzung mit der eigenen Sterblichkeit.

Das wichtigste Element von CALM ist die Beziehung zwischen Therapeutin und Patientin. Sie ist gekennzeichnet durch Offenheit, Empathie und Authentizität. Dabei wird flexibel auf die Schwankungen des körperlichen und geistigen Zustands der Patienten eingegangen. Im Rahmen der gemeinsamen Gespräche werden Patienten darin unterstützt, ihre Gefühle in angemessenem Maße zu regulieren, mit Abhängigkeits- und Bindungskonflikten umzugehen und sich dessen bewusst zu werden, dass Hoffnungslosigkeit oder Entmutigung keine zwangsläufigen, situationsbedingten Fakten sind, sondern veränderbare mentale Konstrukte (Hales, Lo & Rodin, 2015).

Identitätserhalt

Gemeinsam bemühen sich Patientin und Therapeutin um ein Verständnis der Erkrankung, eruieren Möglichkeiten der

Symptomkontrolle und treffen sachkundige Entscheidungen über mögliche Behandlungen. Die Kontinuität der therapeutischen Beziehung erlaubt ein Aufrechterhalten des Selbst, das durch die Einschränkungen aufgrund der Erkrankung immer mehr seiner Rollen und Identitätsbelege entkleidet wird. Schwierige Fragen im Hinblick auf bestehende Beziehungen, Familienbande und Kinder werden gemeinsam erörtert.

Durch Erzählen der Lebensgeschichte wird auch hier die Sinnstiftung unterstützt. Gemeinsames *Reframing* und Ko-Konstruieren sollen dazu beitragen, ein Gefühl der Kohärenz, der Verstehbarkeit und der Vollendung des Lebens zu erlangen. Aktuelle Prioritäten und Zukunftsziele für die absehbare Zukunft werden erarbeitet; implizite oder explizite Annahmen zum Sinn der Krankheit werden diskutiert. Nicht zuletzt geht es darum, die Angst vor dem Sterben und dem Tod anzuerkennen – und dennoch eine Balance zwischen Leben und Sterben zu halten. Patienten wird die Möglichkeit gegeben, ganz konkrete Punkte zum Sterbeprozess, zur Beendigung des Lebens, zu Bestattungsmodalitäten und Erbangelegenheiten zu besprechen (Hales et al., 2015).

Balance zwischen Leben und Sterben

Die Autorinnen betonen, dass es sich bei CALM um ein Angebot handelt, das für Patienten geeignet ist, die genügend Interesse und Kapazitäten für Selbstreflexion mitbringen. Auch ein ausreichendes Maß körperlicher und kognitiver Funktionsfähigkeit sollte vorhanden sein, um aktiv an den Sitzungen teilnehmen zu können. Sie heben außerdem hervor, dass die Intervention nicht geeignet ist für Patienten, die ausschließlich „positiv denken" wollen; das Programm verlangt eine Bereitschaft zur Auseinandersetzung mit Verlusterfahrungen und dem herannahenden Tod (Hales et al., 2015).

Eine erste **Wirksamkeitsstudie** konnte belegen, dass CALM zur Reduktion von depressiven Symptomen und Todesangst beiträgt und das spirituelle Wohlbefinden erhöht (Lo et al., 2013). In einer qualitativen Untersuchung gaben Patienten an, dass sie das Verfahren als sicheren Ort erlebten, um die Erfahrungen der fortgeschrittenen Krebserkrankung zu bewältigen, über Sterben und Tod zu sprechen, ihre Krankheit und die damit einhergehenden Ereignisse praktisch zu bewältigen und Beziehungsprobleme zu lösen. Außerdem berichteten die Patienten, dass sie sich „als ganze Person" wahrgenommen fühlten – was in den üblichen Abläufen des Gesundheitssystems häufig nicht der Fall ist (Nissim et al., 2012). Randomisierte kontrollierte Studien werden derzeit in Kanada und Deutschland durchgeführt, weitere Pilotstudien in Italien und Großbritannien.

Belege für Effizienz, hohe Akzeptanz

Bei CALM handelt es sich um ein sehr umfassendes Konzept, das praktisch-medizinische Beratung mit der Bearbeitung psychischer und existenzieller Probleme vereint. Dennoch ist das Verfahren mit drei bis acht Sitzungen über mehrere Monate hinweg wenig zeitaufwendig und kann flexibel an die Situation und Bedürfnisse der Patienten angepasst werden. **Kritikpunkte** sind nicht offensichtlich; Ergebnisse der aktuell durchgeführten Studien werden weitere Hinweise liefern.

11.2.4 Meaning-Centred Group Psychotherapy – sinnzentrierte Gruppenpsychotherapie

Sinnerhalt bei Krebserkrankung

Über fünfzehn Jahre hinweg haben Forscherinnen und Forscher um William Breitbart am Memorial Sloan Kettering Krebszentrum in New York an einer *sinnzentrierten Gruppentherapie* gearbeitet und sie vielfachen Evaluationen unterzogen (Greenstein & Breitbart, 2000; Breitbart et al., 2010, 2012, 2015). Das Verfahren beruht auf den Prinzipien von Frankls Logotherapie. Es hat zum Ziel, Menschen mit vorangeschrittener Krebserkrankung in der Erhaltung ihres Lebenssinns zu unterstützen und somit seelisches Leid und Verzweiflung zu begrenzen.

Philosophische Grundlagen, Übungen, Diskussion

Sinnzentrierte Gruppentherapie findet in acht wöchentlichen Sitzungen von jeweils 90 Minuten statt. Um potenzielle Sinnquellen aufzudecken, werden drei Methoden miteinander kombiniert:
1. didaktische Vorstellung der philosophischen Grundlagen, auf denen das Verfahren basiert,
2. erfahrungsbezogene Übungen und Hausaufgaben und
3. offene Diskussionen, die durch die Gruppenleitung interpretativ ergänzt werden können (Greenstein & Breitbart, 2000).

Die Teilnehmenden werden ermutigt, noch vor Beginn der ersten Sitzung Texte von Frankl zu lesen; speziell wird das Buch „ … trotzdem Ja zum Leben sagen: Ein Psychologe erlebt das Konzentrationslager" (Frankl, 2010) empfohlen.

Verantwortung für andere Gruppenmitglieder

Das Verfahren hat also einen didaktischen ebenso wie einen erfahrungsbezogenen Anspruch. Zudem wird das Gruppensetting so verstanden, dass jedes Gruppenmitglied Verantwortung für die anderen Gruppenmitglieder hat und diese dabei unterstützen kann und soll, persönliche relevante Sinnquellen zu entdecken. Zusätzlich kommt somit ein altruistischer Aspekt zum Tragen, der einen weiteren Wirkfaktor darstellt (Greenstein & Breitbart, 2000).

Belege für Effizienz

Eine erste randomisierte kontrollierte **Wirksamkeitsstudie** (Breitbart et al., 2010) konnte zeigen, dass Sinnerfüllung und spirituelles Wohlbefinden nach Teilnahme an der sinnzentrierten Gruppentherapie signifikant anstiegen. Auch nach zwei Monaten ließen sich die Effekte noch nachweisen; sie waren sogar noch weiter angestiegen. In der Kontrollgruppe – einer üblichen unterstützenden Gruppentherapie – zeigten sich keinerlei Veränderungen. Entgegen der Erwartung ließ sich keine Verringerung der Depression feststellen. Eine Reduktion des Wunsches nach beschleunigtem Sterben und der Ängstlichkeit zeigte sich erst bei dem Follow-up nach zwei Monaten.

In einer zweiten RCT-Studie (Breitbart et al., 2012) wurde das Format auf Individualtherapie hin geändert, da die bisherigen Gruppentherapien unter einer hohen Ausfallrate litten und einzelne Teilnehmer immer wieder Sitzungen ausfallen ließen. Direkt nach Durchführung der Intervention zeigten sich Verbesserungen hinsichtlich Sinnerfüllung, spirituellem Wohlbefinden, allgemeiner Lebensqualität und Leid durch körperliche Symptome, die über die Verbesserungen in der Kontrollgruppe (therapeutische Massage) hinausgingen. Überraschenderweise zeigten sich zwei Monate später jedoch keinerlei Unterschiede mehr zwischen beiden Gruppen.

Wohl aus diesem Grund kehrten Breitbart und Kolleginnen wieder zum Gruppenansatz zurück, der in einer aktuellen randomisierten kontrollierten Studie erneut einer Prüfung unterzogen wurde (Breitbart et al., 2015). Sinnzentrierte Gruppentherapie ging mit deutlich stärkeren Veränderungen einher als die Kontrollgruppe, eine unterstützende Gruppentherapie. Es zeigten sich Verbesserungen im Hinblick auf Lebensqualität, spirituelles Wohlgefühl, Depression, Hoffnungslosigkeit, Wunsch nach beschleunigtem Sterben und Leid durch körperliche Symptome. Die Effektgrößen direkt nach der Intervention lagen im mittleren Bereich ($d \approx 0{,}47$); auch nach zwei Monaten waren die Effekte noch vorhanden, mit nur wenig geringeren Effektstärken ($d \approx 0{,}45$). Aus nicht genannten Gründen wurde das Sinnerleben in dieser Studie nicht aufgeführt.

Wie die Autoren selbst **kritisch** bemerken, geht ein Gruppenverfahren für schwer krebserkrankte Menschen mit einigen Problemen einher. Schwankungen bei Gesundheit und Wohlbefinden können dazu führen, dass einzelne Sitzungen verpasst werden. Generell kann die Intervention nicht an den Krankheitsverlauf angepasst werden, sondern erfolgt nach vorgegebenem zeitlichem Ablauf. Dennoch scheint bei dieser Form der sinnzentrierten Psychotherapie der Gruppenkontext effektiver als eine Individualtherapie zu sein, was eine Verbesserung der Lebensqualität und eine Verringerung von seelischem Leid und Verzweiflung angeht.

11.2.5 Logotherapie

Die *Logotherapie* ist die erste sinnzentrierte Psychotherapie überhaupt. Sie wurde von Viktor Frankl in den 1930er-Jahren entwickelt. Im Allgemeinen als Logotherapie und Existenzanalyse bezeichnet, geht diese „Dritte Wiener Richtung der Psychotherapie" (nach Freud und Adler) davon aus, dass der Mensch grundsätzlich von einer Suche nach Sinn motiviert ist. Kommt dieser Sinn in der Lebenspraxis nicht zum Tragen, so entstehen – Frankl zufolge – frustrierende Gefühle der Sinn- und Wertlosigkeit.

Erste sinnzentrierte Psychotherapie

Der Begriff *Logotherapie* beinhaltet das griechische *logos*, was mit Vernunft oder Sinn übersetzt werden kann. Frankl betont somit die geistige, sinnorientierte Dimension des Menschen, die in der *Psycho*therapie oft nicht beachtet wird. Mit dem Begriff *Existenzanalyse* stellt Frankl eine Beziehung zur Existenzphilosophie her, die einen starken Einfluss auf sein Werk hatte. Eine besondere Übereinstimmung zeigt sich mit Max Scheler, der in seiner Anthropologie davon ausging, dass der Mensch, im Gegensatz zum Tier, die Möglichkeit hat, in Distanz zu sich selbst und der ihn umgebenden Welt zu treten. Durch diese Freiheit zur Selbstbestimmung gerate der Mensch in eine „Sonderstellung". Sie

Distanz zu sich selbst und zur Welt

könne einerseits eine existenzielle Entwurzelung bedeuten, biete andererseits aber auch die Chance zur wertorientierten Gestaltung von Selbst und Welt (Scheler, 1928).

Logotherapie und Existenzanalyse findet in therapeutischen und beratenden Settings statt (z. B. Längle & Bürgi, 2011; Riedel, Deckart & Noyon, 2015; Schlieper-Damrich & Kipfelsberger, 2008), wie auch als sinnzentrierte Bildungsarbeit (Schechner & Zürner, 2013). In Einzelsettings wird im Allgemeinen dialogisch gearbeitet. Angelehnt an den sokratischen Dialog sollen Klienten bzw. Patienten darin unterstützt werden, Einsicht in die eigene Situation zu gewinnen, den Sinn des Augenblicks zu erkennen und zu verwirklichen. Des Weiteren kommen verschiedenste Methoden zur Anwendung, z. B. Edukation, paradoxe Intention, Imagination, Dereflexion, Humor, Eneagramm und Einstellungsmodulation (Biller & de Lourdes Stiegeler, 2008). Riemeyer (2007) betont, dass die Logotherapie „völlig offen [ist] für andere hilfreiche Methoden und Therapien" (S. 151). Er unterstreicht, dass Frankl dazu aufgefordert hat, von Person zu Person zu individualisieren und von Stunde zu Stunde zu improvisieren.

Fehlende Belege für Wirksamkeit und Effizienz

Diese „Besonderheit" der Logotherapie ist wohl einer der Gründe dafür, dass empirische Überprüfungen ihrer **Wirksamkeit** bisher extrem rar sind. Bei der Suche nach aussagekräftigen Studien stößt man auf sehr wenig Material. In einer aktuellen State-of-the-Art-Metaanalyse von Wirksamkeitsstudien zu existenziellen Therapien, mit expliziter Suche nach logotherapeutischen Verfahren, fanden Vos, Craig und Cooper (2015) nur zwei randomisiert-kontrollierte Studien, die logotherapeutische Interventionen untersuchten. Beide wurden vor mehr als dreißig Jahren durchgeführt und hatten eine Stichprobengröße von N = 37 (Starck, 1981) bzw. N = 20 (Zuehlke & Watkins, 1977). Weitere Recherchen in deutscher und englischer Sprache, die auch weniger anspruchsvolle Studiendesigns einschlossen, ergaben primär Hinweise auf Beispiele, Fallbeschreibungen und klinische Beobachtungen, die keinen substanziellen Beitrag zu einer empirisch fundierten Interventionsforschung leisten können.

In Anbetracht der Verbreitung logotherapeutischer Verfahren muss dieser Mangel an Wirksamkeitsstudien **kritisch** gesehen werden. Kasuistiken und anekdotische Fallbeschreibungen haben ihren Platz in der „kreativen Entwicklungsphase" neuartiger Interventionsmethoden, wie Günter Krampen und Kollegen (Krampen, Schui & Wiesenhütter, 2008, S. 50) betonen. Im Anschluss daran aber besteht die Notwendigkeit, evidenzbasierte Befunde zur Verfügung zu stellen, um professionelles psychotherapeutisches Handeln im Sinne des Nutzens für Patienten zu ermöglichen. Das klar herausgearbeitete Menschenbild der Logotherapie und Existenzanalyse stellt eine wertvolle Grundlage für therapeutische und beratende Arbeit dar. Anknüpfend an dieses ließe sich im Hinblick auf verschiedene Behandlungsziele eine sinnvolle Auswahl an Methoden und Techniken treffen. Eine solche systematische Gestaltung des Therapieprozesses würde einerseits ermöglichen, Belege für Wirksamkeit und Effizienz der Logotherapie zu finden, andererseits auch

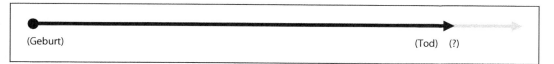

Abb. 11.1 Lebensrückblick mithilfe eines Lebenspfeils

jene Therapeuten und Therapeutinnen unterstützen, die sich mit der Aufgabe der Individualisierung und Improvisation in der Logotherapie überfordert fühlen mögen (s. Riemeyer, 2007).

Neben den in diesem Kapitel aufgeführten Verfahren gibt es einige weitere Ansätze, die das Anliegen haben, Lebenssinn zu stärken oder Sinnkrisen zu bewältigen. Dabei handelt es sich um sogenannte *unterstützend-expressive* Therapien und *existenzielle Erfahrungs-*Therapien. Da ein umfassender Überblick im Rahmen dieses Buches nicht möglich ist und die Metaanalyse von Vos und Kollegen (2015) zu dem Schluss kommt, dass bei den eben genannten Therapieformen keine oder nur geringe Effekte nachgewiesen werden konnten, sollen sie hier nicht weiter dargestellt werden. Interessierte Leserinnen und Leser seien z. B. auf Classen et al. (2008), Kissane et al. (2007) und Barren (2005) verwiesen.

11.3 Erkenne dich selbst

■ **Selbstexploration: Mein Leben als Buch**

Die folgende Übung kann als hilfreicher Einstieg in einen Lebensrückblick dienen, der um die Perspektive von Gegenwart und Zukunft ergänzt ist (vgl. Schnell, 2004/2009).

Stellen Sie sich Ihr Leben als ein **Buch** vor. Teilen Sie es in mehrere **Kapitel** ein und *betiteln* Sie diese. Über die Anzahl der Kapitel können Sie frei entscheiden (es sollten jedoch nicht weniger als drei und nicht mehr als sieben sein). Es ist sinnvoll, zu diesem Zweck einen Pfeil als Zeitleiste oder Lebenslinie aufzuzeichnen (◘ Abb. 11.1).

Arbeit und Sinn

12.1 Die Suche nach Sinn im Beruf – 152

12.2 Was ist sinnvolle Arbeit? – 155
12.2.1 Berufliche Sinnerfüllung: Definition – 155
12.2.2 Prädiktoren beruflicher Sinnerfüllung – 156
12.2.3 Bedeutsamkeit der Tätigkeit – 158
12.2.4 Sozio-moralische Atmosphäre – 159
12.2.5 Selbsttranszendente Unternehmensorientierung – 160
12.2.6 Job-Passung – 162

12.3 Korrelate des Sinnerlebens am Arbeitsplatz – 164

12.4 Nicht jeden Tag die Welt retten! Gefahren sinnerfüllter Arbeit – 165

12.5 Beruf als Lebenssinn? – 167

12.6 Exkurs: Freiwilligenarbeit – sinnvolles Engagement – 170

12.7 Erkenne dich selbst – 171

Berufliche Arbeit ist eine zielorientierte Tätigkeit, die unmittelbar oder mittelbar der Existenzsicherung dient. Als solche war sie zu Beginn der europäischen Kultur gar nicht gut angesehen. Die alten Griechen und Römer waren der Meinung, Erwerbsarbeit sei vor allem Mühe und Last; sie verderbe sogar den Charakter. Als besonders moralisch verwerflich wurde Arbeit angesehen, bei der es nicht um die Sache selbst – das Produkt, die Dienstleistung – ging, sondern der Gelderwerb im Vordergrund stand (Aßländer, 2005). Bis heute hat sich die Sichtweise drastisch gewandelt. Wir sind im Allgemeinen froh darüber, einen Beruf zu haben. Er dient nicht nur unserem Auskommen, sondern auch der Verwirklichung persönlicher Interessen und Fähigkeiten, prägt somit also einen großen Teil unserer Identität. Zudem ist gerade das ehemals verfemte Geld stark in den Vordergrund gerückt. Das sinnstiftende Potenzial der Arbeit scheint darunter zu leiden.

12.1 Die Suche nach Sinn im Beruf

> » Eine seltsame Sucht beherrscht die Arbeiterklasse aller Länder, in denen die kapitalistische Zivilisation herrscht, eine Sucht, die das in der modernen Gesellschaft herrschende Einzel- und Massenelend zur Folge hat. Es ist die Liebe zur Arbeit, die rasende, bis zur Erschöpfung der Individuen gehende Arbeitssucht. (Lafargue, 1883/2014, S. 9)

Lafargues polemische Analyse scheint in Anbetracht der heutigen Arbeitsbedingungen äußerst aktuell. Es herrscht eine „Liebe zur Arbeit", die sich nach außen hin ausdrückt in Flexibilität, Verfügbarkeit und Selbstverpflichtung bis zur Selbstausbeutung. Doch ist es eine forcierte Liebe, ohne emotionalen Rückhalt, wie der *Gallup Engagement Index* jedes Jahr von Neuem feststellt. So lag der Prozentsatz der Arbeitnehmer, die eine hohe emotionale Bindung an ihren Arbeitgeber empfinden, in Deutschland in den letzten zehn Jahren immer nur zwischen 11 und 16 % (Nink, 2014). Im Jahr 2014 berichteten 85 % der Deutschen, 89 % der Schweizer und 90 % der Österreicher, *keine* oder eine nur *geringe Bindung* an ihren Arbeitgeber zu haben.

Gleichzeitig – und anscheinend paradox – gibt die Mehrheit der Beschäftigten an, *zufrieden* mit ihrer Arbeit zu sein (Hammermann & Stettes, 2013). Verständlicher wird dieser Widerspruch, wenn wir den Hintergrund bedenken, vor dem dieser Zufriedenheit Ausdruck verliehen wird: Die wenigsten können zwischen verschiedenen Arbeitsstellen wählen. Ohne reale Wahlmöglichkeiten ist man aber eher bereit, mit den gegebenen Verhältnissen einverstanden – also zufrieden – zu sein. Gleichzeitig droht im gesellschaftlichen Bewusstsein immer das Gespenst der Arbeitslosigkeit. Angesichts dieser Alternative mag beinahe jegliche Arbeit einem Dasein als „arbeitslos" am Rande der Gesellschaft vorgezogen werden. Die angegebene Zufriedenheit wird dementsprechend bei einem Teil der Befragten eine „resignative" sein.

Diese wichtige Differenzierung des Zufriedenheitsbegriffs geht auf Agnes Bruggemann (1974) zurück. Sie versteht Arbeitszufriedenheit als Ergebnis des Vergleichs der eigenen Bedürfnisse mit den Möglichkeiten, diese in einer bestimmten Situation zu realisieren. Wenn die eigenen Erwartungen nicht erfüllt werden, aber auch keine Hoffnung auf eine Verbesserung der Lage besteht, so kommt es zur resignativen Arbeitszufriedenheit. Christine Unterrainer und Kollegen (Unterrainer, Jeppesen & Jønsson, 2013) berichten, dass in Studien, die das differenzierte Modell der Arbeitszufriedenheit untersuchten, zwischen 25 und 45 % aller befragten Angestellten zu den „resignativ Zufriedenen" zählten.

Die „Liebe" der Arbeitnehmer zu ihrer Arbeit scheint somit die Form einer Vernunftehe, wenn nicht gar einer Versorgungsehe zu haben. Solange es nicht anders geht, bleibt man dem Arbeitgeber treu – auch, wenn dieser die Liebe nicht erwidert. Denn während Unternehmen von ihren Angestellten Loyalität und Commitment erwarten, agieren sie selbst gegenüber ihren Mitarbeitenden oft wenig loyal. Begründet wird dies durch Sachzwänge und die inhärente Logik des Systems „Marktwirtschaft". Handlungsleitende Maxime sind Profitmaximierung und Wachstumssteigerung, was „notwendigerweise" mit Lohndumping, Outsourcing, hohen Einkommensdivergenzen zwischen Management und Angestellten und prekären Arbeitsbedingungen einhergeht (Schnell, Höge & Pollet, 2013; Zinn, 2014, 2015).

Einseitige Loyalität

Die Erschöpfung der Arbeitenden, von der schon Lafargue sprach, drückt sich heute im hohen subjektiven Stresserleben aus. In einer repräsentativen Studie des DGB-Index Gute Arbeit im Jahr 2012 gaben 80 % aller Beschäftigten an, dass sie den Eindruck haben, in den letzten Jahren mehr Arbeit in der gleichen Zeit schaffen zu müssen. Leer und ausgebrannt nach der Arbeit fühlten sich 44 % der Beschäftigten (DGB-Index Gute Arbeit, 2013). In der aktuellsten DGB-Umfrage wurde die Arbeitsintensität im bundesweiten Durchschnitt als kritisch und schlecht beurteilt, und nur 46 % der Befragten gingen davon aus, dass sie unter den derzeitigen Arbeitsbedingungen bis zur Rente durchhalten würden (DGB-Index Gute Arbeit, 2014).

Hoher subjektiver Stress

Im Rahmen dieser Entwicklungen wird auch die Frage nach dem Sinn der beruflichen Tätigkeit immer häufiger gestellt. Bei vielen Werktätigen ist sie die Folge von Desillusionierung oder innerlichem Ausbrennen. Doch auch bei Neueinsteigern in die Berufswelt spielt sie eine große Rolle: Beinahe zwei Drittel der 23- bis 35-jährigen Berufstätigen, die mindestens die mittlere Reife als formalen Bildungsgrad abgeschlossen hatten, gaben an, dass eine sinnhafte Tätigkeit für sie wichtig sei; 31 % sagten gar, dass zu wenig Sinn für sie der Grund für einen Jobwechsel sein könnte (Xing, 2014).

Ein Bedürfnis nach mehr Sinn in der Berufsarbeit konnte auch international festgestellt werden. In einer US-Studie gaben zwei Drittel der Vorstandsmitglieder, mittleren Manager und Direktoren an, Sinn in ihrem Arbeitsleben zu vermissen (Holbeche, 2004). Bei einer Befragung von über 100.000 Berufstätigen in Nordamerika, Europa und Asien-Pazifik wurden die Teilnehmer unter anderem gefragt: „Wären Sie bereit,

Internationales Bedürfnis nach mehr Sinn im Arbeitsleben

eine niedrigere Position oder weniger Gehalt für mehr Sinnhaftigkeit Ihrer Arbeit hinzunehmen?" (Kelly Services, 2009). Ganze 51 % gaben an, dass sie bereit dazu wären. Dem entsprach der Befund aus dem Jahr 2012, wo etwas weniger als die Hälfte (47 %) der Befragten sagten, dass sie ihren Beruf als sinnstiftend erlebten (Kelly Services, 2012).

In dieser Umfrage wollte Kelly Services außerdem genauer wissen, was dazu beiträgt, Sinn in der Arbeit zu finden. Für drei Viertel der Befragten war es die Möglichkeit, sich in einem Bereich weiterzuentwickeln und Kompetenz zu erlangen. Jeweils 41 % sagten, dass für sie die Beziehung zu den Kollegen und die Übereinstimmung der Arbeit mit persönlichen Werten sinnstiftend seien. Für 31 % war es wichtig, an die Unternehmensstrategie anknüpfen zu können, und weitere 28 % nannten ein gesellschaftliches Engagement des Unternehmens als zentrale Sinnquelle (Kelly Services, 2012). Diesbezüglich stellt der aktuelle „HR Trend Survey 2015" von Deloitte (2015) eine starke Verschiebung fest: Befragt wurden 3300 Geschäftsführer und Leiter des Personalwesens in 106 Ländern. Von ihnen gaben 50 % an, die *gesellschaftlichen und sozialen Aktivitäten* eines Unternehmens für „sehr wichtig" zu halten. Im Vorjahr waren nur 26 % dieser Meinung gewesen.

Kompetenzlücke bei „Corporate Social Responsibility"

Doch es ist ein weiter Weg von der Wichtigkeit zur Umsetzung, vom „Soll" zum „Ist". Die von Deloitte Befragten nahmen nicht an, dass die Unternehmen bereit und fähig seien, das Anliegen der gesellschaftlichen und sozialen Aktivitäten, auch als *Corporate Social Responsibility* bezeichnet, adäquat umzusetzen. (Es ergab sich eine „Kompetenzlücke" zwischen der eingeschätzten Wichtigkeit – 78 von 100 Punkten – und der eingeschätzten Fähigkeit – 47 von 100 Punkten.) Dies könnte einer der Gründe dafür sein, dass immer weniger Werktätige ihren Beruf als sinnvoll erleben. Internationale Umfragen der letzten drei Jahre zeigen folgenden negativen Trend: Im Jahr 2012 beschrieben 46 % ihre Arbeit als sinnvoll; im Jahr 2013 waren es noch 42 %, im Jahr 2014 aber nur noch 38 % (Kelly Services, 2014). Das stärkste Absinken war in europäischen Ländern zu verzeichnen.

Sollte uns diese Entwicklung bedenklich stimmen? „Hauptsache Arbeit!" mögen Berufsuchende und -tätige in Anbetracht der Arbeitslosenzahlen denken. Und für viele Unternehmen stellt „Sinn" offenbar immer noch ein vages Konstrukt dar, das wenig mit den wirtschaftlichen *hard facts* zu tun hat. Die Studieninitiatoren mahnen jedoch: „Arbeitgeber, die die Bedeutung der Förderung beruflicher Sinnerfüllung bei ihren Angestellten übersehen, könnten irgendwann vor dem Problem stehen, dass sie ihre Talente nicht mehr halten können – und auch keine Spitzenkräfte hinzugewinnen können" (Kelly Services, 2014, S. 6; Übers. v. Tatjana Schnell). Angestellte wollen zunehmend mehr als „irgendeinen Job". Und der Unterschied zwischen irgendeinem und einem sinnvollen Job ist riesig – im persönlichen Erleben ebenso wie hinsichtlich der Auswirkungen für die Arbeitgeber. Bevor diese Unterschiede näher ausgeführt werden, wenden wir uns der Frage zu, was sinnvolle Arbeit überhaupt ist.

12.2 Was ist sinnvolle Arbeit?

Prinzipiell ist jede Arbeit sinnvoll. Arbeit ist eine zielorientierte, geistige und/oder körperliche Tätigkeit. Wenn diese Tätigkeit zur Erreichung des vorgegebenen Arbeitsziels beiträgt, dann erhält sie dadurch ihren Sinn (▶ Abschn. 4.1. „hierarchisches Sinnmodell"). Wenn die Behandlung durch die Therapeutin dazu führt, dass es Patienten besser geht, ist die Behandlung sinnvoll. Wenn die Verwaltungstätigkeiten des Bürokaufmanns dazu beitragen, dass Buchhaltung und Rechnungswesen des Betriebs stimmig sind, ist seine Tätigkeit sinnvoll. Wenn der Automobilverkauf dazu beiträgt, dass Kunden zu für sie geeigneten Fahrzeugen kommen, ist die Arbeit des Automobilverkäufers sinnvoll. Zumindest theoretisch. Denn viele Menschen erleben die ihnen zugewiesenen Tätigkeiten nicht (mehr) als sinnvoll. Die inhärente Sinnhaftigkeit von Arbeitsprozessen scheint gestört zu sein. Leidtragende sind sowohl Arbeitnehmer als auch Arbeitgeber. Wie eine wachsende Zahl von Studien zeigt, ist das Bedürfnis, die eigene Berufstätigkeit als sinnvoll zu erleben, nicht nur eine persönliche Laune von Bessergestellten oder ein *Zuckerl*, durch das noch ein wenig mehr aus den Angestellten herausgeholt werden kann. Beim beruflichen Sinnerleben geht es um den Kern der Arbeit – die entweder als sinnvoll erfahren wird oder als lästige, frustrierende bis krankmachende Verpflichtung.

Sinnhaftigkeit ist Kern der Arbeit

12.2.1 Berufliche Sinnerfüllung: Definition

In Anlehnung an die Kriterien der allgemeinen Sinnerfüllung definieren wir berufliche Sinnerfüllung als *individuelle Erfahrung von Bedeutsamkeit, Orientierung, Kohärenz und Zugehörigkeit im Rahmen der aktuellen Arbeitstätigkeit* (Schnell, Höge & Pollet, 2013). All diese Kriterien beeinflussen, ob ein bestimmter Mensch eine spezifische berufliche Tätigkeit als sinnvoll erlebt.

Bedeutsamkeit meint das Ausmaß des wahrgenommenen Nutzens der eigenen Tätigkeit für andere Menschen. Hat mein Handeln Auswirkungen auf andere Personen innerhalb oder außerhalb der Organisation? Ist es wichtig oder irrelevant?

Bedeutsamkeit

Orientierung bezieht sich auf die generelle Ausrichtung der beruflichen Tätigkeit. Es geht um Werte, Mission und Vision, die bestimmen, welche Strategien und Ziele verfolgt werden.

Orientierung

Kohärenz steht für Passung und Stimmigkeit in zweierlei Hinsicht, vertikal und horizontal. Das hierarchische Sinnmodell kann auch hier wieder zur Erläuterung dienen (◘ Abb. 12.1). *Vertikale Kohärenz* ist dann vorhanden, wenn niedrigere Ebenen der Sinnkonstruktion mit übergeordneten Ebenen übereinstimmen: wenn also (berufliches) Handeln zur Erreichung der angestrebten (Arbeits-)Ziele beiträgt und wenn die verfolgten Arbeitsziele mit den persönlichen Lebensbedeutungen harmonieren. *Horizontale Kohärenz* liegt dann vor, wenn die Prozesse innerhalb eines Levels stimmig sind und zusammenpassen:

Kohärenz

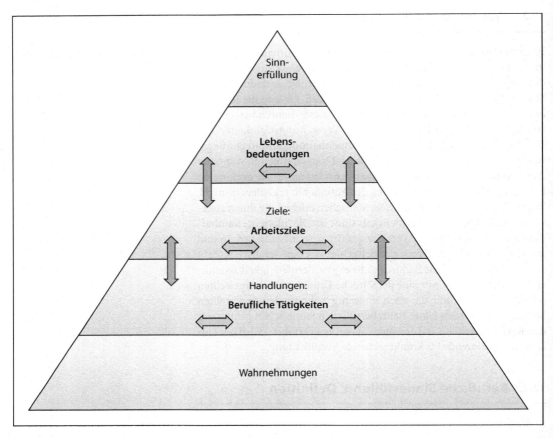

◘ Abb. 12.1 Vertikale und horizontale Kohärenz bei Berufstätigkeit

wenn die beruflichen Tätigkeiten sich sinnvoll ergänzen, wenn Arbeitsziele widerspruchsfrei sind und wenn die persönlich relevanten Lebensbedeutungen in *eine* Richtung weisen.

Zugehörigkeit bezieht sich auf das Gefühl oder die Gewissheit, Teil eines größeren Ganzen zu sein. Es geht um Identifikation mit dem Betrieb, der Organisation, der Institution, die einhergeht mit dem Wissen, gebraucht zu werden und Verantwortung zu haben.

Zugehörigkeit

12.2.2 Prädiktoren beruflicher Sinnerfüllung

Empirische Überprüfung

Die Gültigkeit dieses Modells beruflicher Sinnerfüllung haben wir in einer Untersuchung mit deutschen und österreichischen Berufstätigen in Angestelltenverhältnissen überprüft (Schnell, Höge & Pollet, 2013). Für das Kriterium der Bedeutsamkeit wurde die *wahrgenommene Aufgabenbedeutsamkeit* erhoben. Als Maß der Kohärenz wurde bestimmt, wie sehr die *aktuelle* berufliche Tätigkeit mit der Vorstellung

12.2 · Was ist sinnvolle Arbeit?

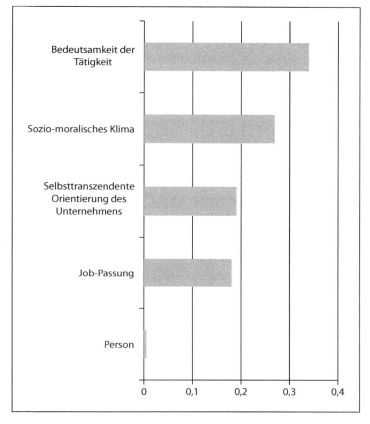

Abb. 12.2 Prädiktoren beruflicher Sinnerfüllung (Beta-Gewichte)

einer *idealen*, den persönlichen Interessen entsprechenden Tätigkeit übereinstimmt. Der Grad der Zugehörigkeit wurde über die *sozio-moralische Atmosphäre* erfasst. (Ein hohes Ausmaß an sozio-moralischer Atmosphäre ist gekennzeichnet durch a) eine offene Auseinandersetzung mit sozialen Problemen und Konflikten, b) verlässliche Wertschätzung, Zuwendung und Unterstützung und c) partizipative Zusammenarbeit; Weber, Unterrainer & Höge, 2008.) Orientierung wurde über die wahrgenommene Verantwortungsübernahme der Organisation für Gesellschaft und Umwelt, im Sinne einer *selbsttranszendenten organisationalen Orientierung*, erfasst. Zusätzlich wurden demografische und Persönlichkeitsmerkmale erhoben. Abbildung ◘ Abb. 12.2 zeigt, in welchem Ausmaß die Prädiktoren zur Vorhersage von beruflicher Sinnerfüllung beitrugen.

Die wahrgenommene Bedeutsamkeit der eigenen Tätigkeit erwies sich als bester Vorhersager. Je mehr Berufstätige glauben, dass ihre Arbeit für andere von Nutzen ist, desto sinnvoller erleben sie sie. Auch die wahrgenommene sozio-moralische Atmosphäre hat einen wichtigen Einfluss auf die berufliche Sinnerfüllung: Je mehr der Umgang am

Arbeitsplatz als offen, wertschätzend und partizipativ erlebt wird, desto höher die berufliche Sinnerfüllung. Diese steigt nochmals, wenn Angestellte merken, dass es ihrem Arbeitgeber nicht um Erfolg um jeden Preis geht, sondern auch gesellschaftliche Anliegen bedacht werden. Ähnlich wichtig für das Sinnerleben am Arbeitsplatz ist die Passung der Person auf die Position, die sie innehat.

Sinnstützende Strukturen wirken persönlichkeitsunabhängig

Die von uns identifizierten Kriterien haben sich also tatsächlich als wichtige Bedingungen beruflicher Sinnerfüllung erwiesen; insgesamt können sie beinahe die Hälfte der Unterschiede in beruflicher Sinnerfüllung erklären. Ebenso interessant erscheint mir aber das Ergebnis, dass Persönlichkeitsmerkmale *keinen* Einfluss darauf haben, wie sinnvoll man seinen Beruf erlebt – zumindest nicht über die oben dargestellten Bedingungen hinaus. Wir können zwar davon ausgehen, dass es riesige Unterschiede darin gibt, welche Art von Tätigkeit jemand sinnvoll findet. Wenn diese Passung aber gelungen ist, dann kann durch die Gestaltung der Tätigkeit, des Betriebsklimas und der organisationalen Orientierung ein Rahmen geschaffen werden, der für *alle* Persönlichkeitstypen berufliches Sinnerleben ermöglicht. Wie können solche sinnförderlichen Rahmenbedingungen konkret aussehen?

12.2.3 Bedeutsamkeit der Tätigkeit

Das Wesentliche der Arbeit

Solange Profit, Wachstum und andere wirtschaftliche Parameter im Vordergrund stehen, rückt die Bedeutsamkeit einer Tätigkeit leicht in den Hintergrund. Dabei handelt es sich um einen Wert, der nicht geschaffen, sondern nur offengelegt werden muss. Denn die Bedeutsamkeit einer Tätigkeit ist das ihr Wesentliche: „In der Medizin ist dies die Gesundheit, in der Strategik der Sieg, in der Baukunst das Haus, in einem anderen Bereich wieder etwas anderes, kurz: Bei jeder Handlung und jedem Vorhaben ist es das Ziel; denn dieses ist es, um dessentwillen die Menschen jeweils die übrigen Dinge tun" (Aristoteles, 2013, S. 53). Die Bedeutsamkeit einer Tätigkeit ist das, was viele Berufseinsteiger im Sinn haben: der Krankenpfleger, der sich um gute Pflege von Kranken bemühen will; der Bauarbeiter, der an Gebäuden mitarbeiten will, auf die er stolz sein kann; die Ärztin, die Menschen von Krankheiten und Beschwerden heilen will. Diese ursprünglichen Motivationen rücken oft in den Hintergrund, wenn es zu Arbeitsintensivierung unter Zeitdruck kommt. Wenn Quantität vor Qualität steht, gerät die „eigentliche" Bedeutung der Arbeit ins Vergessen.

Für Arbeitnehmer kann es hilfreich sein, sich immer wieder in Erinnerung zu rufen, *warum* man den eigenen Beruf gewählt hat, welche Tätigkeiten und Ziele man „eigentlich" ausüben und anstreben wollte. Für Arbeitgeber können sich je nach Arbeitsbereich unterschiedlichste Möglichkeiten ergeben, die Bedeutung, die die Tätigkeit für andere hat, sichtbar zu machen. Denkbar sind beispielsweise Kontakte mit

Kunden oder Klienten, die über die üblichen Geschäftsbeziehungen hinausgehen:
- Das Reinigungspersonal wird von den Büroangestellten, die von der täglichen Sauberkeit profitieren, zu einem Empfang eingeladen;
- Verwaltungsangestellte geben bei einem Tag der offenen Tür Einblick in die Geheimnisse ihrer „Arbeit im Hintergrund";
- Verkaufsangestellte wählen ihr Lieblingsprodukt aus und präsentieren es der Kundschaft.

Von einem sehr aufschlussreichen Beispiel berichtet der amerikanische Psychologe Adam Grant (2008). Er führte eine experimentelle Studie in einem Callcenter durch, dessen Mitarbeitende die Aufgabe hatten, Spenden für eine Universität einzuwerben. Grant teilte die Mitarbeiter nach dem Zufallsprinzip in drei Gruppen ein. Die erste Gruppe arbeitete wie üblich. Die zweite Gruppe bekam zwei (fingierte) Briefe von ehemaligen Callcenter-Angestellten zu lesen, die berichteten, dass die Tätigkeit im Callcenter ihre Berufslaufbahn positiv beeinflusst hatte. Der Focus wurde hier also auf die Selbstdienlichkeit der Tätigkeit gelegt. Die dritte Gruppe bekam ebenfalls zwei (fingierte) Briefe zu lesen. Es waren dankbare Berichte von zwei Personen, die aus den eingeworbenen Spenden Studienstipendien erhalten hatten. Sie erzählten, dass sie durch die Ermöglichung eines Studiums einen erfolgreichen Werdegang zurückgelegt hatten. Durch diese Briefe wurde also die Bedeutsamkeit der eigenen Tätigkeit für andere herausgehoben. Gemessen wurde die Erfolgsrate bei der Einwerbung von Spenden vor und einen Monat nach Lesen der Briefe. In der ersten Gruppe, die keine Briefe zu lesen bekam, änderte sich in dieser Zeitspanne nichts. Auch nicht in der zweiten Gruppe. Die dritte Gruppe jedoch erhöhte ihre eingeworbenen Spendenzusagen auf 243 %.

12.2.4 Sozio-moralische Atmosphäre

Das Modell des autoritären Führungsverhaltens, wo Entscheidungen über die Köpfe der Mitarbeiter hinweg getroffen werden, gilt heute als überholt; dennoch ist es immer noch das Standardmodell. Eine Studie der Initiative Neue Qualität der Arbeit (INQA) unter deutschen Führungskräften kam zu dem Ergebnis, dass die große Mehrheit der Manager ein solches Top-down-Modell ablehnt. Stattdessen wünschen sie sich Beteiligung und Mitbestimmung der Beschäftigten: „Transparenz von Informationen, Integration unterschiedlicher Lebensentwürfe, empathische Einbeziehung von Mitarbeitenden und die Förderung übergreifender Kooperationen stehen weit oben auf der Wunschliste. Die Führungskräfte sind sich einig, dass einsame Entscheidungen und fertig ausgearbeitete Konzepte angesichts der komplexen Dynamik global vernetzter Märkte nicht mehr angemessen sind" (INQA, 2014, S. 21).

Mitbestimmung statt Top-down-Vorgaben

Zumindest ideell sehen wir hier eine Entwicklung, die dem sinnstiftenden Kriterium einer sozio-moralischen Atmosphäre am Arbeitsplatz entgegenkommt. Die Arbeitsgruppe um meinen Kollegen Wolfgang Weber konnte die vielfältigen Vorteile eines solchen offenen, wertschätzenden und partizipativen Organisationsklimas belegen: Arbeitnehmer zeigten mehr Einfühlungsvermögen, Verlässlichkeit, Hilfsbereitschaft und Solidarität sowohl untereinander als auch im Umgang mit ihren Vorgesetzten und dem Unternehmen insgesamt. Sie fühlten sich stärker an das Unternehmen gebunden, wodurch Motivation, Engagement und letztendlich die Produktivität gefördert werden (Weber & Unterrainer, 2015). Hinzu kommt der klare Zusammenhang mit beruflichem Sinnerleben, den wir belegen konnten.

Es wird ein großer Schritt sein, bestehende hierarchische Strukturen zugunsten von demokratischen Prozessen zu verändern. Mit der sogenannten *Generation Y* aber sind Arbeitnehmer am Start, die ihre Motivation nicht primär aus der Höhe des Gehalts und anderen materiellen Anreizen ziehen. „Persönliches Engagement wird mehr mit Wertschätzung, Entscheidungsfreiräumen und Eigenverantwortung assoziiert. Autonomie werde [sic] wichtiger als Statussymbole und der wahrgenommene Sinnzusammenhang einer Tätigkeit bestimme [sic] den Grad der Einsatzbereitschaft" (INQA, 2014, S. 9), so fassen die Autoren der Studie „Führungskultur im Wandel" die Aussagen ihrer 400 Interviewpartner zusammen. Um Zugehörigkeit und Unternehmensbindung zu stärken, werden Führungskräfte kaum umhinkommen, ihr „Beziehungsverhalten" von einem patriarchalisch-autoritären zu einem gleichberechtigten, partizipativen, konfliktbereiten und wertschätzenden Umgang umzuwandeln.

12.2.5 Selbsttranszendente Unternehmensorientierung

Verantwortung statt Profitmaximierung

Mit der primären Gewinnorientierung steht ein weiteres Primat der vergangenen Jahrzehnte zur Disposition, wie die oben genannte INQA-Studie belegt: Nur weniger als ein Drittel der befragten Führungskräfte befürwortet ein effizienzorientiertes und auf die Maximierung von Profiten ausgerichtetes Managementmodell (INQA, 2014). Stattdessen rücken mit gesellschaftlicher Solidarität und sozialer Verantwortung Perspektiven in den Vordergrund, die sich in unserer Studie als sinnstiftend herausgestellt haben.

Die Idee einer nicht ausschließlichen Profitorientierung scheint schwer umsetzbar im Rahmen der vorherrschenden Ideologie der Marktwirtschaft. In einigen Ländern beginnt sich jedoch ein alternatives Konzept zu etablieren, das als „vierter Sektor" bezeichnet wird. Es handelt sich um Unternehmungen, die wirtschaftlichen Selbsterhalt mit gesellschaftlichem Nutzen verknüpfen – in Abgrenzung zum öffentlichen (Regierung, öffentlicher Dienst), privaten (Geschäft, Handel) und sozialen (non-profit) Sektor. Zum vierten Sektor zählen Initiativen wie *Corporate Social Responsibility* (unternehmerische Gesellschaftsverantwortung), Mikrofinanzierung über Klein- und Kleinstkredite, unternehmerische Philanthropie (Einsatz von Risikokapital zur Unterstützung sozialer, ökologischer oder gesellschaftlicher Vorhaben), nachhaltiges Wirtschaften, soziales Unternehmertum etc. (Sabeti & Fourth Sector Network Concept Working Group, 2009).

Trotz breiter gesellschaftlicher Anerkennung kann man nicht sagen, dass der vierte Sektor floriert. Viele institutionelle und strukturelle Hindernisse stehen der alternativen Organisationsführung noch im Weg, was den Zugang zu Kapital, rechtlich gültige Unternehmensformen oder Steuergesetze angeht. Doch auch in herkömmlichen Unternehmen der privaten Wirtschaft gibt es Entwicklungen hin zu mehr gesellschaftlicher Verantwortung. Begriffe wie Nachhaltigkeit und *Corporate Social Responsibility* finden sich in immer mehr Leitbildern. Im Hinblick auf die aktive Umsetzung gibt es aber offensichtlich große Diskrepanzen. Und nach den Erkenntnissen einer britischen Studie unter mehr als 1800 Managern sind solche Diskrepanzen gefährlich: So merken Angestellte sehr wohl, wenn Leitbilder allein auf dem Papier bestehen und auf Worte keine Taten folgen. Eine solche Wahrnehmung fehlender Authentizität und Integrität im Management geht bei den Mitarbeitern mit Zynismus und Sinnverlust einher (Holbeche & Springett, 2004). Nachvollziehbare Folgen sind sinkendes *Commitment* und Loyalität gegenüber dem Arbeitgeber.

„Walk the talk"

Werden fundamentale Werte, die über den Selbsterhalt hinausgehen, jedoch in die Tat umgesetzt, dann können Unternehmen damit rechnen, dass das berufliche Sinnerleben ihrer Mitarbeiter steigt. Die Managementberater Anja Förster und Peter Kreuz haben miterlebt, wie eine gelebte „höhere Bestimmung" – oder Selbsttranszendenz – eines Unternehmens inspirierend, energetisierend und sinnstiftend auf Angestellte wirkt:

Orientierung an höherer Bestimmung

> Den Begriff „höhere Bestimmung" können Sie direkt übersetzen in fundamentale Werte wie Schönheit, Wahrheit, Aufbruch zu neuen Ufern, Freiheit, Gerechtigkeit, Liebe, Mitgefühl, Dienst an der Menschheit. Das sind die moralischen Imperative, die die Menschen seit jeher zu außergewöhnlichen Leistungen angespornt haben. Wenn es Unternehmen gelingt, diese Werte in ihren eigenen Zielkanon zu übersetzen, dann ist die Antwort darauf gefunden, warum Menschen sich in dieses Unternehmen mit all ihrer Kreativität, Initiative und Leidenschaft einbringen sollten. (Förster & Kreuz, 2009, S. 30)

Die beiden Autoren konkretisieren im Anschluss: „Allerdings gilt dabei auch: Nicht jeder Mensch fühlt sich gleichermaßen von allen Werten angezogen. Vielmehr geht es um die Passgenauigkeit von Menschen und ihren Werten und Unternehmen, die genau diese Werte verkörpern (Förster & Kreuz, 2009, S. 30). Womit wir beim vierten Prädiktor der beruflichen Sinnerfüllung wären, der in unserer Studie bestätigt wurde.

12.2.6 Job-Passung

Eine Person sollte zu ihrem Job passen – im Hinblick auf Ausbildung, Fähigkeiten, Persönlichkeit und Interessen. Dies klingt banal und sollte eigentlich eine Selbstverständlichkeit sein. Dennoch ist eine gute Passung eher die Ausnahme. So berichtete die Mehrheit derer, die wir in einer Studie befragten (Schnell, Höge & Pollet, 2013), dass ihre Arbeit „mehr oder weniger gut" zu ihnen passe (62 %). Ein Viertel der Angestellten gab an, dass sie und ihr Beruf nicht gut *gematcht* seien, und nur 14 % berichteten eine hohe Passung.

Überforderung und Erschöpfung

Konsequenzen schlechter Job-Passung sind vielfältig; sie reichen von Unterforderung bis Überforderung. Überbeanspruchung und Stress am Arbeitsplatz nehmen seit Jahren zu. Weitverbreitet sind starker Termin- und Leistungsdruck, ständig wiederkehrende Arbeitsvorgänge, Störungen und Unterbrechungen der Arbeitstätigkeit, Zeitdruck sowie Probleme durch die gleichzeitige Betreuung verschiedenartiger Arbeiten (Lohmann-Haislah, 2013). Die Folgen sind muskuloskelettale Beschwerden (Schmerzen in verschiedenen Bereichen: Nacken, Schultern, Rücken, Kreuz, Armen, Händen, Beinen, Füßen, Hüften, Knien) und/oder psychovegetative Beschwerden (Müdigkeit und Erschöpfung, Schlafstörungen, Nervosität, Reizbarkeit, Niedergeschlagenheit). Im Stressreport Deutschland 2012 gaben 84 % der befragten abhängig Beschäftigten an, mindestens eine der genannten Beschwerden im vergangen Jahr häufig erlebt zu haben. Fast 17 % berichteten, dass sie während der vergangenen 12 Monate im Arbeitskontext *häufig* körperlich und emotional erschöpft seien (Lohmann-Haislah, 2013). Dabei wird vielfach über mengenmäßige Überforderung bei fachlicher Unterforderung geklagt. Die Job-Passung ist in vielen Fällen nicht gelungen: „Bezogen auf die Qualifikation hat sich gezeigt, dass viele Beschäftigte sich fachlich durchaus nicht ihrer Qualifikation entsprechend eingesetzt fühlen. Hier besteht noch umfängliches Gestaltungspotenzial" (Lohmann-Haislah, 2013, S. 122).

Unterforderung – Boreout

Obwohl es in Zeiten stetiger Arbeitsintensivierung paradox anmuten mag, erregt auch das Phänomen des *Boreout* immer mehr – offenbar gerechtfertigtes – Interesse. So litten in Deutschland im Jahr 2011 ebenso viele Angestellte unter Unterforderung wie unter Überforderung (DUW-Presseservice, 2011). In Österreich ist Unterforderung gar verbreiteter als Überforderung: Während sich 7 % als überfordert bezeichnen, geben 23 % an, unter Unterforderung zu leiden. Dabei handelt es sich vor allem um teilzeitarbeitende Frauen (Bauer, 2014). Mit der Unterforderung gehen Desinteresse und Langeweile einher, die auf Dauer zu einer schwer zu ertragenden frustrierenden Leere werden (Rothlin & Werder, 2014). Konsequenzen sind ähnliche Symptome wie beim *Burnout*: körperliche Erschöpfung, emotionale Frustration, Lustlosigkeit, sozialer Rückzug und Gereiztheit. Auch Depressionen oder somatoforme Störungen können folgen (Brühlmann, 2015).

Wenig Anspruch, Verantwortung und Abwechslung

Auf einen Bericht in einer österreichischen Tageszeitung kam es zu einer großen Welle von Leserzuschriften wie den folgenden: „An Tagen, an denen ich viel zu tun habe, gehe ich munter und erholt heim.

An Tagen, an denen ich acht Stunden Däumchen drehe, bin ich abends völlig erschöpft vom Nichts-Tun. Das mag zwar paradox klingen, aber es ist eine irre mentale Belastung, wenn man immer das Gefühl hat, man ist unnütz und kann nichts Bedeutendes leisten" (Userin C.; Al-Kattib, 2013). Userin A. schrieb: „Ich bekomme innerliche Krämpfe, weil mein Leben an mir vorbeizieht und es vollkommen sinnlos wird. … Meine Freunde sagen, ich solle endlich kündigen, aber wenn man sich so leer fühlt, weil die Arbeit sinnlos ist, verlernt man Selbstvertrauen zu haben und weiß nicht mehr, was man eigentlich für Fähigkeiten hat. Und es kostet Kraft und Phantasie, sich für andere Stellen zu bewerben" (Al-Kattib, 2013). Die Berichte verweisen darauf, dass Job-Passung nicht darauf beschränkt sein sollte, Positionen mit Personen zu besetzen, die die Fähigkeiten zur Erledigung der Aufgaben aufweisen. Menschliche Bedürfnisse nach sinnvoller geistiger Betätigung müssen ernst genommen und gewürdigt werden, wie die Analyse der Gründe für *Boreout* belegt: Die Hälfte der Betroffenen berichtet, dass sie keine anspruchsvollen Aufgaben zugewiesen bekommen und ihnen keine Verantwortung übertragen wird. Über ein Drittel leidet unter einem Mangel an Abwechslung (DUW-Presseservice, 2011).

Woran liegt es, dass so wenige Menschen auf Arbeitsplätzen landen, die ihnen entsprechen? Der Autor und Unternehmer Martin Gaedt hat sich die Berufsberatung in Deutschland näher angeschaut. Berufssuchende haben die Wahl, sich aus 329 staatlich geprüften Ausbildungsberufen, 900 dualen Studiengängen und 16.286 Studiengängen das Passende auszusuchen. Im Allgemeinen kennen Schüler jedoch nicht mal ein Promille dieser Optionen (Gaedt, 2014) – und die Berufsberatung in den Arbeitsagenturen ist diesbezüglich offenbar auch wenig hilfreich (Stiftung Warentest, 2007). Dementsprechend hoch sind die Abbrecherquoten; bei Ausbildungsberufen liegen sie in Deutschland derzeit bei 25 %, im Studium gar bei 30 % – (zu) viele bleiben ganz ohne Berufsausbildung (14 % im Jahr 2013; Bundesinstitut für Berufsbildung, 2014). Denjenigen, deren Abbruch zu einem Ausbildungs- oder Studienfachwechsel führt, kann man zumindest den Mut zum Ausprobieren zusprechen. Denn in den zeitlich eng getakteten, auf Effizienz und frühen Einstieg in den Arbeitsmarkt ausgerichteten Schul- und Ausbildungsjahren fehlt heute genau das: die Möglichkeit, sich auszuprobieren, sich kennenzulernen, Erfahrungen zu sammeln und ohne Sanktionen auch mal einen Umweg zu gehen.

Verschiedene Praktika und andere Verschränkungen von schulischer Ausbildung und Berufswelt sind ein wichtiger Schritt in diese Richtung. Ein weiteres Desiderat ist die Stärkung der Selbstkenntnis der Jugendlichen. Regelmäßig werde ich von Eltern oder Großeltern gefragt: „Mein Sohn, meine Enkelin weiß einfach nicht, was er/sie nach der Schule machen will! Hat die Psychologie da keine Empfehlungen?" Von psychologischer Seite stehen verschiedene Verfahren für Potenzialanalysen zur Verfügung, die Hinweise auf vorhandene Eigenschaften und Fähigkeiten geben. Die Durchführung wird jedoch meist der Entscheidung der Eltern überlassen, die diese auf eigene Initiative und

Unbekannte Möglichkeiten

Kosten durchführen lassen müssen. Hinzu kommt, dass Kompetenzen nicht gleichzusetzen sind mit Tätigkeiten, die Berufsanfängern auch sinnvoll erscheinen. Wenn die Einsicht in die Sinnhaftigkeit einer Ausbildung oder Arbeit aber fehlt, ist die Motivation gering. Und darunter leiden sowohl die Berufstätigen wie auch die Arbeitgeber, wie die im Folgenden zusammengefassten aktuellen Studien zeigen.

12.3 Korrelate des Sinnerlebens am Arbeitsplatz

Arbeitsengagement

In einer globalisierten, wettbewerbsorientierten Wirtschaft liegen die Organisationen vorn, deren Beschäftigte nicht nur Dienst nach Vorschrift machen, sondern ihre Energien und Kompetenzen in die zu leistenden Aufgaben investieren. Ein solches Arbeitsengagement (Bakker, Albrecht & Leiter, 2011) drückt sich aus in einem positiven affektiv-motivationalen Zustand, gekennzeichnet durch Vitalität, Hingabe und Absorbiertheit (Schaufeli et al., 2002). Menschen, die von ihrem Beruf begeistert sind, die völlig darin aufgehen und bei der Arbeit voller Energie sind, verfügen über ein hohes Arbeitsengagement. Und wenn ein solches vorliegt, kann man davon ausgehen, dass die Arbeit auch als sinnvoll erlebt wird. In unserer Studie an der Universität Innsbruck haben wir festgestellt, dass berufliche Sinnerfüllung und Arbeitsengagement quasi zwei Seiten einer Medaille sind (Höge & Schnell, 2012). Während Arbeitsengagement die affektive Seite darstellt, also Gefühle der Lebendigkeit und Begeisterung, repräsentiert berufliche Sinnerfüllung die kognitiv-evaluative Seite: Aus einer Metaperspektive sind Sinn und Nutzen der beruflichen Tätigkeit erkennbar, der Arbeitgeber wird als authentisch und wertschätzend bewertet, und die verfolgte Zielrichtung passt zu den eigenen Fähigkeiten, Werten und Überzeugungen.

Arbeitszufriedenheit, Leistung, Bindung

Es gibt somit einen engen Zusammenhang zwischen beruflicher Sinnerfüllung und dem Ausmaß, in dem ein Beschäftigter sich am Arbeitsplatz engagiert, also motiviert, inspiriert und begeistert bei der Sache ist. Weitere positive Zusammenhänge finden sich zwischen Sinnerfüllung am Arbeitsplatz und Arbeitszufriedenheit, beruflicher Leistung, organisationaler Bindung und Beschäftigungsdauer. Ebenso gilt: Je höher die berufliche Sinnerfüllung, desto geringer Fluktuation, innere Kündigung, Zynismus, Erschöpfung und Stresserleben (Claes & Ruiz-Quintanilla, 1994; Fairlie, 2011; Grant, 2007; Holbeche & Springett, 2004; Milliman, Czaplewski, & Ferguson, 2003; Rosso, Dekas & Wrzesniewski, 2010).

Berufliche Sinnleere = Sinnkrise

Diese Zusammenhänge gelten natürlich auch in anderer Richtung. Eine niedrige berufliche Sinnerfüllung entspricht einem leidvollen Zustand der Leere. Im Arbeitskontext ist die Abwesenheit von Sinn tatsächlich gleichzusetzen mit dem Vorhandensein einer beruflichen Sinnkrise: Wer sein Arbeitsleben als sinnlos erfährt – und dennoch jeden Tag antreten muss, die als sinnlos erlebte Tätigkeit verrichten muss, sich vor Vorgesetzten verantworten muss – für den ist dieser Zustand frustrierend, erschöpfend und belastend. Neben dem persönlichen

Leid, das hier entsteht, hat auch der Arbeitgeber mit erheblichen Konsequenzen zu rechnen. Solche Angestellten arbeiten ohne Engagement, Motivation und emotionale Bindung. Die Leistung wird zwangsläufig sinken, ebenso die Loyalität dem Unternehmen gegenüber. Mobbing und Unternehmensschädigung sind mögliche Folgen.

Ein häufiger Anlass niedrigen Sinnerlebens am Arbeitsplatz ist *Burnout*. Der markanteste Indikator eines *Burnout*-Syndroms ist Erschöpfung, die im Laufe der Zeit zu Zynismus oder Indifferenz führt und mit beruflicher Ineffizienz sowie körperlichen, emotionalen und geistigen Problemen einhergeht (Maslach, Schaufeli & Leiter, 2001). Typischerweise haben diejenigen, die unter einem Ausgebranntsein leiden, ihr Arbeitsleben mit idealistischer Begeisterung begonnen: Ihre Tätigkeit erschien ihnen sinnvoll, und sie haben viel hineininvestiert. „Was als wichtige, sinnvolle und herausfordernde Arbeit begann, wird unangenehm, nicht erfüllend und sinnlos. Energie wandelt sich in Erschöpfung, Engagement in Zynismus, und Leistungsfähigkeit wird zu Ineffektivität" (Maslach, Schaufeli & Leiter, 2001, S. 416; Übers. v. Tatjana Schnell). Der finale Zustand im *Burnout* ist charakterisiert durch Gefühle der Entfremdung von sich selbst und anderen, bis zum Verlust des allgemeinen Lebenssinns (Ekstedt & Fagerberg, 2005).

Doch wie kommt es zu dem Erschöpfungszustand, der so kritisch für die Entwicklung eines *Burnout*-Syndroms ist? Eine immer wieder bestätigte Ursache ist Überlastung – ein zu hohes Arbeitspensum bei zu wenig Zeit. Wenn gleichzeitig zu dieser Arbeitsverdichtung auch der persönliche Entscheidungsspielraum und eigene Kontrollmöglichkeiten eingeschränkt werden, dann geht es nur noch um hocheffizientes, fremdgesteuertes Funktionieren. Und das ist besonders schwierig für die, die voller Motivation und Ideen angetreten sind; denen es weniger um die Leistung pro Zeiteinheit als um eine qualitativ wertvolle Arbeit geht. Sie tendieren ohnehin dazu, mehr zu leisten als verlangt wird. Wenn dann aber wichtige Ressourcen wie Gestaltungsmöglichkeiten, Bedeutsamkeit, Zugehörigkeit und Wertkohärenz wegfallen, ist die Gefahr des *Burnout* besonders groß. Ein hohes Sinnerleben am Arbeitsplatz kann also auch gefährlich sein. Dem Phänomen des „Risikos sinnerfüllter Arbeit" gehen aktuell einige Studien nach.

12.4 Nicht jeden Tag die Welt retten! Gefahren sinnerfüllter Arbeit

Sinnvolle Arbeit ist ein zweischneidiges Schwert. Denen, die unter *sense-out* am Arbeitsplatz leiden, stehen jene gegenüber, die so froh über ihren sinnvollen Beruf sind, dass sie sich selbst ausbeuten. Ein geeigneter Nährboden für solches *over-commitment* sind zum Beispiel Non-Profit-Organisationen, also gemeinnützige Organisationen, die keine wirtschaftlichen, sondern soziale, kulturelle oder wissenschaftliche Ziele verfolgen.

> Besonders eindrucksvoll zeigen NPO [Non-Profit-Organisationen], wie wichtig es ist, den Sinn der Arbeit zu vermitteln. Bei NPO speist er sich offenkundig aus der Mission. Die Motivation ist hoch, sowohl bei den angestellten als auch bei den ehrenamtlichen Mitarbeitern. „Manchmal auch zu hoch", sagt Greenpeace-Geschäftsführer Alexander Egit. „Wir müssen ihnen dann sagen:,Du kannst nicht jeden Tag die Welt retten!'" Denn überschießende Energie führe im Extremfall individuell zu Überarbeitung und schade auch der Organisation, weil Kräfte verpuffen, wenn sie nicht für die strategisch wichtigen Ziele eingesetzt werden (Posch & Köttritsch, 2015).

Tausche soziale Beziehungen gegen sinnvollen Job …

Das US-amerikanische Forscherteam Dempsey und Mathews (2010) hat Autobiografien von drei Sozialunternehmern analysiert: John Wood, der einen hochbezahlten Arbeitsplatz bei Microsoft aufgab, um Büchereien in Entwicklungsländern aufzubauen; Greg Mortensen, der erfolglos versuchte, den K2 in Pakistan zu besteigen und dabei bewegende Erfahrungen mit der Großmütigkeit der Dorfbewohner machte; seitdem widmet er sich dem Bau von Schulen in Pakistan, Afghanistan und Tadschikistan; und Wendy Kopp, die bereits während ihres Bachelor-Studiums ihr Non-Profit Projekt „Teach for America" entwickelte, das inzwischen zu einem globalen Netzwerk unabhängiger Non-Profit-Organisationen herangewachsen ist. Bei der Analyse der Autobiografien wurde deutlich, dass soziales Unternehmertum in der Öffentlichkeit als überzeugendes Modell sinnvoller Arbeit gilt, da die Lösung drängender sozialer Probleme im Vordergrund steht. Die drei ausgewählten Protagonisten aber „bezahlten" für diese berufliche Sinnerfüllung mit Selbstaufopferung; sie nahmen finanzielle Risiken, Unterbezahlung, Überstunden und gesundheitliche Probleme hin. Sie tauschten ein mehr oder weniger geregeltes Familienleben gegen einen sinnvollen Job:

„Ich habe das gefunden, was ich immer wollte – einen sinnvollen Beruf, für den ich Leidenschaft empfinde. Wenn ich aufwache, kann ich es kaum erwarten, aus dem Bett zu springen und ins Büro zu kommen; ich freue mich auf das, was der Tag alles bringen wird. Das ist ein seltener Luxus in dieser Welt. … Ich sah meine Familie seltener als ich es mir gewünscht hätte … Unser Aufsichtsgremium sagte, dass sie befürchteten, ich würde ausbrennen. Aber es gab noch eine schlimmere Schattenseite, die immer wieder ihre hässliche Fratze zeigte: Die Überstunden waren einfach die Hölle für meine Beziehungen. Wenn ich begann, mit einer Frau auszugehen, war sie innerhalb eines Monats total frustriert wegen der wenigen Zeit, die ich der aufkeimenden Beziehung widmen konnte. Eine entmutigte Frau meinte, dass *Room to Read* [NPO von John Wood] ja wohl ‚meine Frau, meine Geliebte, mein Haustier und meine Karriere' sei. Sie stellte auch fest, dass heftiges Nicken und Grinsen keine angemessene Antwort darauf sei" (John Wood, zitiert nach Dempsey & Matthews, 2010, S. 450; Übers. v. Tatjana Schnell).

Verantwortung und Selbstlosigkeit

Doch auch in anderen Berufsbranchen ist die Selbstausbeutung bei sinnvoller Arbeit nicht unbekannt. Zwei US-amerikanische Forscher befragten Zoowärter zu ihrem beruflichen Sinnerleben (Bunderson & Thompson, 2009). Sie kamen zu dem Schluss, dass zutiefst als sinnvoll erlebter Arbeit eine Spannung innewohnt: Sinnerleben geht mit Verantwortung einher, und ein hohes Verantwortungsgefühl verlangt einen gewissen Grad an Selbstlosigkeit. Zoowärter, die ihren Beruf als Berufung ansahen und als entsprechend sinnstiftend erlebten, identifizierten sich stark mit ihrer Arbeit. Ihre Tätigkeit war für sie eine moralische Pflicht. Ihre Zoos waren besser geführt und genügten höheren Standards als die von Kollegen, die ihre Arbeit nicht als Berufung verstanden. Die „berufenen" Zoowärter nahmen aber auch Einschränkungen ihres Gehalts, ihrer Freizeit und ihres Wohlbefindens zugunsten der Arbeit hin.

Neben den Vorteilen sinnvoller Arbeit gilt es also auch, die möglichen Gefahren ernst zu nehmen. Wer bereit ist, zugunsten der Qualität der Arbeit persönliche Nachteile hinzunehmen, steht einer potenziellen Ausbeutung relativ schutzlos gegenüber. Und tatsächlich sind solche Mechanismen – ob implizit oder explizit – längst am Wirken. So berichten Bunderson und Thompson, dass in ihrer Stichprobe von 982 Zoowärtern aus den USA und Kanada jene ein geringeres Einkommen erzielten, die ihren Beruf eher als Berufung verstanden. Wer sich mit der Sache identifiziert, ist allzu leicht bereit, materielle Ungerechtigkeit zu akzeptieren!

Sinnerleben statt gerechter Entlohnung?

Die Tatsache, dass als sinnvoll erlebtes Handeln auf intrinsischer Motivation, Freiwilligkeit und Verantwortungsübernahme beruht, trägt somit in einer vitiösen Konsequenz zur Ambivalenz sinnvoller Erwerbstätigkeit bei. Die inzwischen von vielen Arbeitgebern zugestandene Autonomie und Eigenverantwortung am Arbeitsplatz geht einher mit einer räumlichen und zeitlichen Entgrenzung der Arbeit. Dadurch ergibt sich ein hohes Belastungspotenzial für Arbeitnehmer, deren Privat- und Familienleben. Häufig gibt es zudem eine Kluft zwischen zugesprochenen Aufträgen und der Verfügbarkeit zeitlicher und materieller Ressourcen. Werktätige mögen sich auf diese Weise zwar als selbstbestimmt und sinnerfüllt erfahren, geraten aber leicht in einen Teufelskreis von Belastung und Überforderung (Rosa, 2014; Volpert & Weber, eingereicht).

12.5 Beruf als Lebenssinn?

So wichtig die Sinnhaftigkeit der beruflichen Tätigkeit auch ist – das Konzept sollte nicht überstrapaziert werden. Nicht jeder sucht seinen Lebenssinn in der Arbeit, und nicht jede Arbeit hat Qualitäten, die sie zu einem geeigneten Lebensmittelpunkt werden lassen. Wie unsere Daten zeigen, dient Erwerbsarbeit vor allem der Selbstverwirklichung. Lebensbedeutungen wie Herausforderung, Entwicklung, Leistung, Macht, Kreativität und Wissen können im Rahmen der beruflichen Tätigkeit verfolgt werden. Doch je mehr Initiative, Zeit und Engagement die eigene Arbeit verlangt, desto weniger Raum bleibt für andere

„Work-Life-Balance"

Sinnquellen. Wie in ▶ Abschn. 6.2 erläutert, ist eine Balance der Lebensbedeutungen zentral für die persönliche Sinnerfüllung. Eine eindimensionale Konzentration auf den Beruf bringt das Leben ins Ungleichgewicht, wie es der – unglücklich gewählte – Begriff Work-Life-Balance nahelegt. Natürlich gehört die Arbeit zum Leben. Aber sie tendiert dazu, unsere Ressourcen so zu vereinnahmen, dass andere Lebensbereiche, vor allem die Domäne des Wir- und Wohlgefühls, zu kurz kommen.

„Downshifting"

Die zeitliche Expansion der Arbeit (Überstunden, erhöhtes Rentenalter) und ihr Status als zentrales Identitätsmerkmal können einem ausgewogenen Leben im Weg stehen. Und sie stigmatisieren diejenigen, die – gewollt oder ungewollt – bei diesem Spiel nicht mitmachen: Hausmänner und Hausfrauen, Teilzeitarbeitende und Arbeitslose. Ein Gegentrend lässt sich jedoch ausmachen. Während der traditionelle Karriereweg mit stetig steigendem Gehalt über Jahrzehnte hinweg als motivierend (und offenbar auch sinnvoll) erlebt wurde, stellen heute viele Berufstätige den inhärenten Wert dieses Strebens infrage. Es regt sich gar ein für manche widersinnig anmutendes Bedürfnis nach „Fortschritt durch Rückschritt": Immer mehr Menschen reduzieren ihre Arbeitszeit, wechseln in niedrigere Positionen mit geringerem Gehalt oder geben die Erwerbsarbeit ganz auf, um im Gegenzug Zeit zu gewinnen. Ein solches *downshifting* hat das Ziel eines balancierteren Lebensentwurfs, in dem persönliche Erfüllung und soziale Beziehungen höher als ökonomischer Erfolg gewertet werden (Nelson et al., 2007). Während *downshifting* in deutschsprachigen Ländern gerade erst an Bekanntheit gewinnt, gaben in Großbritannien schon zu Beginn dieses Jahrtausends 25 % aller landesweit Befragten an, „in den letzten zehn Jahren ihren Lebensstil freiwillig so geändert zu haben, dass sie weniger verdienten (ausgenommen die planmäßige Berentung)" (Hamilton, 2003, S. vii). Dabei waren nicht einmal diejenigen eingerechnet, die wegen eines Kindes oder einer Selbstständigkeit ihr Angestelltenverhältnis aufgaben oder reduzierten. Über 90 % der befragten *Runterschalter* waren glücklich mit ihrer Entscheidung. Zweiundfünfzig Prozent gaben zwar zu, dass sie das zusätzliche Einkommen vermissten – bereuten ihre Entscheidung aber nicht (Hamilton, 2003).

Arbeit als Sinnquelle vs. sinnvolle Arbeit

Für viele wird die Berufstätigkeit weiterhin der wichtigste Lebensinhalt bleiben. Und das ist auch gut so, wenn man bedenkt, welche herausfordernden und bereichernden Aufgaben es zu leisten gilt. Es gibt jedoch Berufe, die eher eintönig und unschöpferisch sind; sie bieten wenig Möglichkeiten für Selbstverwirklichung, Selbsttranszendenz oder Wir- und Wohlgefühl. Als Sinnquelle eignen sie sich daher kaum. Was längst nicht heißt, dass solche Arbeiten *sinnlos* sind. Wir müssen klar differenzieren zwischen Arbeit, die Sinn stiftet, und sinnvoller Arbeit. Jede Arbeit ist *per se* sinnvoll und sollte dementsprechend gestaltet werden. Aber nicht jede Arbeit muss zur Quelle von Lebenssinn werden. Betrachten wir zwei Beispiele, die Reinigungskraft und die Chirurgin. Die Tätigkeit der Chirurgin ist hoch komplex, abwechslungsreich, bietet Möglichkeiten zu persönlicher Entwicklung, Leistung, Macht, Wissen, Kreativität …, und sie rettet Leben. Die Reinigungskraft tut täglich das Gleiche, hat wenig Entwicklungschancen und Macht, geringen Spielraum für Leistung und Kreativität.

Die vier Kriterien beruflicher Sinnerfüllung sind aber für beide Tätigkeiten relevant und umsetzbar – und in beiden Berufen gibt es diesbezüglich Handlungsbedarf. Betrachten wir zuerst die Situation der Chirurgin. Die *Bedeutsamkeit* der chirurgischen Tätigkeit ist offensichtlich. Auch die Passung von Person und Position ist im Fall von Chirurgen – durch Selektionsprozesse und einen langen Ausbildungsweg – mit hoher Wahrscheinlichkeit gegeben. Das *Betriebsklima* in Kliniken ist jedoch häufig durch starre autoritäre Strukturen geprägt; hier könnte eine offene, wertschätzende und partizipative Atmosphäre zu einer Steigerung des Sinnerlebens beitragen. Wenn sich Kliniken zudem primär wirtschaftlich orientieren, so sehen viele Ärzte den Kern, oder Sinn, ihrer Tätigkeit bedroht, weil aufgrund von Sparzwang die Qualität der Arbeit in Gefahr gerät.

Betrachten wir nun die Arbeit der Reinigungskraft. Sie ist von hoher *Bedeutung* für diejenigen, die auf saubere Räume angewiesen sind – wobei diese Bedeutung selten, z. B. in Form von positiven Rückmeldungen, an das Reinigungspersonal weitergegeben wird. Das *Betriebsklima* in der Reinigungsfirma kann mehr oder weniger offen, wertschätzend und partizipativ sein. Die *Orientierung* des Unternehmens kann selbsttranszendent sein, indem beispielsweise die Umwelt- und Personenverträglichkeit der verwendeten Putzmittel vor den maximalen Profit gestellt wird. Auch die *Passung* von Person und Position kann berücksichtigt werden, z. B. durch Flexibilität im Hinblick auf Arbeitszeiten, Jobrotation, mehr oder weniger Vorgaben in der Wahl der Arbeitsschritte, Zusammensetzung der Teams etc.

Doch obwohl beide Tätigkeiten ähnlich *sinnvoll* sind bzw. sein können, ist nicht zu erwarten, dass sie ähnlich *sinnstiftend* sind. Wahrscheinlich wird die Reinigungskraft ihren Lebenssinn nicht in ihrer Erwerbstätigkeit finden. Persönliche Lebensbedeutungen können im Rahmen der Berufstätigkeit, aber auch außerhalb verwirklicht werden – sei es in familiären oder sozialen Beziehungen, in gesellschaftlicher oder künstlerischer Tätigkeit, in der neugierigen Erkundung oder der pflegenden Bewahrung, in sinnlichem Genuss oder achtsamer Begegnung. Solange das Berufsleben durch die vier Merkmale der Bedeutsamkeit, Orientierung, Zugehörigkeit und Passung charakterisiert ist, solange es nicht zu Wertkonflikten und Gefühlen von Leere, Isolation und Entfremdung kommt, kann jede Arbeit, die einen gesellschaftlichen Nutzen aufweist, als sinnvoll erlebt werden.

Dabei ist der Hinweis auf den gesellschaftlichen Nutzen entscheidend. Manche Beschäftigungen lassen auch bei tief gehender Reflexion keinen solchen Nutzen erkennen. Unter Umständen macht eine konsequente Auseinandersetzung mit der eigenen Tätigkeit deren Sinnlosigkeit erst bewusst. So ist es Fréderic Beigbeder ergangen, der seine berufliche Sinnkrise in einer Werbeagentur anschaulich in dem Buch „Neununddreissigneunzig" beschrieben hat (Beigbeder, 2004, S. 15 ff.):

„Ich heiße Octave und kaufe meine Klamotten bei APC. Ich bin Werber: ja, ein Weltverschmutzer. Ich bin der Typ, der Ihnen Scheiße

(Nicht ganz) jede Arbeit ist sinnvoll

verkauft. Der Sie von Sachen träumen lässt, die Sie nie haben werden. ... In meinem Metier will keiner Ihr Glück, denn glückliche Menschen konsumieren nicht. Ihr Leiden dopt den Handel. In unserem Jargon nennen wir das die ‚Post-Shopping-Frustration'. Sie müssen unbedingt ein bestimmtes Produkt haben, und kaum dass Sie es haben, brauchen Sie schon das nächste. Der Hedonismus ist kein Humanismus, sondern Cashflow. Devise: ‚Ich gebe Geld aus, also bin ich.' Um Bedürfnisse zu schaffen, muss man Neid, Leid, Unzufriedenheit schüren – das ist meine Munition. Meine Zielscheibe sind Sie. Mein Leben besteht darin, Sie zu belügen, und dafür werde ich fürstlich entlohnt. ... Ich bin gefährlich, halten Sie mich auf, bevor es zu spät ist, ich flehe Sie an!"

Wo eine Arbeit primär dem Nutzen Einzelner dient, mit potenziellen negativen Auswirkungen für andere, da sind organisationale Umstrukturierungen zur Erhöhung des Sinnerlebens wahrscheinlich fehl am Platz.

12.6 Exkurs: Freiwilligenarbeit – sinnvolles Engagement

Es mag paradox anmuten, aber Untersuchungen zeigen, dass gerade die Arbeit am sinnvollsten erlebt wird, die nicht monetär vergolten wird: die ehrenamtliche Arbeit, in der Literatur meist als *Freiwilligenarbeit* bezeichnet. Unter Freiwilligenarbeit versteht man ein „Engagement für selbstgewählte Aufgaben, die den persönlichen Interessen entgegenkommen und als sinnvoll und nützlich für sich und andere angesehen werden" (Bock, 2002). Diese Art von Tätigkeit weist mehrere Merkmale auf, die ihre Sinnhaftigkeit stützen: Es handelt sich um zielorientierte Aktivitäten (*Orientierung*), die eine hohe *Bedeutsamkeit* aufweisen. Sie werden persönlichen Interessen, Werten, Fähigkeiten und Zeitmöglichkeiten entsprechend gewählt, was ein stimmiges, *kohärentes* Eingliedern in das eigene Leben erlaubt. Nicht zuletzt findet Freiwilligenarbeit in den meisten Fällen in Gemeinschaft statt, und es entwickelt sich ein Gefühl der *Zugehörigkeit* (Schnell & Hoof, 2012).

Freiwillig Tätige sind sinnerfüllter

Tatsächlich ließ sich nachweisen, dass das Sinnerleben von freiwillig Tätigen höher ist als das der Normalbevölkerung (Hoof & Schnell, 2009; Schnell & Hoof, 2012). Dabei scheint ein positiver Effekt für das Wohlbefinden bei einer Betätigung von mindestens zwei bis drei Stunden pro Woche aufzutreten (Luoh & Herzog, 2002; Schnell & Hoof, 2012; Windsor, Anstey & Rodgers, 2008). Ein Zusammenhang zwischen Ehrenamt und Sinnerfüllung konnte gar während der Arbeitslosigkeit belegt werden, also in einer Zeit, die als äußerst belastend erlebt wird und die mit Verschlechterung des Gesundheitszustandes, des Wohlbefindens und der Vitalität einhergeht (Kroll & Lampert, 2012). Ina Dickel und Peter Schmuck führten eine Untersuchung mit 145 erwerbslosen Männern und Frauen durch, von denen 59 ehrenamtlich engagiert waren. Wie erwartet, war bei diesen die Sinnerfüllung höher ausgeprägt als bei den nicht freiwillig Tätigen. Das Niveau erreichte gar das der Allgemeinbevölkerung. Gleichzeitig waren Sinnkrisen bei den ehrenamtlich Engagierten seltener (Dickel, 2009).

Da es sich bei diesen Untersuchungen um Querschnittstudien handelte, wissen wir nicht, ob das Ehrenamt die Sinnerfüllung positiv beeinflusst oder – umgekehrt – ob sinnerfüllte Menschen einfach eher bereit sind, sich freiwillig zu engagieren. Wahrscheinlich ist beides der Fall. Allerdings gibt es mindestens eine Studie, die explizit belegt, dass Freiwilligenarbeit Sinn stiften kann: In den USA behandelten Steven Southwick und seine Kollegen Kriegsveteranen mit posttraumatischer Belastungsstörung. Ein zentrales Therapieelement war eine ehrenamtliche Betätigung von 10 bis 20 Stunden pro Woche. Sie erwies sich als äußerst einflussreich. So erfuhren die Patienten einen Zuwachs an Selbstwirksamkeit, Verantwortungsgefühl und, vor allem, Sinnerleben (Southwick et al., 2006). Ein Patient beschrieb seine Erfahrung folgendermaßen: „Am Anfang sind wir in die Klinik gekommen, um als ‚behinderte Veteranen' behandelt zu werden. Wir merken aber immer mehr, mit jedem Projekt, das wir uns überlegen und umsetzen, dass wir da draußen wirklich etwas bedeuten. Du siehst es in den Gesichtern der Leute, denen wir helfen, vor allem bei den Kindern" (zitiert nach Southwick et al., 2006, S. 171; Übers. v. Tatjana Schnell).

Southwick und seine Kollegen legten Wert darauf, dass ihre Patienten sich Projekten zuwandten, die mit ihren Fähigkeiten und ihren persönlichen Erfahrungen zusammenhingen. Die Bedeutsamkeit der Tätigkeit wird dadurch nochmals verstärkt. Viele Menschen, die ein Interesse an Freiwilligenarbeit haben, fühlen sich von vornherein zu bestimmten Tätigkeiten, Vereinen oder Organisationen hingezogen. Andere wissen nur: Sie würden gern etwas tun, aber sie wissen nicht, was. Damit Freiwilligenarbeit tatsächlich als sinnvoll erlebt wird, ist es wichtig, eine möglichst gute Passung zwischen Person und Tätigkeit zu finden. Ehrenamtliche Tätigkeiten unterscheiden sich bezüglich der Lebensbedeutungen, die dadurch verwirklicht werden können. So stellten Matthias Hoof und ich in einer Studie mit 168 freiwillig Tätigen fest, dass sich Ehrenamtliche in Hospizen von anderen Ehrenamtlichen durch ihre hohe Spiritualität und Selbsterkenntnis unterschieden. Ehrenamtliche in säkularen Organisationen wie dem Roten Kreuz, der Tafel oder der Freiwilligen Feuerwehr hingegen zeichneten sich durch eine stärkere Orientierung an Macht und Spaß aus.

Passung ist wichtig

12.7 Erkenne dich selbst

- **Selbstexploration: Sinnerfüllung im Beruf**
- Wenn Sie berufstätig sind, notieren Sie: Warum habe ich damals meinen Beruf gewählt?
- Was waren meine ursprünglichen Ziele?
- Bin ich, wo ich sein will?
- Bin ich überfordert?
- Bin ich unterfordert?
- Habe ich Freude an der Arbeit? (Wann besonders, wann nicht?)

- Welchen Nutzen hat meine Arbeit für die Gesellschaft?
- Stimmt meine Tätigkeit mit meinen Werten überein?
- Erlebe ich mich als Teil eines größeren Ganzen (z. B. eines Unternehmens, einer Arbeitsgruppe, einer Profession …)?
- Kann ich mit Kolleginnen/Vorgesetzten offen über Probleme und Konflikte sprechen?
- Erfahre ich am Arbeitsplatz Wertschätzung und Unterstützung?
- Kann ich Arbeits- und/oder Entscheidungsprozesse mitgestalten?
- Übernimmt mein Arbeitgeber/mein Unternehmen Verantwortung für soziale und gesellschaftliche Anliegen?
- Gibt es Bedingungen, die einem sinnvollen Arbeiten entgegenstehen?
- Wo erlebe ich berufliche Erfüllung – aber mache es mir nicht bewusst?

Stoßen Sie auf schwerwiegende Konflikte, so bietet sich an,
- „Nein" zu sagen bei Wert- oder Interessenskonflikten,
- gegen destruktive Arbeitsbedingungen vorzugehen (Betriebsrat etc.),
- eine Auszeit zur Besinnung zu nehmen,
- mit Vorgesetzten über Möglichkeiten zur Veränderung der eigenen Schwerpunkte zu sprechen (Stichwort „idiosyncratic deals"),
- eine klare Entscheidung für oder gegen die derzeitige Position zu treffen,
- wenn nötig: nach Alternativen zu suchen und Mut zur Veränderung aufzubringen.

■ Zum Nach-Denken

» Die Sache hat uns in der Hand. Man fährt Tag und Nacht in ihr und tut auch noch alles andre darin; man rasiert sich, man ißt, man liebt, man liest Bücher, man übt seinen Beruf aus, als ob die vier Wände stillstünden, und das Unheimliche ist bloß, daß die Wände fahren, ohne daß man es merkt, und ihre Schienen vorauswerfen, wie lange, tastend gekrümmte Fäden, ohne daß man weiß wohin. Und überdies will man ja womöglich selbst noch zu den Kräften gehören, die den Zug der Zeit bestimmen. Das ist eine sehr unklare Rolle, und es kommt vor, wenn man nach längerer Pause hinaussieht, daß sich die Landschaft geändert hat; was da vorbeifliegt, fliegt vorbei, weil es nicht anders sein kann, aber bei aller Ergebenheit gewinnt ein unangenehmes Gefühl immer mehr Gewalt, als ob man über das Ziel hinausgefahren oder auf eine falsche Strecke geraten wäre. Und eines Tags ist das stürmische Bedürfnis da: Aussteigen! Abspringen! Ein Heimweh nach Aufgehaltenwerden, Nichtsichentwickeln, Steckenbleiben, Zurückkehren zu einem Punkt, der vor der falschen Abzweigung liegt! (Musil, 2013, S. 35)

Ausblick

13.1 Gefangen im System? – 175

13.2 Sinn ist subjektiv – Eudämonie verlangt Gerechtigkeit – 178

> Was wäre, wenn der nächste Schritt in der Psychologie ein integrierender wäre, ein reiches Mosaik, das aus allen aktuellen Trends besteht, aber durchweg unterfüttert ist mit Tiefe, Weite und der Leidenschaft vertrauter menschlicher Erfahrung? Was, wenn künstliche Intelligenz poetisch erhellt, wenn Neurowissenschaften durch erfahrungsbezogene Untersuchungen ergänzt würden und wenn die Evolutionspsychologie mit ganzheitlicher Reflexion gepaart würde? Was wäre, wenn die Positive Psychologie mit Tiefe, oder mit philosophischer Recherche, und wenn Postmodernismus mit personen- oder transzendenzbezogenen Ansätzen verknüpft würde?" (Schneider, Bugental, & Pierson, 2001, xix; Übers. v. Tatjana Schnell).

Transdisziplinarität

Diese Vision ist nicht ohne begründete Hoffnung. Nach Jahrzehnten intensiver Spezialisierung der Forschungslandschaft sieht man heute erste Annäherungen nach dem Prinzip der Transdisziplinarität: Lebensweltliche Probleme werden, ihrer Komplexität entsprechend, aus verschiedenen wissenschaftlichen und gesellschaftlichen Perspektiven betrachtet. Das übergeordnete Ziel besteht darin, eine am Gemeinwohl orientierte Problemlösung zu erarbeiten (Hirsch Hadorn et al., 2008). Unabhängig davon, dass man diese „Selbstüberschreitung" der Disziplinen in Richtung eines übergeordneten Ziels als äußerst sinnvolles, der Isolation der Einzelfächer entgegenwirkendes Unterfangen betrachten kann, lässt sich konstatieren: Transdisziplinarität hat stark dazu beigetragen, das komplexe, schwer fassbare Thema Lebenssinn empirisch zugänglich zu machen. Durch die Verknüpfung von Geistes-, Sozial- und Wirtschaftswissenschaften und die Anbindung an Medizin, Neurologie und Immunologie sind Erkenntnisse entstanden, die große praktische Relevanz haben.

Individuen, Institutionen und Gesellschaft vor der Sinnfrage

Die Sinnfrage – als lebensweltliches Problem *par excellence* – betrifft Individuen ebenso wie Institutionen und Gesellschaften. In der „Psychologie des Lebenssinns" steht das Individuum im Vordergrund – als das Subjekt, das Sinnfragen stellt. Eingebunden in „bio-psycho-soziale" Strukturen erfährt der denkende und wertende Mensch mehr oder weniger Sinn. Doch wenn wir unseren Blick weiten, sehen wir, dass auch Institutionen nicht vor der Sinnfrage gefeit sind. Unser Gesellschaftssystem *in toto* scheint auf einem instabilen Fundament zu stehen. Was lange als selbstverständlich galt, wird heute durch die Realität infrage gestellt: Das Primat von Wachstum und Fortschritt bröckelt angesichts von Wirtschaftskrise, Klimawandel und wachsender Einkommensschere. Unsere Hoffnung auf ein besseres Leben durch hochtechnisierte, geräteintensive Medizin scheitert an der gleichzeitigen (oder daraus erwachsenden?) Unfähigkeit, würdevoll zu altern und zu sterben. Hehre Bildungsziele werden in verschulten und zweckorientierten Lehranstalten *ad absurdum* geführt. Unser Selbstbild einer offenen und gerechten Gesellschaft gerät angesichts Hunderttausender Asylsuchender ins Wanken.

„Es gibt kein richtiges Leben im falschen", sagte Adorno (Adorno, 1973, S. 42). Doch, sagte Frankl. In unserer persönlichen Einstellung sind wir frei, können wir unabänderliches Leid in Leistung verwandeln und unseren persönlichen Sinn bewahren. Aber Vorsicht, sagen viele aufmerksame Menschen heute: Es geht nicht nur um unseren persönlichen Sinn – und ab wann sind leidvolle Situationen wirklich unabänderlich?

Wer sinnorientiert lebt, hat zwangsläufig den übergeordneten Zusammenhang im Blick. Wer Sinn sucht, fragt nach dem Warum. Und wird so immer wieder auf Dissonanzen und Ungerechtigkeiten stoßen, die mit den gegenwärtigen gesellschaftlichen Strukturen einhergehen. Einige solcher Probleme sollen im Folgenden aufgegriffen werden, mit Hinweisen darauf, welche alternativen Handlungsmöglichkeiten sich auftun.

13.1 Gefangen im System?

Im Vergleich zur Mehrheit der Weltbevölkerung geht es Bewohnern der westlichen Industrieländer sehr gut, was Sicherheit, materielle Lebensgrundlagen und Zugang zum Gesundheitssystem angeht. Dennoch kann man einen hohen seelischen Leidensdruck verzeichnen. „Bei einer von drei Frauen und bei einem von vier bis fünf Männern im Alter von 18 bis 79 Jahren lag in den vergangenen 12 Monaten zumindest zeitweise mindestens eine psychische Störung vor" (Jacobi et al., 2014, S. 83). Vor allem der Gebrauch von Antidepressiva steigt kontinuierlich an: seit 2000 hat er sich in EU-Ländern beinahe verdoppelt (OECD, 2014). Im Kontext dieser gesamtgesellschaftlichen Entwicklungen ist auch die zunehmende Relevanz der Sinnfrage zu verstehen. „In einer Gesellschaft, in der vor allem Leistung und individuelles Handeln zählen, in der einen Energieausfälle teuer zu stehen kommen können, weil man fortwährend auf der Höhe sein muss, ist Gehemmtheit eine Funktionsstörung, eine Unzulänglichkeit. Das Individuum wird institutionell gezwungen, um jeden Preis zu handeln und sich dabei auf seine inneren Antriebe zu stützen" (Ehrenberg, 2008, S. 287). Reichen diese nicht aus, dann stehen antriebsteigernde Mittel auf Rezept zur Verfügung. Was bedeutet es, wenn sich unter solchen Bedingungen Zweifel am Sinn des täglichen Tuns ergeben? Müssen darauf folgende Sinnkrisen nicht gar als Indikatoren seelischer Gesundheit verstanden werden?

> Gesunder Zweifel

Natürlich geht es nicht darum, existenzielles Leid zu bagatellisieren. Jedem Menschen, der unter einer Sinnkrise leidet, sollte für deren Bewältigung Unterstützung und Begleitung angeboten werden. Doch gilt es auch, das damit verfolgte, übergeordnete Ziel zu reflektieren. In ihrem Coaching-Blog hat sich Petra-Alexandra Buhl mit dem Thema „Resilienz – Gedeihen trotz widriger Umstände" auseinandergesetzt. Resilienz steht für psychische Widerstandsfähigkeit, also die Fähigkeit, nach Krisen nicht aufzugeben, sondern „weiterzumachen". Aus

> Resilienz um jeden Preis?

der Sicht des von einer Krise betroffenen Individuums ist Resilienz wohl ein äußerst positives Merkmal. Aus einer übergeordneten Perspektive jedoch gilt auch: „Man muss nicht alles durchhalten." So berichtet der Betriebsratsvorsitzende eines Versicherungskonzerns, Ralf-Giso Kutschker, wie in der Wirtschaft Resilienz vorgeschoben werde, um Menschen fit zu machen für noch mehr Stress: „Dabei stimmen die Bedingungen nicht. Immer weniger Mitarbeiter müssen immer mehr Arbeit besser machen und noch höhere Qualitäts- und Servicelevel erreichen. Die Personalpolitik rechnet mit immer weniger Leuten und diese Mitarbeiter sind dann gefordert, das mit allen Kompetenzen auszubalancieren." Gleichzeitig sieht Kutschker Entfremdungsprozesse am Wirken: „Ich sehe eine sehr starke Individualisierung bis hin zur Vereinzelung und Vereinsamung, verursacht durch ständige Konkurrenz. Die Leute haben das Gefühl, ich muss so viel arbeiten und so viel mehr leisten – trotzdem ist mein Job nicht sicher, und wenn ich mich noch so anstrenge" (Buhl-Coaching.de, 2015).

Utopisch?

Soweit eines von vielen Beispielen dafür, dass gesellschaftliche Strukturen auf nachvollziehbare Weise das persönliche Sinnerleben einschränken. Im Sinne einer nachhaltigen Beratung und Therapie gilt es, nicht nur Sinnerfüllung auf individueller Ebene zu (re-)konstruieren, sondern krankmachende Lebensbedingungen zu ändern. Der Alternativen gibt es einige. Sie mögen als überzogen idealistisch oder utopisch erscheinen, doch wird vieles bereits ersten Tests ausgesetzt oder aus privater Initiative umgesetzt, im Kleinen, von Menschen, die nicht auf den großen Systemwandel warten wollen – sondern ihn herbeiführen.

Bedingungsloses Grundeinkommen

Als Gegenentwurf zu Arbeitsintensivierung, Erschöpfung und Entfremdung wird ein bedingungsloses Grundeinkommen diskutiert. 2015 entschloss sich Finnland, als erstes Land der EU, ein bedingungsloses Grundeinkommen zu testen. Die Idee dahinter: Jeder Bürger erhält regelmäßig einen festen Betrag, ohne eine Gegenleistung dafür erbringen zu müssen. Dies soll der gesamten Bevölkerung ein menschenwürdiges Dasein und die Teilnahme am öffentlichen Leben ermöglichen. Konkreter: Es kommt zu einer Entstigmatisierung von Arbeitslosigkeit und Teilzeitarbeit; Berufe werden nach Kriterien der Passung gewählt – und nicht danach, ob damit die Existenz gesichert wird; ausbleibende Angst vor Arbeitsplatzverlust bedeutet weniger Leistungsdruck, Überforderung und Erschöpfung; monotone und unbeliebte Arbeit des Niedriglohnsektors wird aufgewertet und höher entlohnt; es ergeben sich Freiräume für die Beschäftigung mit Kindern/Familie, für Bildung, Ehrenamt und gesellschaftliches Engagement (s. z. B. http://www.bedingungslos.ch [Stand: 11.12.2015]; Hohenleitner & Straubhaar, 2008). Das Konzept stößt sowohl auf starke Ablehnung als auch auf euphorische Zustimmung. Mehrere Analysen sprechen für die wirtschaftliche Machbarkeit und überzeugenden gesellschaftlichen Nutzen. Die Ökonomen Ingrid Hohenleitner und Thomas Straubhaar kommen zu dem Schluss: Das bedingungslose Grundeinkommen „setzt auf Freiwilligkeit bei der Berufswahl und bei der Erwerbsentscheidung. Damit fördert es eine optimale Arbeitsteilung. Dies wiederum erhöht die Produktivität, das

BIP (Bruttoinlandsprodukt) sowie die gesamtwirtschaftliche Wohlfahrt" (Hohenleitner & Straubhaar, 2008, S. 18).

Um Klimawandel und Ressourcenknappheit entgegenzuwirken, hat sich eine Vielzahl von Initiativen entwickelt, die von bewusstem Konsum über die vornehmliche Nutzung regionaler bzw. lokaler Ressourcen bis zur Ernährungs- und Energiesouveränität reichen. Vegetarier meiden Nahrungsmittel, die von getöteten Tieren stammen. Sie entziehen somit ihre Kaufkraft einer ethisch und ökologisch strittigen Massentierhaltung. Veganer verzichten auf jegliche tierische Lebensmittel oder Nahrungsmittel mit tierischen Bestandteilen, oft auch auf Kleidung, Kosmetika oder Medikamente, die tierische Bestandteile aufweisen. In sogenannten *Foodcoops* schließen sich Personen oder Haushalte zusammen und organisieren den Bezug (meist) biologischer Produkte von lokalen Bauernhöfen, Gärtnereibetrieben, Imkern usw. Ökologische Landwirtschaft wird somit unterstützt, kurze Transportwege erreicht; und durch Ausschluss von Zwischenhändlern können Mitglieder einer *Foodcoop* meist auch preiswerter als im Einzelhandel einkaufen. Ähnliche Ziele, nur extern organisiert, verfolgen sogenannte Gemüse- oder Bauernkisten, die ein Naturkostsortiment von ausgewählten Bauern an Haushalte liefern. *Urban Gardening* und Gemeinschaftsgärten dienen einer teilweisen oder vollständigen Selbstversorgung, wobei gleichzeitig auch Kommunikations- und Integrationsprozesse angestoßen werden.

> Bewusster Konsum, regional, biologisch

Bei Teil- und Tauschinitiativen wird die Anhäufung von Besitz infrage gestellt. Zudem wird der Tatsache Rechnung getragen, dass die Produktion (und die Entsorgung) von Elektrogeräten umweltschädigende Konsequenzen hat, und die Geräte in vielen Fällen mit „geplanter Obsoleszenz", also einer vom Hersteller „eingebauten", gebrauchsunabhängigen verringerten Lebensdauer auf den Markt kommen. Getauscht werden beispielsweise „Talente" – Fähigkeiten oder Kenntnisse, die für andere brauchbar und wertvoll sind, und die über ein (zinsloses) Konto verrechnet werden. Gerechnet wird mit Zeiteinheiten; jegliche Tätigkeit hat den gleichen Wert. Geteilt und getauscht werden auch Kraftfahrzeuge und Geräte, deren Anschaffung sich für Einzelne nicht lohnen würde. Auf Kleidertauschmärkten finden Eltern, meist gegen ein geringes Entgelt, gut erhaltene Kleidung und Spielsachen, die so – nach naturgemäß kurzer Nutzung durch ein herauswachsendes Kind – mehrfach Nutzen und Freude bringen. Öffentliche Handwerkstätten und Nähateliers, virtuelle und analoge Netzwerke für Handgemachtes ermöglichen einen frugalen Lebensstil – also ein statusunabhängig modebewusstes Leben, das Herkunft und Ökobilanz von Kleidung als wichtiges Kriterium einbezieht. Auch die Nachbarschaftshilfe erfährt mit Online-Unterstützung eine Wiederbelebung: Haustiere versorgen, Hecke schneiden, auf Kinder aufpassen, die Blumen gießen … Anonyme Bewohner eines Stadtteils oder Wohnblocks finden so über den Umweg des Internets zueinander.

> Teilen und tauschen

Regionale Währungen stellen eine weitere Möglichkeit dar, Handelsbeziehungen vom globalen Marktgeschehen abzukoppeln und

> Regionale Währungen

stattdessen regionale Ressourcen zu bündeln und zu fördern. In unserem Nachbarort Wörgl kam es 1932, im Zuge der Weltwirtschaftskrise, zu einer solchen Initiative, die so erfolgreich war, dass man vom „Wunder von Wörgl" spricht. Als Lokomotivführer im Ersten Weltkrieg stieß der Tiroler Michael Unterguggenberger auf eine subversive Zeitschrift, *Der Physiokrat*, in der der Mitherausgeber Silvio Gesell einen Artikel über sein Konzept des „Freigelds" veröffentlichte. Gesell hatte beobachtet, dass gehortetes Geld die Wirtschaft lähmt. Durch hohe Zinsen würde ein solches Horten belohnt. Sein Vorschlag: Geld sollte mit der Zeit seinen Wert einbüßen, sodass es von Vorteil ist, es unmittelbar in den Umlauf zu bringen. Als Unterguggenberger 1931 Bürgermeister von Wörgl wird, ist das Leben dort von Arbeitslosigkeit und Hunger geprägt. Unterguggenberger, der sich ausgiebig mit Analysen von Industrialisierung und Kapitalismus auseinandergesetzt hat, erinnert sich jetzt an Gesells Theorie – und setzt sie um. Gemeindeangestellte werden durch eine Komplementärwährung, den Wörgler Schilling, bezahlt. Mit diesem können sie bei einheimischen Geschäften zahlen. Behält man ihn, verliert der Schilling monatlich an Wert; durch Kauf einer Marke zu einem Prozent des Nennwerts der Note kann man den ursprünglichen Wert erhalten. Und Gesells Idee geht auf: Der Geldkreislauf kommt wieder in Schwung, die Arbeitslosigkeit sinkt, die Einkommen und die Steuereinnahmen der Gemeinde wachsen (Uchatius, 2010). Doch nur knapp anderthalb Jahre nach Beginn des so erfolgreichen Experiments entscheidet der österreichische Verwaltungsgerichtshof, der Wörgler Schilling verstoße gegen das Gesetz: Nur die Nationalbank dürfe Banknoten herausgeben. Obwohl die Rechtslage bis heute nicht vollständig geklärt ist, gibt es mehrere hundert Regionalwährungen. Eine laufend aktualisierte Liste der komplementären Währungen findet sich bei Wikipedia („Liste der Regionalgelder").

Die Liste systemimmanenter Trends, die soziale und ökologische Gefährdungen darstellen und dementsprechend bei Individuen die Sinnfrage aufwerfen, ist längst nicht vollständig. Die obige Auswahl soll andeuten, dass es Alternativen gibt und auch jetzt schon „andere Welten möglich sind". Sie eröffnen Lebensformen, die an Gemeinwohl und Gerechtigkeit orientiert sind (Orientierung), mit persönlichen Werten übereinstimmen (Kohärenz), die Bedeutungshaftigkeit des eigenen Handelns neu erlebbar machen und Zugehörigkeit stärken. Eine Vielzahl von Veröffentlichungen lässt die Vision einer besseren Welt konkret werden, indem sie sie an grundlegende wissenschaftliche Erkenntnisse anbindet (z. B. Hellbrück & Kals, 2012; Paech, 2012; Plöger, 2011; Rosa, 2016; Schmuck, 2015; Schmuck & Schultz, 2012; Schumacher, 2013; Welzer, 2013).

13.2 Sinn ist subjektiv – Eudämonie verlangt Gerechtigkeit

Im Verlauf dieses Buches wurde mehrfach darauf verwiesen, dass Sinn nicht zum Wesen einer Sache oder eines Ereignisses gehört. Er wird immer zugeschrieben: von einer Person in einer bestimmten Situation.

Diese Subjektivität der Sinnerfahrung bedeutet, dass Menschen sehr unterschiedliche Dinge als sinnvoll erachten können. Wir müssen davon ausgehen, dass Hitler, Stalin oder die Mitglieder des sogenannten Islamischen Staats eine hohe Sinnerfüllung aufwiesen/aufweisen – zumindest über einen gewissen Zeitraum hinweg. Das mag uns widerstreben; doch sobald wir den Sinnbegriff normativ definieren, schränken wir seine Erklärungskraft massiv ein.

Diese Wertneutralität hinsichtlich der Definition des Sinnbegriffs bedeutet jedoch nicht, dass Wissenschaft prinzipiell wertneutral sein muss – oder auch nur kann (Feyerabend & Vetter, 1976; Putnam, 2002). Einerseits spielen unbewusste Wertungsprozesse überall eine Rolle, von der Wahl des Forschungsgegenstands bis in die Theoriebildung. Diese gilt es, soweit wie möglich bewusst zu machen, um verzerrende Einflüsse zu meiden. Darüber hinaus stellt sich die Frage, ob Wissenschaft auch normativ Position beziehen sollte. Im Sinne des oben bereits formulierten Prinzips der Transdisziplinarität (Hirsch Hadorn et al., 2008) sehe ich dies – in Abhängigkeit vom Forschungsgebiet – als möglich und wünschenswert an: Wissenschaft hat (auch) das Ziel, am Gemeinwohl orientierte Problemlösungen zu erarbeiten. Dazu möchte ich zum Schluss zu dem Theoretiker zurückkehren, der in diesem Buch schon mehrmals zu Wort kam: Aristoteles. Sein Konzept der Eudämonie ist nicht wertneutral. Dezidiert stellt er einen Wert in den Vordergrund, die Gerechtigkeit. Darin ist er (ausnahmsweise) einer Meinung mit seinem Lehrer Platon. Gerechtigkeit ist für Aristoteles „die vollkommene Gutheit des Charakters, jedoch nicht absolut gesehen, sondern in Bezug auf den anderen Menschen. Deswegen gilt die Gerechtigkeit häufig als die wichtigste der Tugenden, und weder der Abendstern noch der Morgenstern ist so wunderbar. Auch im Sprichwort heißt es: ‚In der Gerechtigkeit ist jede Tugend enthalten'" (Aristoteles, 2013, S. 162). Als „ungerecht" bezeichnet Aristoteles einerseits Gesetzesbrecher, andererseits aber auch Habgierige, die meinen, dass ihnen mehr als anderen zustehe, die eine „Einstellung der Ungleichheit" aufweisen. Wollen wir ein sinnerfülltes Leben als Folge eines eudämonischen Lebensstils verstehen (▶ Abschn. 9.1.2), so heißt das: Sinnerfüllung beruht auf einem selbstbestimmten und verantwortungsvollen Ausleben persönlicher Begabungen, das die Bedürfnisse anderer nicht außer Acht lässt und sich selbst nicht über andere stellt.

Sinn und Wert

Serviceteil

Literatur – 182

Stichwortverzeichnis – 193

© Springer-Verlag Berlin Heidelberg 2016
T. Schnell *Psychologie des Lebenssinns*,
DOI 10.1007/978-3-662-48922-2

Literatur

Albert, M., Hurrelmann, K., Quenzel, G., & Schneekloth, U. (2011). Jugend 2010: Die 16. Shell Jugendstudie. *Diskurs Kindheits- und Jugendforschung, 6*(2)

Al-Kattib, J. (2013). Unterforderung am Arbeitsplatz: „Es ist wie eine Strafe". *Der Standard, 12. März 2013*. http://derstandard.at/1362107773240/Unterforderung-am-Arbeitsplatz-Es-ist-wie-eine-Strafe. [Stand: 11.12.2015].

Altemeyer, B., & Hunsberger, B. (2006). *Atheists: A groundbreaking study of America's nonbelievers*. Amherst, NY: Prometheus

Ando, M., Morita, T., Akechi, T., Okamoto, T., & Japanese Task Force for Spiritual Care. (2010). Efficacy of short-term life-review interviews on the spiritual well-being of terminally ill cancer patients. *Journal of Pain and Symptom Management, 39*(6), 993–1002

Ando, M., Morita, T., Okamoto, T., & Ninosaka, Y. (2008). One-week Short-Term Life Review interview can improve spiritual well-being of terminally ill cancer patients. *Psycho-Oncology, 17*(9), 885–890

Anhut, R., & Heitmeyer, W. (2007). Desintegrationstheorie – ein Erklärungsansatz. *Universität Bielefeld, Forschungsmagazin, 30*(1), 55–58

Antonovsky, A. (1979). *Health, stress and coping*. San Francisco: Jossey-Bass.

Antonovsky, A. (1993). The structure and properties of the sense of coherence scale. *Social Science & Medicine, 36*(6), 725–733

Antonovsky, A., & Franke, A. (1997). *Salutogenese. Zur Entmystifizierung der Gesundheit*. Forum für Verhaltenstherapie und psychosoziale Praxis, Bd. 36. Tübingen: dgvt-Verlag

Adorno, T. W. (1973). *Minima Moralia*. Frankfurt/Main: Suhrkamp

Aristoteles (2013). *Nikomachische Ethik*. Übers. u. herausg. v. Ursula Wolf. Reinbek: Rowohlt

Aßländer, M. S. (2005). *Bedeutungswandel der Arbeit. Versuch einer historischen Rekonstruktion*. Reihe Aktuelle Analysen, 40. München: Hanns-Seidel-Stiftung

Bailey, E. I. (1997). *Implicit religion in contemporary society*. Kampen, The Netherlands: Kok Pharos Publishing House

Bakan, D. (1966). *The duality of human existence: Isolation and communion in Western man*. Boston, MA: Beacon Press

Bakker, A. B., Albrecht, S. L., & Leiter, M. P. (2011). Key questions regarding work engagement. *European Journal of Work and Organizational Psychology, 20*(1), 4–28

Bandura, A. (1997). *Self-efficacy: The exercise of control*. New York: Macmillan

Barren, J. R. (2005). Use of existential-phenomenological counseling for police officers. *Policing: An International Journal of Police Strategies & Management, 28*, 255–268

Bastian B. (2006). Abschiedsbrief. http://www.heise.de/tp/artikel/24/24032/1.html [Stand: 11.12.2015].

Bauer, K. (2014). Unterforderung im Job ist häufiger als Überforderung. Bericht über Studie des Ifes-Instituts. *Der Standard, 12. September 2014*. http://derstandard.at/2000005453424/Unterforderung-ist-haeufiger-als-Ueberforderung [Stand: 11.12.2015].

Baumeister, R. F., & Leary, M. R. (1995). The need to belong: Desire for interpersonal attachments as a fundamental human motivation. *Psychological Bulletin, 117*(3), 497

Baumeister, R. F., Vohs, K. D., Aaker, J. L., & Garbinsky, E. N. (2013). Some key differences between a happy life and a meaningful life. *The Journal of Positive Psychology, 8*(6), 505–516

Becker, C. L. (1932/2003). *The heavenly city of the eighteenth-century philosophers*. New Haven, CT: Yale University Press

Beigbeder, F. (2004). *Neununddreissigneunzig*. Reinbek: Rowohlt

Bennett, D. A., Schneider, J. A., Buchman, A. S., Mendes de Leon, C., Bienias, J. L., & Wilson, R. S. (2005). The Rush Memory and Aging Project: study design and baseline characteristics of the study cohort. *Neuroepidemiology, 25*(4), 163–175

BertelsmannStiftung (2015). Religionsmonitor – Sonderauswertung Islam 2015. https://www.bertelsmann-stiftung.de/fileadmin/files/Projekte/51_Religionsmonitor/Zusammenfassung_der_Sonderauswertung.pdf [Stand: 18.3.2015].

Biller, K., & de Lourdes Stiegeler, M. (2008). *Wörterbuch der Logotherapie und Existenzanalyse von Viktor Emil Frankl*. Wien: Böhlau

Bock, T. 2002. Vom Laienhelfer zum freiwilligen Experten. Dynamik und Struktur des Volunteering. In D. Rosenkranz, & A. Weber (Hrsg.), *Freiwilligenarbeit: Einführung in das Management von Ehrenamtlichen der Sozialen Arbeit* (S. 11–20). Weinheim, München: Juventa

Bourne, L. E., & Ekstrand, B. R. (2005). *Einführung in die Psychologie*. Eschborn: Klotz

Boyle, P. A., Barnes, L. L., Buchman, A. S., & Bennett, D. A. (2009). Purpose in life is associated with mortality among community-dwelling older persons. *Psychosomatic Medicine, 71*(5), 574

Boyle, P. A., Buchman, A. S., Barnes, L. L., & Bennett, D. A. (2010). Effect of a purpose in life on risk of incident Alzheimer disease and mild cognitive impairment in community-dwelling older persons. *Archives of General Psychiatry, 67*(3), 304–310

Boyle, P. A., Buchman, A. S., Wilson, R. S., Yu, L., Schneider, J. A., & Bennett, D. A. (2012). Effect of purpose in life on the relation between Alzheimer disease pathologic changes on cognitive function in advanced age. *Archives of general psychiatry, 69*(5), 499–504

Literatur

Braack, K., & Vehling, S. (2011). Sinnorientierte Interventionen in der Psychoonkologie. *Psychotherapeut, 56*(5), 394–399

Brandtstädter, J., & Rothermund, K. (2002). The life-course dynamics of goal pursuit and goal adjustment: A two-process framework. *Developmental Review, 22*(1), 117–150

Brassai, L., Piko, B. F., & Steger, M. F. (2015). A reason to stay healthy: The role of meaning in life in relation to physical activity and healthy eating among adolescents. *Journal of Health Psychology, 20*(5), 473–482

Breitbart, W. (2015). Potential power of meaning-centered group psychotherapy in patients with advanced cancer. *The Asco Post, May 25, 6*(9)

Breitbart, W., & Heller, K.S. (2003). Reframing hope: Meaning-centered care for patients near the end of life. *Journal of Palliative Medicine, 6*(6), 979–988

Breitbart, W., Poppito, S., Rosenfeld, B., Vickers, A. J., Li, Y., Abbey, J., & Cassileth, B. R. (2012). Pilot randomized controlled trial of individual meaning-centered psychotherapy for patients with advanced cancer. *Journal of Clinical Oncology, 30*(12), 1304–1309

Breitbart, W., Rosenfeld, B., Gibson, C., Pessin, H., Poppito, S., Nelson, C., & Olden, M. (2010). Meaning-centered group psychotherapy for patients with advanced cancer: A pilot randomized controlled trial. *Psycho-Oncology, 19*(1), 21–28

Breitbart, W., Rosenfeld, B., Pessin, H., Applebaum, A., Kulikowski, J., & Lichtenthal, W. G. (2015). Meaning-centered group psychotherapy: An effective intervention for improving psychological well-being in patients with advanced cancer. *Journal of Clinical Oncology, 33*(7), 749–754

Breitbart, W., Rosenfeld, B., Pessin, H., Kaim, M., Funesti-Esch, J., Galietta, M., & Brescia, R. (2000). Depression, hopelessness, and desire for hastened death in terminally ill patients with cancer. *Jama, 284*(22), 2907–2911

Brickman, P., Coates, D., & Janoff-Bulman, R. (1978). Lottery winners and accident victims: Is happiness relative? *Journal of Personality and Social Psychology, 36*(8), 917–927

Bruggemann, A. (1974). Zur Unterscheidung verschiedener Formen von Arbeitszufriedenheit. *Arbeit und Leistung, 28*(11), 281–284

Brühlmann, T. (2015). Müdigkeit bei Burnout und Boreout. *Revue Médicale Suisse, 11*(471), 923–926

Bruner, J. (1990). *Acts of meaning*. Cambridge, MA: Harvard University Press

Buhl-Coaching.de (2015). *Interviewprojekt "Hindernisse machen uns groß: Resilienz und Digitalisierung"*. http://www.buhl-coaching.de/blog/2015/05/rp15-interviewprojekt-hindernisse-machen-uns-gross-resilienz-und-digitalisierung/ [Stand: 11.12.2015].

Bund, K. (2014). *Glück schlägt Geld. Generation Y: Was wir wirklich wollen*. Hamburg: Murmann Verlag

Bunderson, J. S., & Thompson, J. A. (2009). The call of the wild: Zookeepers, callings, and the double-edged sword of deeply meaningful work. *Administrative Science Quarterly, 54*(1), 32–57

Bundesinstitut für Berufsbildung (2014). Datenreport zum Berufsbildungsbericht 2014. http://www.bibb.de/dokumente/pdf/BIBB_Datenreport_2014.pdf [Stand: 11.12.2015].

Camus, A. (2000). *Der Mythos des Sisyphos*. Reinbek: Rowohlt

Cann, A., Calhoun, L. G., Tedeschi, R. G., & Solomon, D. T. (2010). Posttraumatic growth and depreciation as independent experiences and predictors of well-being. *Journal of Loss and Trauma, 15*(3), 151–166

Caspary, R., Spitzer, M., Hüther, G., & Roth, G. (Hrsg.). (2012). *Lernen und Gehirn: Der Weg zu einer neuen Pädagogik*. Hamburg: Nikol

Cesari, J. (2011). Muslims in Europe and the US: A shared but overrated risk of radicalism. In R. Coolsaet (Hrsg.), *Jihadi terrorism and the radicalisation challenge* (S. 101–116). Farnham: Ashgate

Chochinov, H. M., Hack, T., Hassard, T., Kristjanson, L. J., McClement, S., & Harlos, M. (2005). Dignity therapy: A novel psychotherapeutic intervention for patients near the end of life. *Journal of Clinical Oncology, 23*(24), 5520–5525

Cilliers, F. J., Schuwirth, L. W., Herman, N., Adendorff, H. J., & van der Vleuten, C. P. (2012). A model of the pre-assessment learning effects of summative assessment in medical education. *Advances in Health Sciences Education, 17*(1), 39–53

Claes, R., & Ruiz-Quintanilla, S. (1994). Initial career and work meanings in seven European countries. *The Career Development Quarterly, 42*(4), 337–352

Classen, C. C., Kraemer, H. C., Blasey, C., Giese-Davis, J., Koopman, C., Palesh, O. G., & Spiegel, D. (2008). Supportive-expressive group therapy for primary breast cancer patients: A randomized prospective multicenter trial. *Psycho-Oncology, 17*, 438–447

Cole, S. W. (2014). Human Social Genomics. *PLOS Genetics*. Published: August 28, 2014. DOI: 10.1371/journal.pgen.1004601.

Crumbaugh, J. C., & Maholick, L. T. (1964). An experimental study in existentialism: The psychometric approach to Frankl's concept of noogenic neurosis. *Journal of Clinical Psychology, 20*(2), 200–207

Damásio, B. F., & Koller, S. H. (2014). Complex experiences of meaning in life: Individual differences among sociodemographic variables, sources of meaning and psychological functioning. *Social Indicators Research*, 1–21

Damásio, B. F., Koller, S. H., & Schnell, T. (2013). Sources of Meaning and Meaning in Life Questionnaire (SoMe): Psychometric properties and sociodemographic findings in a large Brazilian Sample. *Acta de Investigación Psicológica, 3*(3), 1205–1227

D'Aquili, E. G., Laughlin, C. D., & McManus, J. (1979). *The spectrum of ritual: A biogenetic structural analysis*. New York, NY: Columbia University Press

De Nardo, D., Labzin, L. I., Kono, H., Seki, R., Schmidt, S. V., Beyer, M., & Latz, E. (2014). High-density lipoprotein mediates anti-inflammatory reprogramming of macrophages via the transcriptional regulator ATF3. *Nature Immunology, 15*(2), 152–160

Debats, D. L. (1999). Sources of meaning: An investigation of significant commitments in life. *Journal of Humanistic Psychology*, *39*(4), 30–57

Deloitte (2015). Global Human Capital Trends 2015. Insights. http://www2.deloitte.com/de/de/pages/human-capital/articles/global-human-capital-trends-2015.html?cq_ck=1425901233636 [Stand: 11.12.2015].

Dempsey, S. E., & Sanders, M. L. (2010). Meaningful work?: Nonprofit marketization and work/life imbalance in popular autobiographies of social entrepreneurship. *Organization*, *17*(4), 437–459

DeSantis, A. S., DiezRoux, A. V., Hajat, A., Aiello, A. E., Golden, S. H., Jenny, N. S., & Shea, S. (2012). Associations of salivary cortisol levels with inflammatory markers: The Multi-Ethnic Study of Atherosclerosis. *Psychoneuroendocrinology*, *37*(7), 1009–1018

DGB-Index Gute Arbeit (2013). *Wachsender Psycho-Stress, wenig Prävention – wie halten die Betriebe es mit dem Arbeitsschutzgesetz? So beurteilen die Beschäftigten die Lage*. Berlin: DGB-Index Gute Arbeit GmbH. http://index-gute-arbeit.dgb.de/veroeffentlichungen/jahresreports [Stand: 11.12.2015].

DGB-Index Gute Arbeit (2014). *Der Report 2014. Wie die Beschäftigten die Arbeitsbedingungen in Deutschland beurteilen*. Berlin: Institut DGB-Index Gute Arbeit. http://index-gute-arbeit.dgb.de/veroeffentlichungen/jahresreports [Stand: 11.12.2015].

Dickel, I. (2009). *Erwerbslose Menschen mit freiwilligem Engagement und ohne freiwilliges Engagement: Ein Vergleich von Lebenssinn, Lebensbedeutungen und subjektivem Wohlbefinden*. Technische Universität Berlin: Unveröffentlichte Diplomarbeit

Diener, E., & Diener, C. (1996). Most people are happy. *Psychological science*, *7*(3), 181–185

Diener, E., Lucas, R. E., & Scollon, C. N. (2006). Beyond the hedonic treadmill: Revising the adaptation theory of well-being. *American Psychologist*, *61*(4), 305

Diener, E., Suh, E.M., Lucas, R., & Smith, H.L. (1999). Subjective well-being: Three decades of progress. *Psychological Bulletin*, *125*, 276–302

Duden Etymologie (1989). *Herkunftswörterbuch der deutschen Sprache*. 2., völlig neu bearb. und erw. Aufl. von G. Dosdrowski (Der Duden, Bd. 7). Mannheim/Wien/Zürich: Duden

duden.de (2015). Mission. http://www.duden.de/rechtschreibung/Mission#Bedeutung1. [Stand: 11.12.2015].

DUW-Presseservice (2011). *Kompetenz- und Talentmanagement in deutschen Unternehmen. Eine Studie der Deutschen Universität für Weiterbildung*. http://www.duw-berlin.de/fileadmin/user_upload/content/downloads/DUW-Talentmanagement-Studie_Screen.pdf [Stand: 11.12.2015].

Easterlin, R. A. (1974). Does economic growth improve the human lot? Some empirical evidence. *Nations and Households in Economic Growth*, *89*, 89–125

Easterlin, R. A., McVey, L. A., Switek, M., Sawangfa, O., & Zweig, J. S. (2010). The happiness–income paradox revisited. *Proceedings of the National Academy of Sciences*, *107*(52), 22463–22468

Edgell, P., Gerteis, J., & Hartmann, D. (2006). Atheists as "other": Moral boundaries and cultural membership in American society. *American Sociological Review*, *71*(2), 211–234

Ehrenberg, A. (2004). *Das erschöpfte Selbst. Depression und Gesellschaft in der Gegenwart*. Frankfurt/Main: Suhrkamp

Ehrenreich, B. (2010). *Smile or Die: Wie die Ideologie des positiven Denkens die Welt verdummt*. München: Antje Kunstmann

Ekstedt, M., & Fagerberg, I. (2005). Lived experiences of the time preceding burnout. *Journal of Advanced Nursing*, *49*(1), 59–67

Emmons, R. A. (1996). Striving and feeling: Personal goals and subjective well-being. In J. Bargh, & P. Gollwitzer (Hrsg.), *The psychology of action: Linking motivation and cognition to behavior* (S. 314–337). New York: Guilford.

Emmons, R. A. (2003). Personal goals, life meaning, and virtue: Wellsprings of a positive life. In C.L.M. Keyes, & J. Haidt (Hrsg.), *Flourishing* (S. 105–128). Washington, DC: APA.

Emmons, R. A. (2005). Striving for the sacred: Personal goals, life meaning, and religion. *Journal of Social Issues*, *61*, 731–745

Emmons, R. A. (2008). *Thanks!: How Practicing Gratitude Can Make You Happier*. Boston, New York: Houghton Mifflin Company

Emmons, R. A., Colby, P. M., & Kaiser, H. A. (1998). When lossses lead to gains: Personal goals and the recovery of meaning. In P.T.P. Wong, & P.S. Fry (Hrsg.), *The human quest for meaning* (S. 163–178). Mahwah, NJ: Erlbaum

Erikson, E. H. (1988). *Der vollständige Lebenszyklus*. Frankfurt/Main: Suhrkamp

Fairlie, P. (2011). Meaningful work, employee engagement, and other key employee outcomes. Implications for Human Resource Development. *Advances in Developing Human Resources*, *13*(4), 508–525

Feyerabend, P. K., & Vetter, H. (1976). *Wider den Methodenzwang: Skizze einer anarchistischen Erkenntnistheorie*. Frankfurt/Main: Suhrkamp

Fitchett, G., Emanuel, L., Handzo, G., Boyken, L., & Wilkie, D. J. (2015). Care of the human spirit and the role of dignity therapy: a systematic review of dignity therapy research. *BMC Palliative Care*, *14*(1), 8

Fitzek, H. (2014). *Gestaltpsychologie kompakt: Grundlinien einer Psychologie für die Praxis*. Berlin, Heidelberg, New York: Springer

Förster, A., & Kreuz, P. (2009). *Spuren statt Staub: wie Wirtschaft Sinn macht*. Berlin: Econ

Frankl, V. E. (1955). *Pathologie des Zeitgeistes*. Wien: Deuticke.

Frankl, V. E. (1987). *Ärztliche Seelsorge: Grundlagen der Logotherapie und Existenzanalyse*. Frankfurt/Main: S. Fischer

Frankl, V. E. (1996). *Der Wille zum Sinn. Ausgewählte Vorträge über Logotherapie*. Bern: Huber

Frankl, V. E. (2010). *… trotzdem Ja zum Leben sagen: ein Psychologe erlebt das Konzentrationslager*. München: Kösel

Fredrickson, B. L., Grewen, K. M., Algoe, S. B., Firestine, A. M., Arevalo, J. M., Ma, J., & Cole, S. W. (2015). Psychological Well-Being and the Human Conserved Transcriptional Response to Adversity. *PloS one*, *10*(3), e0121839.

Literatur

Fredrickson, B. L., Grewen, K. M., Coffey, K. A., Algoe, S. B., Firestine, A. M., Arevalo, J. M., & Cole, S. W. (2013). A functional genomic perspective on human well-being. *Proceedings of the National Academy of Sciences, 110*(33), 13684–13689

Friedman, E. M., & Ryff, C. D. (2012). Living well with medical comorbidities: A biopsychosocial perspective. *The Journals of Gerontology Series B: Psychological Sciences and Social Sciences, 67*(5), 535–544

FWBO Freunde des Westlichen Buddhistischen Ordens (Hrsg.).(undatiert). Auszug aus dem Purabheda-Sutta des Sutra-Nipata. http://www.buddhanetz.org/dharma.htm [Stand: 11.12.2015].

Gaedt, M. (2014). *Mythos Fachkräftemangel: Was auf Deutschlands Arbeitsmarkt gewaltig schiefläuft*. Weinheim: Wiley – VCH

Gebauer, J. E., Sedikides, C., & Neberich, W. (2012). Religiosity, social self-esteem, and psychological adjustment on the cross-cultural specificity of the psychological benefits of religiosity. *Psychological Science, 23*(2), 158–160

Gennep, A. V. (1960). *The rites of passage*. Chicago, Ill: University of Chicago Press

Gerstner, R. (2012). *Risikofaktoren und protektive Faktoren für Suizidalität bei ecuadorianischen Jugendlichen in Santo Domingo de los Tsáchilas*. Universität Tübingen: Unveröffentlichte Diplomarbeit

Glaser, B. G., & Strauss, A. L. (1998). *Grounded theory. Strategien qualitativer Forschung*. Bern: Huber

Grant, A. M. (2007). Relational job design and the motivation to make a prosocial difference. *Academy of Management Review, 32*(2), 393–417

Grant, A. M. (2008). The significance of task significance: Job performance effects, relational mechanisms, and boundary conditions. *Journal of Applied Psychology, 93*(1), 108

Greenstein, M., & Breitbart, W. (2000). Cancer and the experience of meaning: A group psychotherapy program for people with cancer. *American Journal of Psychotherapy, 54*(4), 486–500

Greif, G. (2004). *Ein abgeschnittenes Leben – Das Tagebuch von Etty Hillesum 1941–1943*. Vortrag, 31.1.2004, Köln. http://www.suesske.de/greif_hillesum.htm [Stand: 11.12.2015].

Güfel, B. (2010). *Lebensbedeutungen bei Zwillingen*. Universität Innsbruck: Unveröffentlichte Diplomarbeit.

Haab, B. (1998). *Weg und Wandlung: zur Spiritualität heutiger Jakobspilger und -pilgerinnen*. Freiburg, CH: Academic Press

Hales, S., Lo, C., & Rodin, G. (2015). Managing Cancer and Living Meaningfully (CALM) Therapy. In J. C. Holland, W. S. Breitbart, P. N. Butow, P. B. Jacobsen, M. J. Loscalzo, & R. McCorkle (Hrsg.), *Psycho-Oncology*, 3. Aufl. (S. 487–491). Oxford: Oxford University Press

Hamilton, C. (2003). *Downshifting in Britain. A sea-change in the pursuit of happines*. The Australia Institute, Discussion Paper Nr. 58, November 2003. http://www.tai.org.au/documents/dp_fulltext/DP58.pdf [Stand: 11.12.2015].

Hammermann, A., & Stettes, O. (2013). Qualität der Arbeit – zum Einfluss der Arbeitsplatzmerkmale auf die Arbeitszufriedenheit im europäischen Vergleich. *Köln: IW Trends, 2*, 2013

Hanfstingl, B. (2013). Ego- and spiritual transcendence: relevancies for psychological resilience and the role of age. *Evidence-Based Complementary and Alternative Medicine*, 9 pages. DOI:10.1155/2013/949838.

Harlow, L. L., Newcomb, M. D., & Bentler, P. M. (1986). Depression, self-derogation, substance use, and suicide ideation: Lack of purpose in life as a mediational factor. *Journal of Clinical Psychology, 42*(1), 5–21

Harris, S. (2006). 10 myths – and 10 truths – about atheism. *Los Angeles Times*, 24. December 2006

Heidegger, M. (1963). *Sein und Zeit*. Tübingen: Niemeyer

Heine, S. J., Proulx, T., & Vohs, K. D. (2006). The meaning maintenance model: On the coherence of social motivations. *Personality and Social Psychology Review, 10*(2), 88–110

Hellbrück, J., & Kals, E. (2012). Umweltpsychologie. Heidelberg, New York: Springer VS

Henry, M., Cohen, S. R., Lee, V., Sauthier, P., Provencher, D., Drouin, P., & Mayo, N. (2010). The Meaning-Making intervention (MMi) appears to increase meaning in life in advanced ovarian cancer: A randomized controlled pilot study. *Psycho-Oncology, 19*(12), 1340–1347

Hessel, S. (2011a). *Empört euch!* Berlin: Ullstein

Hessel, S. (2011b). *Engagiert euch! Im Gespräch mit Gilles Vanderpooten*. Berlin: Ullstein

Hill, P. L., & Turiano, N. A. (2014). Purpose in life as a predictor of mortality across adulthood. *Psychological Science, 25*(7), 1482–1486

Hillesum, E. (1987). *Das denkende Herz: Die Tagebücher von Etty Hillesum. 1941–1943*. Reinbek: Rowohlt

Hirsch Hadorn, G., Biber-Klemm, S., Grossenbacher-Mansuy, W., Hoffmann-Riem, H., Joye, D., Pohl, C., & Zemp, E. (2008). The emergence of transdisciplinarity as a form of research. In G. Hirsch Hadorn et al. (Hrsg.), *Handbook of transdisciplinary research* (S. 19–39). Heidelberg: Springer

Höge, T., & Schnell, T. (2012). Kein Arbeitsengagement ohne Sinnerfüllung. Eine Studie zum Zusammenhang von Work Engagement, Sinnerfüllung und Tätigkeitsmerkmalen. *Wirtschaftspsychologie, 1*, 91–99

Hohenleitner, I., & Straubhaar, T. (2008). Bedingungsloses Grundeinkommen und Solidarisches Bürgergeld – mehr als sozialutopische Konzepte. In T. Straubhaar (Hrsg.), *Bedingungsloses Grundeinkommen und Solidarisches Bürgergeld – mehr als sozialutopische Konzepte* (S. 9–127). Hamburg: Hamburg University Press

Holahan, C. K., Holahan, C. J., & Suzuki, R. (2008). Purposiveness, physical activity, and perceived health in cardiac patients. *Disability and Rehabilitation, 30*(23), 1772–1778

Holbeche, L. (2004, June). How to make work more meaningful. *Personnel Today, 26*. http://www.personneltoday.com/hr/how-to-make-work-more-meaningful/ [Stand: 11.12.2015].

Holbeche, L., & Springett, N. (2004). *In search of meaning in the workplace*. Horsham: Roffey Park

Homan, K. J., & Boyatzis, C. J. (2010). Religiosity, sense of meaning, and health behavior in older adults. *The International Journal for the Psychology of Religion, 20*(3), 173–186

Hoof, M., & Schnell, T. (2009). Sinn-volles Engagement. Zur Sinnfindung im Kontext der Freiwilligenarbeit. *Wege zum Menschen*, *61*, 405–422

INQA (2014). Führungskultur im Wandel. http://www.inqa.de/SharedDocs/PDFs/DE/Publikationen/fuehrungskultur-im-wandel-monitor.pdf?__blob=publicationFile [Stand: 11.12.2015].

Jacobi, F., Höfler, M., Strehle, J., Mack, S., Gerschler, A., Scholl, L., & Wittchen, H. U. (2014). Psychische Störungen in der Allgemeinbevölkerung. *Der Nervenarzt*, *85*(1), 77–87

Jacobi, K. (1979). Aristoteles' Einführung des Begriffs ‚eudaimonia' im I. Buch der ‚Nikomachischen Ethik'. In: *Philosophisches Jahrbuch 86* (S. 300–325). Freiburg: Verlag Karl Alber

Jaeggi, R. (2005). *Entfremdung: Zur Aktualität eines sozialphilosophischen Problems*. Frankfurt/Main: Campus

Jaeggi, R. (2007). Was ist Entfremdung? Was kann man dagegen tun? Im Gespräch mit Robert Misik, Reihe Genial Dagegen, 13. Februar 2007. http://www.kreisky-forum.org/pdfs/2007/2007_02_13.pdf [Stand: 11.12.2015].

Jaeggi, R. (2014). Unser Verständnis von Selbstverwirklichung ist eine Zumutung. *Philosophie Magazin*, *01*, 62–67

Janning, M. (2012). Vom Segen des Singens. *Heilberufe*, *64*(4), 24–25

Jim, H. S., & Andersen, B. L. (2007). Meaning in life mediates the relationship between social and physical functioning and distress in cancer survivors. *British Journal of Health Psychology*, *12*(3), 363–381

Jones, M. (2006). Shutting themselves in. New York Times, 15. Januar 2006. http://www.nytimes.com/2006/01/15/magazine/15japanese.html?pagewanted=all&_r=0 [Stand: 11.12.2015].

Kabat-Zinn, J. (1990). *Full catastrophe living: The program of the Stress Reduction Clinic at the University of Massachusetts Medical Center*. New York: Delta

Kahneman, D., & Deaton, A. (2010). High income improves evaluation of life but not emotional well being. *Proceedings of the National Academies of Science*, *107*(38), 16489–16493

Kahneman, D., Diener, E., & Schwarz N. (1999).(Hrsg.). *Wellbeing: The foundations of hedonic psychology*. New York: Russell Sage Foundation

Kashdan, T. B., & Breen, W. E. (2007). Materialism and diminished well-being: Experiential avoidance as a mediating mechanism. *Journal of Social and Clinical Psychology*, *26*(5), 521–539

Keall, R. M., Butow, P. N., Steinhauser, K. E., & Clayton, J. M. (2011). Discussing life story, forgiveness, heritage, and legacy with patients with life-limiting illnesses. *International Journal of Palliative Nursing*, *17*(9), 454–460

Keall, R. M., Clayton, J. M., & Butow, P. N. (2015). Therapeutic life review in palliative care: A systematic review of quantitative evaluations. *Journal of Pain and Xymptom Management*, *49*(2), 747–761

Kelly Services (2009). *Kelly Global Workforce Index 2009*. http://kellyservices.mwnewsroom.com/getattachment/8b738920-4dee-40c2-a924-c1608622cdf6/Value-of-Work [Stand: 11.12.2015].

Kelly Services (2012). *Acquisition and retention in the war for talent*. Kelly Global Work Force Index 2012. http://www.kellyocg.com/uploadedFiles/Content/Knowledge/Kelly_Global_Workforce_Index_Content/Acquisition%20and%20Retention%20in%20the%20War%20for%20Talent%20Report.pdf [Stand: 11.12.2015].

Kelly Services (2014). *A world at work. Kelly Global Work Force Index 2014*. http://www.kellyocg.com/uploadedFiles/7-KellyOCG/2-Knowledge/Workforce_Trends/A_World_At_Work.pdf [Stand: 11.12.2015].

Keysar, A., & Navarro-Rivera, J. (2014). A world of atheism: Global demographics. In S. Bullivant & M. Ruse (Hrsg.), *The Oxford handbook of atheism* (S. 553–586). Oxford: Oxford University Press

King, L. A., Hicks, J. A., Krull, J. L., & Del Gaiso, A. K. (2006). Positive affect and the experience of meaning in life. *Journal of Personality and Social Psychology*, *90*(1), 179

King, M., Marston, L., McManus, S., Brugha, T., Meltzer, H., & Bebbington, P. (2013). Religion, spirituality and mental health: Results from a national study of English households. *The British Journal of Psychiatry*, *202*(1), 68–73

Kissane, D. W., Grabsch, B., Clarke, D. M., Smith, G. C., Love, A. W., Bloch, S., & Li, Y. (2007). Supportive-expressive group therapy for women with metastatic breast cancer: Survival and psychosocial outcome from a randomized controlled trial. *Psycho-Oncology*, *16*, 227–286

Klein, C. (2012). Fromme Frau, agnostischer Mann - sind Frauen grundsätzlich religiöser/spiritueller als Männer? *Spiritual Care*, *1*(2), 6–22

Klinger, E. (1998). The search for meaning in evolutionary perspective and its clinical implications. In P. T. P. Wong, & P. S. Fry (Hrsg.), *The human quest for meaning* (S. 27–50). Mahwah, NJ: Erlbaum

Koltko-Rivera, M. E. (2006). Rediscovering the later version of Maslow's hierarchy of needs: Self-transcendence and opportunities for theory, research, and unification. *Review of General Psychology*, 10(4), 302–317

Krampen, G. (1991). *Fragebogen zu Kompetenz- und Kontrollüberzeugungen (FKK)*. Göttingen: Hogrefe

Krampen, G., Schui, G., & Wiesenhütter, J. (2008). Evidenzbasierte Psychotherapie und Therapie-Ressourcen. *Zeitschrift für Klinische Psychologie und Psychotherapie*, *37*(1), 43–51

Krause, N. (2007). Evaluating the stress-buffering function of meaning in life among older people. *Journal of Aging and Health*, *19*(5), 792–812

Krause, N. (2009). Meaning in life and mortality. *The Journals of Gerontology Series B: Psychological Sciences and Social Sciences*, *64*(4), 517–527

Kroll, L. E., & Lampert, T. (2012). *Arbeitslosigkeit, prekäre Beschäftigung und Gesundheit*. Hrsg. Robert Koch-Institut Berlin, GBE kompakt 3(1). http://www.rki.de/gbe-kompakt [Stand: 11.12.2015].

Kunze, A. (2006). *Angst: Einsiedler im Kinderzimmer*. Spiegel Online Wissenschaft, 29.08.2006. http://www.spiegel.de/wissenschaft/mensch/angst-einsiedler-im-kinderzimmer-a-430843.html [Stand: 11.12.2015].

Literatur

La Cour, P., & Schnell, T. (in Begutachtung). Explorations in sources of personal meaning: The SoMeCaM Method

Lafargue, P. (1883/2014). *Das Recht auf Faulheit*. Norderstedt: Edition Ahrend & Wegner

Lambert, N. M., Stillman, T. F., Baumeister, R. F., Fincham, F. D., Hicks, J. A., & Graham, S. M. (2010). Family as a salient source of meaning in young adulthood. *The Journal of Positive Psychology, 5*(5), 367–376

Längle, A., & Bürgi, D. (2011). *Sinnvoll leben: eine praktische Anleitung der Logotherapie*. Salzburg: Residenz

Lazarus, R. S., & Folkman, S. (1984). Coping and adaptation. In W. D. Gentry (Hrsg.), *The handbook of behavioral medicine* (S. 282–325). New York: Guilford

Lee, V. (2004). *A meaning-making intervention for cancer patients – procedure manual*. Unpublished manuscript. Montreal, Canada: McGill University

Lee, V., Cohen, S. R., Edgar, L., Laizner, A. M., & Gagnon, A. J. (2006a). Meaning-making and psychological adjustment to cancer: Development of an intervention and pilot results. *Oncology Nursing Forum, 33*(2), 291–302

Lee, V., Cohen, S. R., Edgar, L., Laizner, A. M., & Gagnon, A. J. (2006b). Meaning-making intervention during breast or colorectal cancer treatment improves self-esteem, optimism, and self-efficacy. *Social Science & Medicine, 62*, 3133–3145

Legatum Prosperity Index (2014). *The 2014 Legatum Prosperity Index Table Rankings*. http://www.prosperity.com/#!/ranking [Stand: 11.12.2015].

LeMay, K., & Wilson, K. G. (2008). Treatment of existential distress in life threatening illness: a review of manualized interventions. *Clinical Psychology Review, 28*(3), 472–493

Leontiev, A.N. (1982). *Tätigkeit, Bewusstsein, Persönlichkeit*. Köln: Pahl-Rugenstein

Leontiev, D. A. (2007). Approaching worldview structure with ultimate meanings technique. *Journal of Humanistic Psychology, 47*(2), 243–266

Lindqvist, O., Threlkeld, G., Street, A. F., & Tishelman, C. (2015). Reflections on using biographical approaches in end-of-life care dignity therapy as example. *Qualitative Health Research, 25*(1), 40–50

Lo, C., Hales, S., Jung, J., Chiu, A., Panday, T., Rydall, A., & Rodin, G. (2013). Managing Cancer And Living Meaningfully (CALM): Phase 2 trial of a brief individual psychotherapy for patients with advanced cancer. *Palliative Medicine, 28*(3), 234–242

Lohmann-Haislah, A. (2013). *Stressreport Deutschland 2012. Psychische Anforderungen, Ressourcen und Befinden*. Berlin: Bundesanstalt für Arbeitsschutz und Arbeitsmedizin

Lucas, R. E., Clark, A. E., Georgellis, Y., & Diener, E. (2003). Reexamining adaptation and the set point model of happiness: Reactions to changes in marital status. *Journal of Personality and Social Psychology, 84*(3), 527–539

Luhmann, M., Hofmann, W., Eid, M., & Lucas, R.E. (2012). Subjective well-being and adaptation to life events: A meta-analysis. *Journal of Personality and Social Psychology, 102*(3), 592–615

Luhmann, N. (1977). Differentiation of society. *Canadian Journal of Sociology, 2*(1), 29–53

Luoh, M. C., & Herzog, A. R. (2002). Individual consequences of volunteer and paid work in old age: Health and mortality. *Journal of Health and Social Behavior, 43*, 490–509

Lyubomirsky, S. (2014). *The myths of happiness: What should make you happy, but doesn't, what shouldn't make you happy, but does*. New York: Penguin

Martin, C. (2014). *Eine Abrechnung mit der traurigen Generation der Ewig-Jungen*. http://www.vice.com/de/read/wenn-die-party-nie-endet-eine-abrechnung-mit-unserer-traurigen-generation-997 [Stand: 11.12.2015].

Martin, L. L., Campbell, W. K., & Henry, C. D. (2004). The roar of awakening. Mortality acknowledgement as a call to authentic living. In J. Greenberg, S. L. Koole, & T. Pyszczynski (Hrsg.), *Handbook of experimental existential psychology* (S. 431–448). New York, NY, US: Guilford

Maslach, C., Schaufeli, W. B., & Leiter, M. P. (2001). Job burnout. *Annual Review of Psychology, 52*(1), 397–422

Maslow, A. H. (1943). A theory of human motivation. *Psychological Review, 50*(4), 370–396

Maslow, A. H. (1964). *Religions, values, and peak-experiences*. Columbus: Ohio State University Press

Maslow, A. H. (1969). The farther reaches of human nature. *Journal of Transpersonal Psychology, 1*(1), 1–9

Mauss, I. B., Tamir, M., Anderson, C. L., & Savino, N. S. (2011). Can seeking happiness make people happy? Paradoxical effects of valuing happiness. *Emotion, 11*(4), 807–815

McAdams, D. P. (1993). *The stories we live by: Personal myths and the making of the self*. New York, NY: Guilford

McAdams, D. P. (2001). The psychology of life stories. *Review of general psychology, 5*(2), 100

McKnight, P. E., & Kashdan, T. B. (2009). Purpose in life as a system that creates and sustains health and well-being: an integrative, testable theory. *Review of General Psychology, 13*(3), 242

McMahan, E. A., & DeHart Renken, M. (2011). Eudaimonic conceptions of well-being, meaning in life, and self-reported well-being: Initial test of a meditational model. *Personality and Individual Differences, 51*, 589–594

Miethge, C. (2014). *Mit ohne Gott? Sieben Einsichten, woran man alles glauben kann*. Gütersloh: Gütersloher Verlagshaus

Miller, A., & Stark. R. (2002). Gender and religiousness: Can socialization explanations be saved? *American Journal of Sociology, 107*(6), 1399–1423

Milliman, J., Czaplewski, A. J., & Ferguson, J. (2003). Workplace spirituality and employee work attitudes: An exploratory empirical assessment. *Journal of Organizational Change Management, 16*(4), 426–447

Mount Sinai Medical Center (2015). *Have a sense of purpose in life? It may protect your heart*. ScienceDaily, 6 March 2015. http://www.sciencedaily.com/releases/2015/03/150306132538.htm [Stand: 11.12.2015].

Müller, F. H., & Kals, E. (2004). Die Q-Methode. Ein innovatives Verfahren zur Erhebung subjektiver Einstellungen und

Meinungen [69 Absätze]. *Forum Qualitative Sozialforschung/Forum: Qualitative Social Research*, 5(2), Art. 34. http://nbn-resolving.de/urn:nbn:de:0114-fqs0402347 [Stand: 11.12.2015].

Musil, R. (2013). *Der Mann ohne Eigenschaften*. Köln: Anaconda

Nakamura, Y. (2012). Achtsamkeit. In C. Steinebach, D. Jungo, & R. Zihlmann (Hrsg.), *Positive Psychologie in der Praxis* (S. 60–66). Weinheim, Basel: Beltz

Neff, K. D. (2003). The development and validation of a scale to measure self-compassion. *Self and Identity*, 2(3), 223–250

Nelson, M. R., Rademacher, M. A., & Paek, H. J. (2007). Downshifting consumer= upshifting citizen? An examination of a local freecycle community. *The Annals of the American Academy of Political and Social Science*, 611(1), 141–156

Nink, M. (2014). *Engagement Index: Die neuesten Daten und Erkenntnisse aus 13 Jahren Gallup-Studie*. München: Redline Wirtschaft

Nissim, R., Freeman, E., Lo, C., Zimmermann, C., Gagliese, L., Rydall, A., & Rodin, G. (2012). Managing Cancer and Living Meaningfully (CALM): A qualitative study of a brief individual psychotherapy for individuals with advanced cancer. *Palliative Medicine*, 26(5), 713–721

OECD (2014). *Health at a glance: Europe 2014*. http://ec.europa.eu/health/reports/docs/health_glance_2014_en.pdf am 28.09.2015 [Stand: 11.12.2015].

Oficina de Acogida al Peregrino (2015). *Informes Estadísticos*. http://peregrinossantiago.es/esp/servicios-al-peregrino/informes-estadisticos/ [Stand: 11.12.2015].

Owens, G. P., Steger, M. F., Whitesell, A. A., & Herrera, C. J. (2009). Posttraumatic stress disorder, guilt, depression, and meaning in life among military veterans. *Journal of Traumatic Stress*, 22(6), 654–657

Paech, N. (2012). *Befreiung vom Überfluss: Auf dem Weg in die Postwachstumsökonomie*. München: oekom

Pali, S. (2010). *Ein Pilger ist der, welcher geht, und der, welcher sucht. Eine Längsschnittstudie zu Lebenssinn und Lebensbedeutungen bei Pilgern des Jakobswegs*. Universität Innsbruck: Unveröffentlichte Diplomarbeit

Pargament, K.I. (1997). *The Psychology of Religion and Coping*. New York: Guilford

Park, C. L. (2010). Making sense of the meaning literature: An integrative review of meaning making and its effects on adjustment to stressful life events. *Psychological Bulletin*, 136(2), 257

Park, C. L., Edmondson, D., Fenster, J. R., & Blank, T. O. (2008). Meaning making and psychological adjustment following cancer: The mediating roles of growth, life meaning, and restored just-world beliefs. *Journal of Consulting and Clinical Psychology*, 76(5), 863

Paterno, P. (2012). *Posttraumatisches Wachstum und Sinnerleben – Sinnressourcen für die Traumatherapie*. Universität Innsbruck: Unveröffentlichte Diplomarbeit

Pavot, W., & Diener, E. (2013). Happiness experienced: The science of subjective well-being. In S. David, I. Boniwell, & A.C. Ayers (Hrsg.), *The Oxford handbook of happiness*. (S. 134–151). Oxford, UK: Oxford University Press

Perry, S. (2015). Practice issues in social work and psychosocial oncology in Israel. In G. Christ, C. Messner, & L. Behar (Hrsg.), *Handbook of oncology social work: Psychosocial care for people with cancer* (S. 365–370). Oxford: Oxford University Press

Pinquart, M. (2002). Creating and maintaining purpose in life in old age: A meta-analysis. *Ageing International*, 27(2), 90–114

Plöger, P. (2011). *Einfach ein gutes Leben: Aufbruch in eine neue Gesellschaft*. München: Hanser

Pollet, E., & Schnell, T. (eingereicht). Brilliant – but what for? Meaning and subjective well-being in the lives of intellectually gifted and academically high-achieving adults.

Posch, R., & Köttritsch, M. (2015). *Was sich von Non-Profit-Organisationen lernen lässt*. Karriere-News. DiePresse.com. http://karrierenews.diepresse.com/home/karrieretrends/4656497/Was-sich-von-NonProfitOrganisationen-lernen-laesst [Stand: 11.12.2015].

Prinz, W. (2000). Kognitionspsychologische Handlungsforschung. *Zeitschrift für Psychologie*, 208, 32–54

Putnam, H. (2002). *The collapse of the fact/value dichotomy and other essays*. Cambridge, MA: Harvard University Press

Rassin, E., & Koster, E. (2003). The correlation between thought-action fusion and religiosity in a normal sample. *Behaviour Research and Therapy*, 41(3), 361–368

Reker, G. T., & Wong, P. P. (1988). Aging as an individual process: Toward a theory of personal meaning. In J. E. Birren, & V. L. Bengston (Hrsg.), *Emergent theories of aging* (S. 214–246). New York, NY: Springer

Reuter, E. (2010). *Leben trotz Krebs – eine Farbe mehr*. Stuttgart: Schattauer

Riedel, C., Deckart, R., & Noyon, A. (2015). *Existenzanalyse und Logotherapie: Ein Handbuch für Studium und Praxis*. Darmstadt: Wissenschaftliche Buchgesellschaft

Riemeyer, J. (2007). *Die Logotherapie Viktor Frankls und ihre Weiterentwicklungen*. Bern: Huber

Rodin, J., & Langer, E. J. (1977). Long-term effects of a control-relevant intervention with the institutionalized aged. *Journal of Personality and Social Psychology*, 35(12), 897–902

Rosa, H. (2016). *Resonanz: Eine Soziologie der Weltbeziehung*. Frankfurt /Main: Suhrkamp

Rosa, H. 2014: *Beschleunigung und Entfremdung*. Berlin: Suhrkamp

Rosenberg, M. (1989). *Society and the adolescent self-image*. Middletown, CT: Wesleyan University Press

Rosso, B. D., Dekas, K. H., & Wrzesniewski, A. (2010). On the meaning of work: A theoretical integration and review. *Research in Organizational Behavior*, 30, 91–127

Rost, D. H. (Hrsg.). (2009). *Hochbegabte und hochleistende Jugendliche. Befunde aus dem Marburger Hochbegabtenprojekt*. Münster: Waxmann

Roth, G. (1998). *Fühlen, Denken, Handeln. Wie das Gefühl unser Verhalten steuert*. Frankfurt/Main: Suhrkamp

Rothlin, P., & Werder, P. R. (2014). *Unterfordert: Diagnose Boreout – Wenn Langeweile krank macht*. München: Redline

Literatur

Rozin, P., & Royzman, E. B. (2001). Negativity bias, negativity dominance, and contagion. *Personality and Social Psychology Review*, 5(4), 296–320

Ruschmann, E. (2011). Transcending towards transcendence. *Implicit Religion*, 14(4), 421–432

Ryan, R. M., & Deci, E. L. (2001). On happiness and human potentials: A review of research on hedonic and eudaimonic well-being. *Annual Review of Psychology*, 52(1), 141–166

Ryff, C. D. (2014). Psychological well-being revisited: Advances in the science and practice of eudaimonia. *Psychotherapy and Psychosomatics*, 83(1), 10–28

Ryff, C. D., Singer, B. H., & Dienberg Love, G. (2004). Positive health: Connecting well-being with biology. *Philosophical Transactions-Royal Society of London Series B Biological Sciences*, 1383–1394

Sabeti, H., & Fourth Sector Network Concept Working Group (2009). *The emerging fourth sector. Executive summary*. Washington: The Aspen Institute. http://www.fourthsector.net/learn/concept-paper-request/ [Stand: 11.12.2015].

Safranski, R. (2013). *Ein Meister aus Deutschland: Heidegger und seine Zeit*. Frankfurt/Main: S. Fischer

Sansone, R. A., & Sansone, L. A. (2010). Gratitude and well being: The benefits of appreciation. *Psychiatry*, 7(11), 18–22

Sartre, J.-P. (1991). *Gesammelte Werke in Einzelausgaben. Philosophische Schriften, Bd. 3. Das Sein und das Nichts. Versuch einer phänomenologischen Ontologie*. T. König (Hrsg. & Übers.) & H. Schöneberg (Übers.) (1. Aufl. der Neuübers.). Reinbeck: Rowohlt

Schaufeli, W. B., Salanova, M., González-Romá, V., & Bakker, A. B. (2002). The measurement of engagement and burnout: A two sample confirmatory factor analytic approach. *Journal of Happiness Studies*, 3(1), 71–92

Schechner, J. & Zürner, H. (2013). *Krisen bewältigen: Viktor E. Frankls 10 Thesen in der Praxis*. Wien: Braumüller Lesethek

Scheier, M. F., Carver, C. S., & Bridges, M. W. (1994). Distinguishing optimism from neuroticism (and trait anxiety, self-mastery, and self-esteem) – a reevaluation of the Life Orientation Test. *Journal of Personality and Social Psychology*, 67(6), 1063–1078

Scheler, M. (1928). *Die Stellung des Menschen im Kosmos*. Darmstadt: Otto Reichl Verlag

Schischkoff, G. (1991). *Philosophisches Wörterbuch*. Stuttgart: Kröner

Schlegel, R. J., Hicks, J. A., King, L. A., & Arndt, J. (2011). Feeling like you know who you are: Perceived true self-knowledge and meaning in life. *Personality and Social Psychology Bulletin*, 37(6), 745–756

Schlieper-Damrich, R., & Kipfelsberger, P. (2008). *Wertecoaching: Beruflich brisante Situationen sinnvoll meistern*. Bonn: managerSeminare

Schmuck, P. (2015). *Die Kraft der Vision. Plädoyer für eine neue Denk- und Lebenskultur*. München: oekom

Schmuck, P., & Schultz, W. P. (Hrsg.).(2012). *Psychology of sustainable development*. Heidelberg, New York: Springer

Schneider, K., Bugental, J., & Pierson, J. (Hrsg.).(2001). *The Handbook of humanistic psychology: Leading edges of theory, practice, and research*. Thousand Oaks, CA: Sage

Schneider, N. F., Diabaté, S., & Ruckdeschel, K. (Hrsg.).(2015). *Familienleitbilder in Deutschland. Kulturelle Vorstellungen zu Partnerschaft, Elternschaft und Familienleben*. Beiträge zur Bevölkerungswissenschaft, Bd. 48. Opladen: Verlag Barbara Budrich

Schnell, T. (2004/2009). *Implizite Religiosität – Zur Psychologie des Lebenssinns*. (2., überarb. Neuaufl. 2009). Lengerich: Pabst

Schnell, T. (2008a). Deutsche in der Sinnkrise? Ein Einblick in die Sinnforschung mit Daten einer repräsentativen Stichprobe. *Journal für Psychologie*, 16 (3), Article 09

Schnell, T. (2008b). Implizite Religiosität. Vielfalt von Lebensbedeutungen in religiösen Ausdrucksformen. In W. Gräb & L. Charbonnier (Hrsg.), *Individualisierung – Spiritualität – Religion: Transformationsprozesse auf dem religiösen Feld in interdisziplinärer Perspektive*. (S. 83–107). Berlin/Münster: LIT

Schnell, T. (2009). The Sources of Meaning and Meaning in Life Questionnaire (SoMe): Relations to demographics and well-being. *Journal of Positive Psychology*, 4(6), 483–499

Schnell, T. (2010a). Existential indifference: Another quality of meaning in life. *Journal of Humanistic Psychology*, 50(3), 351–373

Schnell, T. (2010b). Religiosität und Spiritualität als Quellen der Sinnerfüllung. In C. Klein, H. Berth, & F. Balck (Hrsg.), *Gesundheit – Religion – Spiritualität. Konzepte, Befunde und Erklärungsansätze*. (S. 259–271). Weinheim: Juventa

Schnell, T. (2011a). Individual differences in meaning-making: Considering the variety of sources of meaning, their density and diversity. *Personality and Individual Differences*, 51(5), 667–673

Schnell, T. (2011b). Experiential validity: Psychological approaches to the sacred. Position Paper. *Implicit Religion*, Special Issue 'Implicit Religion and Psychology: Connections', 14(4), 387–404

Schnell, T. (2012a). Spirituality with and without religion – differential relationships with personality. *Archive for the Psychology of Religion*, 34, 33–61

Schnell, T. (2012b). „Für meine Freunde könnte ich sterben" – Implizite Religiosität und die Sehnsucht nach Transzendenz. In U. Kropac, U. Meier, & K. König (Hrsg.), *Jugend – Religion – Religiosität. Resultate, Probleme und Perspektiven der aktuellen Religiositätsforschung* (S. 87–108). Regensburg: Pustet

Schnell, T. (2013). Mehr als angenehm – über Partizipation und Sinnerleben. In Th. Köhler, & Ch. Mertens (Hrsg.), *Jahrbuch für Politische Beratung 2012/2013* (S. 39–49). Wien: Böhlau

Schnell, T. (2014a). An empirical approach to existential psychology: Meaning in life operationalized. In S. Kreitler, & T. Urbanek (Hrsg.), *Conceptions of Meaning* (S. 173–194). New York: Nova Science

Schnell, T. (2014b). *Varieties of secularity: Atheism and agnosticism in Austria*. Presentation, EASR Conference, May 2014, Groningen, Netherlands

Schnell, T. (2014c). Dimensions of Secularity (DoS): An open inventory to measure facets of secular identities. *International Journal for the Psychology of Religion*. http://dx.doi.org/10.1080/10508619.2014.967541 [Stand: 11.12.2015

Schnell, T. (2015). *Predicting meaningful and pleasurable daily activities: Findings from an experience sampling study*. Presentation, Inaugural International Convention of Psychological Science, March 2015, Amsterdam, Netherlands

Schnell, T., & Becker, P. (2006). Personality and meaning in life. *Personality and Individual Differences*, 41(1), 117–129

Schnell, T., & Becker, P. (2007). *Der Fragebogen zu Lebensbedeutungen und Lebenssinn (LeBe)*. Göttingen: Hogrefe

Schnell, T., & Hoof, M. (2012). Meaningful commitment: Finding meaning in volunteer work. *Journal of Beliefs & Values*, 33(1), 35–53

Schnell, T., & Keenan, W.J.F. (2011). Meaning-making in an Atheist World. *Archive for the Psychology of Religion*, 33(1), 55–78

Schnell, T., & Pali, S. (2013). Pilgrimage today: The meaning-making potential of ritual. *Mental Health, Religion & Culture*, 16(9), 887–902

Schnell, T., Hoege, Th., & Pollet, E. (2013). Predicting meaning in work: Theory, data, implications. *The Journal of Positive Psychology*, 8(6), 543–554

Schramm, A., Berthold, D., Weber, M., & Gramm, J. (2014). „Dignity Therapy" – Eine psychologische Kurzintervention zur Stärkung von Würde am Lebensende. *Zeitschrift für Palliativmedizin*, 15(3), 99–101

Schueller, S. M., & Seligman, M. E. P. (2010). Pursuit of pleasure, engagement, and meaning: Relationships to subjective and objective measures of well-being. *The Journal of Positive Psychology*, 5(4), 253–263

Schumacher, E. F. (2013). *Small is beautiful: Die Rückkehr zum menschlichen Maß*. München: oekom

Schwarzer, R. (2004). *Psychologie des Gesundheitsverhaltens: Einführung in die Gesundheitspsychologie*. Göttingen: Hogrefe

Schwarzer, R. (Hrsg.). (1992). *Self-efficacy: Thought control of action*. Washington, DC: Hemisphere

Schweizer Bundesamt für Statistik (2015). *Lebensgeburten nach Alter des Vaters, 2008–2014*. http://www.bfs.admin.ch/bfs/portal/de/index/themen/01/06/blank/key/02/10.html [Stand: 11.12.2015].

Sheldon, K. M., & Kasser, T. (1994). Coherence and congruence: Two aspects of personality integration. *Journal of Personality & Social Psychology*, 68, 531–543

Sheldon, K. M., Ryan, R. M., Deci, E. L., & Kasser, T. (2004). The independent effects of goal contents and motives on well-being: It's both what you pursue and why you pursue it. *Personality and Social Psychology Bulletin*, 30(4), 475–486

Sherine, A. (2008). All aboard the atheist bus campaign. *The Guardian, 21. October 2008*. http://www.theguardian.com/commentisfree/2008/oct/21/religion-advertising [Stand: 11.12.2015].

Simpson, N., & Dinges, D. F. (2007). Sleep and inflammation. *Nutrition Reviews*, 65(12/2), 244–252

Sinus (2015). *Informationen zu den Sinus-Milieus® 2015*. http://www.sinus-institut.de/veroeffentlichungen/downloads/ [Stand: 11.12.2015].

Sirgy, M. J. (2012). Effects of social comparisons on subjective QOL. The psychology of quality of life. *Social Indicators Research Series*, 50, 223–233

Skaggs, B. G., & Barron, C. R. (2006). Searching for meaning in negative events: Concept analysis. *Journal of Advanced Nursing*, 53(5), 559–570

Smith, B. W., & Zautra, A. J. (2000). Purpose in life and coping with knee-replacement surgery. *OTJR: Occupation, Participation and Health*, 20(1), 96–99

Snyder, C. R., Harris, C., Anderson, J. R., Holleran, S. A., Irving, L. M., Sigmon, S. X., et al. (1991). The will and the ways: Development and validation of an individual-differences measure of hope. *Journal of Personality and Social Psychology*, 60(4), 570–585

Sone, T., Nakaya, N., Ohmori, K., Shimazu, T., Higashiguchi, M., Kakizaki, M., & Tsuji, I. (2008). Sense of life worth living (ikigai) and mortality in Japan: Ohsaki Study. *Psychosomatic Medicine*, 70, 709–715

Southwick, S. M., Gilmartin, R., McDonough, P, & Morrissey, P. (2006). Logotherapy as an adjunctive treatment for chronic combat-related PTSD: A meaning-based intervention. *American Journal of Psychotherapy* 60(2), 161–74

Starck, P. L. (1981). Rehabilitative nursing and logotherapy: A study of spinal cord injured clients. *International Forum for Logotherapy*, 4, 101–109

Stark, R. (2002). Physiology and faith: Addressing the 'universal' gender difference in religious commitment. *Journal for the Scientific Study of Religion*, 41(3), 495–507

Steger, M. F., Fitch-Martin, A. R., Donnelly, J., & Rickard, K. M. (2014). Meaning in life and health: Proactive health orientation links meaning in life to health variables among American undergraduates. *Journal of Happiness Studies*, 1–15

Steger, M. F., Frazier, P., Oishi, S., & Kaler, M. (2006). The Meaning in Life Questionnaire: Assessing the presence of and search for meaning in life. *Journal of Counseling Psychology*, 53(1), 80–93

Steger, M. F., Hicks, B. M., Krueger, R. F., & Bouchard, T. J. (2011). Genetic and environmental influences and covariance among meaning in life, religiousness, and spirituality. *The Journal of Positive Psychology*, 6(3), 181–191

Steger, M. F., Kashdan, T. B., & Oishi, S. (2008). Being good by doing good: Daily eudaimonic activity and well-being. *Journal of Research in Personality*, 42, 22–42

Steger, M. F., Kashdan, T. B., Sullivan, B. A., & Lorentz, D. (2008). Understanding the search for meaning in life: Personality, cognitive style, and the dynamic between seeking and experiencing meaning. *Journal of Personality*, 76(2), 199–228

Steinhauser, K. E., Alexander, S. C., Byock, I. R., George, L. K., Olsen, M. K., & Tulsky, J. A. (2008). Do preparation and life completion discussions improve functioning and quality of life in seriously ill patients? Pilot randomized control trial. *Journal of Palliative Medicine*, 11(9), 1234–1240

Literatur

Stephenson, William (1953). *The study of behavior: Q-technique and its methodology*. Chicago: University of Chicago Press

Stiftung Warentest (2007). Berufsberatung: Berater müssen nachsitzen. https://www.test.de/Berufsberatung-Berater-muessen-nachsitzen-1573988-2573988/ [Stand: 11.12.2015].

Streib, H. (1997). Religion als Stilfrage. Zur Revision struktureller Differenzierung von Religion im Blick auf die Analyse der pluralistisch-religiösen Lage der Gegenwart. *Archiv für Religionspsychologie*, 22, 48–69

Sullins, D. P. (2006). Gender and deconstructing universality, constructing complexity. *American Journal of Sociology*, 112(3), 838–880

Taylor, S. E., & Brown, J. D. (1988). Illusion and well-being: a social psychological perspective on mental health. *Psychological Bulletin*, 103(2), 193–210

Tedeschi, R. G., & Calhoun, L. G. (2004). Posttraumatic growth: Conceptual foundations and empirical evidence. *Psychological Inquiry*, 15(1), 1–18

Temelkova-Kurktschiev, T., Siegert, G., Bergmann, S., Henkel, E., Koehler, C., Jaro, W., & Hanefeld, M. (2002). Subclinical inflammation is strongly related to insulin resistance but not to impaired insulin secretion in a high risk population for diabetes. *Metabolism*, 51(6), 743–749

Thoits, P. A. (2003). Personal Agency in the Accumulation of Multiple Role-Identities. In P. J. Burke, T. J. Owens, R. Serpe, & P. A. Thoits (Hrsg.), *Advances in Identity Theory and Research* (S. 179–194). New York: Kluwer Academic/Plenum

Thoits, P. A., & Evenson, R. J. (2008). Differential labeling of mental illness revisited: Patterns before and after the rise of managed care. *Sociological Forum*, 23(1), 28–52

Tillich, P. (1975). *In der Tiefe ist Wahrheit. Religiöse Reden*, 1. Folge. Stuttgart: Evangelisches Verlagswerk

Tobias, T. (2010). *Die Sinnkrise – Auslöser, Erleben, Bewältigung und die gewonnene Einsicht*. Universität Innsbruck: Unveröffentlichte Diplomarbeit

Triplett, K. N., Tedeschi, R. G., Cann, A., Calhoun, L. G., & Reeve, C. L. (2012). Posttraumatic growth, meaning in life, and life satisfaction in response to trauma. *Psychological Trauma: Theory, Research, Practice, and Policy*, 4(4), 400

Trzebiatowska, M., & Bruce, S. (2012). *Why are women more religious than men?* Oxford: Oxford University Press

Tsenkova, V. K., Love, G. D., Singer, B. H., & Ryff, C. D. (2007). Socioeconomic status and psychological well-being predict cross-time change in glycosylated hemoglobin in older women without diabetes. *Psychosomatic Medicine*, 69(8), 777–784

Turner, V., & Turner, E. (1969). *The ritual process*. London: Routledge

Turner, V., & Turner, E. (1978). *Image and pilgrimage in Christian culture*. New York: Columbia University Press

Uchatius, W. (2010). Das Wunder von Wörgl. *Die Zeit Online* vom 22.12.2010. http://www.zeit.de/2010/52/Woergl [Stand: 11.12.2015].

Unterrainer, C., Jeppesen, H. J., & Jønsson, T. (2013). Different forms of job satisfaction. Does job satisfaction mean satisfied employees? *Psyke & Logos*, 34(2), 22

Vertovec, S. (2007). Super-diversity and its implications. *Ethnic and Racial Studies*, 30(6), 1024–1054

Visser, M., Bouter, L. M., McQuillan, G. M., Wener, M. H., & Harris, T. B. (1999). Elevated C-reactive protein levels in overweight and obese adults. *Jama*, 282(22), 2131–2135

Vodafone Stiftung (2014). Schule, und dann? https://www.vodafone-stiftung.de/vodafone_stiftung_publikationen.html?&no_cache=1&tx_newsjson_pi1[showUid]=76 [Stand: 11.12.2015].

Vogel, R. (2010). *Lebenssinn in schweren Erkrankungen älterer Menschen: eine empirische Untersuchung über Selbsttranszendenz, Sinnerfüllung, Sinnkrise im Alter*. Dissertation. Heidelberg: Ruprecht-Karls-Universität

Volpert, W., & Weber, W. G. (eingereicht). Arbeitsgestaltung und Arbeitsorganisation. In F. Rauner, & P. Grollmann (Hrsg.), *Handbuch Berufsbildungsforschung* (3., erweit. Aufl

Von Dawans, B., Kirschbaum, C., & Heinrichs, M. (2011). The Trier Social Stress Test for Groups (TSST-G): A new research tool for controlled simultaneous social stress exposure in a group format. *Psychoneuroendocrinology*, 36(4), 514–522

Voracek, M. (2004). National intelligence and suicide rate: An ecological study of 85 countries. *Personality and Individual Differences*, 37(3), 543–553

Voracek, M. (2007). National intelligence and suicide rate across Europe: An alternative test using educational attainment Data. *Psychological Reports*, 101(2), 512–518

Vos, J., Craig, M., & Cooper, M. (2015). Existential therapies: A meta-analysis of their effects on psychological outcomes. *Journal of Consulting and Clinical Psychology*, 83(1), 115–128

VPRT (2015). TV-Verweildauer pro Tag in Minuten. http://www.vprt.de/thema/marktentwicklung/marktdaten/mediennutzung/tv-nutzung/content/tv-nutzung-2014?c=2 [Stand: 11.12.2015].

Weber, W. G., & Unterrainer, C. (2015). Arbeit in demokratischen Unternehmen: Ihr Potenzial für eine demokratische Gesellschaft. *Zeitschrift für Sozialpsychologie und Gruppendynamik in Wirtschaft und Gesellschaft*, 40(1), 21–40

Weber, W. G., Unterrainer, C., & Höge, T. (2008). Socio-moral atmosphere and prosocial and democratic value orientations in enterprises with different levels of anchored participation. *Zeitschrift für Personalforschung*, 22, 171–194

Welzer, H. (2013). *Selbst denken: Ein Anleitung zum Widerstand*. Frankfurt/Main: S. Fischer

Wiesmann, U., & Hannich, H. J. (2011). Salutogenic perspectives on health maintenance: The role of resistance resources and meaningfulness. *GeroPsych: The Journal of Gerontopsychology and Geriatric Psychiatry*, 24(3), 127

Willemsen, R. (2009). *Der Knacks*. Frankfurt/Main: S. Fischer

Windsor, T., Anstey, K., & Rodgers, B. (2008). Volunteering and psychological well-being among young-old adults: How much is too much? *The Gerontologist*, 48, 59–70

Winger, J. G., Adams, R. N. and Mosher, C. E. (2015). Relations of meaning in life and sense of coherence to distress in cancer patients: a meta-analysis. *Psycho-Oncology*. Article first published online: 18 MAR 2015. DOI: 10.1002/pon.3798

Wong, P. T. P. (1998). Implicit theories of meaningful life and the development of the personal meaning profile. In P. T. P. Wong, & P. S. Fry (Hrsg.), *The human quest for meaning: A handbook of psychological research and Clinical Applications* (S. 111–140). Mahwah, NJ: Erlbaum

Wood, A. M., & Joseph, S. (2010). The absence of positive psychological (eudemonic) well-being as a risk factor for depression: A ten year cohort study. *Journal of Affective Disorders, 122*(3), 213–217

Xing (2014). *Arbeit & Sinn*. https://spielraum.xing.com/2014/09/sinngetrieben-oder-karrieregeil-was-die-generation-y-von-ihrem-job-erwartet/ [Stand: 11.12.2015].

Yalom, I. (2010). *Existentielle Psychotherapie*. Bergisch Gladbach: Edition Humanistische Psychologie

Zeit Leo, & Scoyo (2013). *Lernen mit Spaß*. Studie, durchgeführt durch Marktforschungsinstitut FACT. http://www-de.scoyo.com/dam/ratgeber-downloads/studie-lernen-mit-spass-booklet/booklet-lernen-mit-spass.pdf [Stand: 11.12.2015].

Zinn, K. G. (2014). *Verschlechterung der Arbeitsbedingungen als Folge des flexibilisierten Kapitalismus*. Vortrag, Arbeiterkammer Salzburg, 13.10.2014. http://media.arbeiterkammer.at/sbg/praesentationen/Dr.Zinn_Vortragsfassung_13112014.pdf [Stand: 11.12.2015].

Zinn, K. G. (2015). *Vom Kapitalismus ohne Wachstum zur Marktwirtschaft ohne Kapitalismus*. Hamburg: VSA-Verlag

Zöllner, T., Calhoun, L., & Tedeschi, R.(2006): Trauma und persönliches Wachstum. A. Maercker, & R. Rosner (Hrsg.): *Psychotherapie der posttraumatischen Belastungsstörungen. Krankheitsmodelle und Therapiepraxis – störungsspezifisch und schulenübergreifend* (S. 36–45). Stuttgart: Thieme

Zuckerman, P. (2007). Atheism: contemporary numbers and patterns. In M. Martin (Hrsg.), *The Cambridge companion to atheism* (S. 47–65). New York: Cambridge University Press

Zuehlke, T. E., & Watkins, J. T. (1977). Psychotherapy with terminally ill patients. *Psychotherapy: Theory, Research & Practice, 14*, 403–410

Stichwortverzeichnis

A

Abbrecherquote 163
Achtsamkeit 105
Agnostiker 74
Alzheimer-Erkrankung 114, 119
Angst 145
– existenzielle 79–80, 87
Ängstlichkeit 78, 105, 114, 120, 126, 128, 139
Antidepressiva 175
Antonovsky, Aaron 115
Arbeit
– Entgrenzung der 167
– sinnvolle/als Sinnquelle 168
– und Sinn 152
Arbeitsengagement 164
Arbeitslosigkeit 152, 170
Arbeitsverdichtung 165
Arbeitszufriedenheit 152, 164
– resignative 152
Aristoteles 107, 158, 179
Atheismus 44, 72, 74
– Vorurteile gegen 73
Ausbeutung 167
Ausbildungsstand 45, 88, 97
Authentizität 86, 161
Autonomie 50, 114, 124, 167

B

Bedeutsamkeit 70, 97, 116, 170
– Definition 8
– im Beruf 155–158
Bedeutungsüberschuss 26–27
bedingungsloses Grundeinkommen 176
berufliche Sinnerfüllung 164, 171
– Definition 155
– Prädiktoren 156
– Risiko 165
berufliche Sinnkrise 164
Berufung 167
Bewältigbarkeit 31, 115
Bewältigungsstrategie 141
Bewusstes Erleben (LeBe) 69, 89, 132
Big-Five-Persönlichkeitseigenschaften 36
Biomarker 122
Bodenständigkeit (LeBe) 67
Boreout 162
Breitbart, William 128
Buddha 99
Burnout 153, 162, 165
Buskampagne 72

C

Callcenter-Studie 159
chronische Störung 123
chronisches Stresserleben 122–124, 153
conserved transcriptional response to adversity (CTRA) 123
Corporate Social Responsibility 154, 161
Cortisol 122, 124–125
CTRA 123 Siehe conserved transcriptional response to adversity

D

Dankbarkeit 106, 108, 111
Depression 78–79, 114, 120, 126, 128–129, 139, 162
Dignity Therapy 137
downshifting 168
downward comparison 105
Drogengebrauch 72, 92, 108, 126

E

Easterlin-Paradox 103
Ehe 44–45, 88, 104
Ehrenamt 108, 170
Ehrenreich, Barbara 133
Eigenständigkeit und Gemeinschaft 42, 44
Elternschaft 39, 44–45
Entfremdung 96, 165
Entwicklung (LeBe) 63, 89
Entzündungsmarker 122, 124
Entzündungsprozesse 122–124
Erikson, Erik H. 38, 56
Erschöpfung 127, 162, 164–165
Existenzanalyse 147
existenzielle Erfahrungstherapie 149
existenzielle Indifferenz 86, 89
– Auswege 96
– demografische Variablen 88
– kulturelle Unterschiede 92
existenzielles Vakuum 86
Experience Sampling 47
experienzielle Validität 72

F

Familie 44
Fernsehen 49, 59, 95
Foodcoop 177
Fragebogen zu Lebensbedeutungen und Lebenssinn (LeBe) 7, 17, 87
– Kartenmethode 23
– Skalen und Dimensionen 18
Frankl, Viktor VII, 4, 7, 79, 86, 109, 146, 175
– Logotherapie 147
– Selbsttranszendenz 58
Freiheit (LeBe) 64
Frugalismus 177
funktionale Differenzierung 9
Fürsorge (LeBe) 69

G

Gallup Engagement Index 152
Gefühl
– Definition 32
Gefühle
– positive 124
Geld 122, 152
– und Glück 103
Gemeinschaft (LeBe) 42, 67, 132
Generativität 110, 124
Generativität (LeBe) 54, 60, 80, 89
Generation Y 93, 160
Genexpression 123–125
Genuss 108
geplante Obsoleszenz 177
Gerechte-Welt-Glaube 84, 120
Gerechtigkeit 107
Geschlechtsunterschiede 42, 44, 88
Gestaltpsychologie 26
Gesundheit
– körperliche 114
– seelische 114
Gesundheit (LeBe) 61, 116, 132
Gesundheitsverhalten 116, 125
– bei älteren Menschen 117
– bei Kindern und Jugendlichen 118
Glück 92
– Definition 102
– genetische Disposition 106
– und Geld 103
Glücksmythen 111
Glücksstress 3
Glückssuche 102
glykosyliertes Hämoglobin 122, 125

Gnothi seauton 4
Grounded Theory 13
Grübeln 120, 132
Grundeinkommen, bedingungsloses 176

H

Handeln 27, 107, 110
Harmonie (LeBe) 68, 89
HDL-Cholesterin 122, 125
hedonische Tretmühle 103–104
Heidegger, Martin 79, 86
Herausforderung (LeBe) 62, 89
hierarchisches Sinnmodell 28–29, 89, 116
– personalisiertes 33
Hikikomori 95
Hillesum, Etty 110
HIV-Erkrankung 128
Hochbegabung 45
Hoffnung 92, 114, 144
Hoffnungslosigkeit 78, 128

I

Identität 136
Illusionen 79
Immunsystem 121, 124
Indifferenz 165
Individualisierung 94
Individualismus (LeBe) 62
Integrität 161
Intelligenz 46
interindividuelle Differenzen 36
internale Kontrollüberzeugung 91
Interviewverfahren 13–14

J

Jaeggi, Rahel 96
Job-Passung 158, 162, 171

K

kardiovaskuläre Erkrankung 115–116, 122
kardiovaskuläres System 121
Kinder/Jugendliche 23, 44, 93, 95, 118, 126, 163
– Schulerfahrungen 51
Knieoperation 119
Kohärenz 71, 136, 145, 170
– Definition 7
– horizontale 29–30, 34, 155
– im Beruf 155
– vertikale 29–30, 34, 155
Kohärenzsinn 115
Kompetenz 91, 96, 114
Konformität 84
Kontrollverlust 126, 165
Krankheit 114
Kreativität (LeBe) 64
Krebserkrankung 115, 120, 124, 127–128, 139, 141, 144, 146

L

La Cour, Peter 23
Langeweile 162
LeBe-Kartenmethode 23
Lebensbedeutungen 13, 44, 54
– Balance 57, 74
– Breite 56, 74
– Definition 8
– Fragebogen 19
– Geschlechtsunterschiede 40–41
– Ist-Soll-Profil 19, 74
– Kompensation 57
– Tiefe 58, 74
– von Atheisten 74
– Veränderung 38, 81
– vorbewusste, implizite 12
– von religiösen und spirituellen Menschen 71
Lebensdauer 114
Lebensgeschichte 136, 145
Lebenslinie 141, 149
Lebensqualität 114
Lebensrückblick 136, 138, 143, 149
Lebenszufriedenheit 45, 92, 109
LeBe 7, 19 Siehe Fragebogen zu Lebensbedeutungen und Lebenssinn
Leid 110, 126, 128–129, 146
Leistung (LeBe) 65
Leistungsdruck 50, 92, 94, 97
– am Arbeitsplatz 162
Leitertechnik 13, 16
Liebe (LeBe) 67
Logotherapie 147

M

Macht (LeBe) 63
Managing Cancer and Living Meaningfully 144
Martin, Clive 94
Maslow, Abraham 58, 86, 89, 99
materielles Auskommen 104, 107
May, Rollo 86
Meaning-Making Intervention 141
Moral (LeBe) 66
Mortalität 114, 122
Multioptionsgesellschaft 3, 31

N

Naturverbundenheit (LeBe) 60
negativity bias 105
neuroendokrines System 121
neuronale Reserve 119
Neurotizismus 71, 90, 114
Non-Profit-Organisation 165
Nur-Spirituelle 71

O

Optimismus 36, 83–84, 91, 114
optimistischer Fehlschluss 84
Ordnung (LeBe) 19, 39
Orientierung 70, 94, 170
– Definition 8
– im Beruf 155
Outlook-Intervention zur Vorbereitung des Lebensendes 142

P

Partizipation 97, 158
Partnerschaft 44–45
Partnerschaftszufriedenheit 45
persönliches Wachstum 124, 130, 144
Persönlichkeitsmerkmale 36, 157–158
Pilgern 81–82
positive Gefühle 124
positive Illusionen 46, 83, 120
Posttraumatische Belastungsstörung 124
posttraumatisches Wachstum 121, 130–131

R

Reframing 137, 140, 145
regionale Währung 177
Regression 94–95
Religion 69
Religiosität 121, 131
Religiosität (LeBe) 42, 59, 89
Rentenalter 57, 117, 122
– Frauen 122
Resilienz 175
Reuter, Elmar 121
Risikobereitschaft 42
Rollenidentitäten 57, 127

Stichwortverzeichnis

S

Salutogenese 115
Scheler, Max 147
Schlafmuster 122, 125
Schmerzen 114, 127
Schneider, Kirk 86
Schulerfahrungen 46, 51
Selbstakzeptanz 124–125
Selbstausbeutung 152, 166
Selbsterkenntnis (LeBe) 61, 89–90
Selbstregulation 114
selbstschädigendes Verhalten 126
selbsttranszendente organisationale Orientierung 157–158, 160
Selbsttranszendenz 58–59
- horizontale (LeBe) 19, 58
- vertikale (LeBe) 19, 58
Selbsttranszendenz (LeBe) 38, 81
Selbstverwirklichung 167
Selbstverwirklichung (LeBe) 19, 38, 42, 44, 81
Selbstwirksamkeit 91
Short-Term Life Review 139
Sinn
- Bewertungsprozesse 32
- bewusst nur bei Fehlen 33
- Definition 102
- dynamische Qualität 6
- Etymologie 6
- kein Gefühl 32
- multidimensionaler 6
- relationaler 6
- Relativität 31
- Religion 69
- subjektiver 6, 179
Sinn des Lebens 2, 6
Sinn im Leben 2
- messen 6, 12
Sinndimensionen 54
Sinnerfüllung 7, 20, 29, 70
- als Moderator 118, 121–122
- als Motivator 116, 118, 121
- beeinflusst durch Stimmung 47
- berufliche 155
- Definition 7
- genetische Disposition 47
- Messung 19
- Prädiktoren 54
- Stabilität 47
- Veränderung 39, 81–82
Sinnhaftigkeit 116
Sinnkrise 7, 20, 40, 46, 78–81, 128, 141
- als Mediator 126–127
- Definition 8
- Messung 19
- und Gesundheit 125
- und Todesnähe 130, 139
- Veränderung 39, 81
Sinnleere 129
Sinnsuche 79, 120–121
Sinntagebuch 51
Sinntypen 87
sinnvolle Tätigkeiten 48, 109
sinnzentrierte Gruppentherapie 146
sinnzentrierter Therapieansatz 136
sokratischer Dialog 148
soziale Beziehungen 114, 124–125, 127, 168
- Intensivierung 131
soziale Genomik 123
soziale Vergleiche 104
Soziales Engagement (LeBe) 61, 132
sozio-moralische Atmosphäre 157, 160
Spaß (LeBe) 67
Spiritualität 70, 131, 144
Spiritualität (LeBe) 42, 59, 89
Stressoren 118, 121, 124, 126
Stress-Puffer 118–120
Studieren 49–50
subjektive Stresswahrnehmung 123, 125–126
Suizidalität 46, 78–79, 126, 128

T

Taille-Hüft-Verhältnis 122, 124
Tauschinitiative 177
Terrormiliz Islamischer Staat 31
Tillich, Paul 75
Tod 79, 84, 132
Todesakzeptanz 129
Todesnähe 128, 130, 136, 139, 141–142
Tradition (LeBe) 66
Transdisziplinarität 174, 179
Trauer 123
Trauma 120, 130
Trotzmacht des Geistes 109

U

Überdurchschnittlichkeitsillusion 84
Überforderung 94, 162
Umwelt 30–31
Unsterblichkeitsillusion 84
Unterforderung 162
unterstützend-expressive Therapie 149
upward comparison 105
Urban Gardening 177

V

Veganismus 177
Vegetarismus 177
Verantwortung 74, 79, 91, 97, 107, 116, 118, 146, 156, 167
- im Beruf 163
- soziale 160
Vergebung 143
Vermächtnis 138, 143
Vernunft (LeBe) 65
Verstehbarkeit 31, 115, 145
Vertrauensvorschuss 29, 80
Verzweiflung am Lebensende 128
vierter Sektor 160

W

wahres Selbst 89, 98
Wahrnehmung 27
Wellness (LeBe) 68
Wettbewerbsorientierung 104
Widerstandskraft 119
Wir- und Wohlgefühl (LeBe) 19, 38, 42, 44
Wissen (LeBe) 64
Wohlbefinden 46, 71, 102–103, 124
- eudämonisches 45, 102, 107–108, 124, 179
- hedonisches 45, 102, 108, 124
Wohlstand 122
Wohlstandslevel 92, 95
Work-Life-Balance 168
Würde 137

Y

Yalom, Irvin 86

Z

Zeitdruck 50, 162
Ziele 27, 107, 142
- extrinsische 28
- intrinsische 28, 107
Zugehörigkeit 70, 170
- Definition 8
- im Beruf 156
Zynismus 161, 164–165
Zytokine 122

springer.com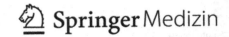

2012. 232 S. 12 Abb.
Geb.
€ (D) **34,99**
€ (A) 35,97 | *sFr 37,00
978-3-642-04906-4

Das Fachbuch zum Thema.

- Die 7 Todsünden: Geiz, Trägheit, Hochmut, Neid, Zorn, Wollust, Völlerei – ressourcenreiche Schattenthemen der Menschheit
- Praxisbezogen: Welche Fallen und Anregungen sind bei Therapie, Beratung, Seelsorge zu beachten?
- State of the Art: Eine Fundgrube für Therapeuten, Berater, Seelsorger, interessierte Mitleser (eingeflossen: 1000 psychologische Untersuchungen, 400 Interviews)

Jetzt bestellen!

springer.com 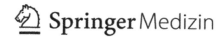 Springer Medizin

2014. 240 S.
13 Abb. Geb.
€ (D) 34,99
€ (A) 35,97 | sFr 44,00
ISBN 978-3-642-02522-8

Mit existenziellen Konflikten und Transzendenzfragen professionell umgehen

- Trendthema: Selbst auf fachpsychologischen Kongressen stark nachgefragt
- Konkurrenzlos: Erstes Fachbuch, das der Anwendung dient
- Praxisorientiert: Verständlich geschrieben und zum Nutzen von Fachkollegen

Jetzt bestellen!

springer.com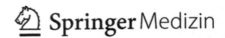

2013. XIV, 206 S.
15 Abb. In Farbe. Brosch.
€ (D) 39,95
€ (A) 41,07 | sFr 50,00
ISBN 978-3-642-28198-3

Maercker
Forstmeier

Der Lebensrückblick in Therapie und Beratung

Eine der wirksamsten Methoden

- Neuer Trend: Lebensrückblick als altersunabhängiger Therapieansatz
- Praxisnah: Neue Anregungen zur Therapie und Beratung, die bei Patienten gut angenommen werden
- Wissenschaftlich: Nachweislich hochwirksam

Jetzt bestellen!

springer.com

2011. 234 S. 22 Abb.
Brosch.
€ (D) 44,95 | € (A) 46,21 |
sFr 56,00
ISBN 978-3-642-13064-9

Büssing
Kohls

Spiritualität transdisziplinär

Wissenschaftliche Grundlagen
im Zusammenhang
mit Gesundheit und Krankheit

 Springer

Wissenschaftlich fundiert.

- Interdisziplinäre Betrachtung eines kontrovers diskutierten Themenfeldes
- Nordeuropäische Perspektive geprägt vom spirituellen, aber auch säkularen Humanismus

Jetzt bestellen!

springer.com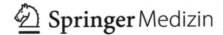

2015. XI, 126 S.
12 Abb. Geb.
€ (D) 29,99
€ (A) 30,83 | sFr 37,50
ISBN 978-3-662-44174-9

Männer und Psychotherapie

- Aktuell: Männergesundheit ist als Thema im Kommen – dies ist die erste Beschreibung und Darstellung der initiatisch-phänomenologischen Männerarbeit
- Experte: Der Autor verbindet Wissenschaft und Praxis, Erfahrung und Freude an der therapeutischen Arbeit mit Männern
- Praxisorientiert: Der Schwerpunkt liegt auf der Vermittlung der praktischen Umsetzung und Anwendung der Methoden

Jetzt bestellen!

springer.com

Springer Medizin

4. Aufl. 2014.
X, 95 S. 15 Abb.
Brosch.
€ (D) 19,99
€ (A) 20,55 | sFr 25,00
ISBN 978-3-642-41666-8

Lammer

Trauer verstehen

4. Auflage

Formen
Erklärungen
Hilfen

Springer

Formen - Erklärungen - Hilfen

- Neues Trauermodell: Nicht mehr Phasenmodell, sondern Aufgabenmodell
- Bezogen auf die Praxis: Internationale Trauerforschung wissenschaftlich für die Praxis ausgewertet – Übersichten mit Praxis-Tipps
- Erfahrene Autorin: Praktikerin und Wissenschaftlerin, Pfarrerin, Therapeutin und Supervisorin
- Methodisch und menschlich: Alle methodischen Schritte setzen auf die Ressource Menschlichkeit

Jetzt bestellen!

springer.com

2013. 200 S. 11 Abb.
Geb.
€ (D) 34,99
€ (A) 35,97 | *sFr 44,00
978-3-642-33047-6

Steinebach
Gharabaghi

**Resilienz-
förderung
im Jugendalter**

Praxis und
Perspektiven

Praxis und Perspektiven.

- Fundiert: Die notwendige Theorie wird mit hohem Praxisbezug vorgestellt
- Innovativ: Nationale und internationale Angebote im Sinne der „best practice"
- Praxisnah: Praxisbeispiele zeigen exemplarisch Wege der Umsetzung auf
- Gut lesbar: Verständlich aufbereitet, übersichtliche Gliederung

Jetzt bestellen!

Printed by Printforce, the Netherlands